Die Ritter

Die Ritter

Sabine Buttinger
Jan Keupp

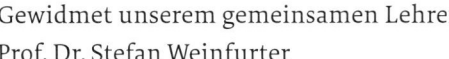

Gewidmet unserem gemeinsamen Lehrer
Prof. Dr. Stefan Weinfurter

Die Deutsche Nationalbibliothek verzeichnet diese
Publikation in der Deutschen Nationalbibliografie;
detaillierte bibliografische Daten sind im Internet über
http://dnb.d-nb.de abrufbar.

© 2013 Konrad Theiss Verlag GmbH, Stuttgart
Alle Rechte vorbehalten
Die Herausgabe dieses Werkes wurde durch die Vereinsmitglieder
der WBG ermöglicht.

Lektorat und Bildredaktion: Nicole Janke, Neuhausen
Gestaltung und Satz: Karina Moschke, Stuttgart
Repro: Schwabenrepro, Stuttgart
Druck und Bindung: Himmer AG, Augsburg
Gedruckt auf säurefreiem und alterungsbeständigem Papier
Printed in Germany

ISBN 978-3-8062-2266-1

Besuchen Sie uns im Internet: www.theiss.de

Lizenzausgabe für die WBG (Wissenschaftliche Buchgesellschaft),
Darmstadt

ISBN 978-3-534-22145-5

www.wbg-wissenverbindet.de

Inhaltsverzeichnis

Einleitung

Die Faszination des Rittertums ist heute lebendiger als kaum je zuvor. Die schimmernde Ritterrüstung steht dabei symbolisch für Heldentum und persönlichen Mut, aber auch für technische und soziale Rückständigkeit, für das pralle Leben einer derben Gesellschaft oder für den überlegenen Charme des galanten Kavaliers, für pure Männlichkeit, süße Minne oder finstere Frauenverachtung, für fromme Gesinnung oder barbarischen Krieg im Namen Gottes. Ebenso vielfältig wie diese Vorstellungen kann das Persönlichkeitsbild des Ritters selbst sein: In der Hülle aus Eisen steckt aus Sicht der Moderne einmal der romantisch-kraftvolle Beschützer, einmal der fiese Finsterling und tyrannische Bauernschlächter.

So aktuell das Rittertum als Vorstellungsbild bis in unsere Tage hinein sein mag, so unscharf und verschwommen sind seine Konturen. Dies gilt selbst für die Mittelalterforschung, die sich seit ihren Anfängen als wissenschaftliche Disziplin in einer Unzahl von Studien dem Phänomen »Ritter« zugewandt hat, ohne freilich jemals einen einheitlichen Standpunkt zu gewinnen. »*Von allen Begriffen, die zu einer genauen Kenntnis des westeuropäischen Mittelalters Voraussetzung sind, gehört das Rittertum ganz gewiss zu den am schwersten greifbaren*«, so beginnt François Louis Ganshof seine Beantwortung der Frage »Was ist eigentlich das Rittertum?«: »*Einmal möchte man darin eine Institution sehen, ein andermal ein Ideal, dann wieder eine soziale Gruppe*«[1], so fährt er fort. Im dichten Unterholz der Forschungsliteratur kann der Ritter unversehens als juristisch fixierter Stand, feudale Klasse, Kriegerkaste, geistige Strömung oder in literarische Diskurse aufgelöstes Phantom begegnen. Wer sich heute mit diesen Forschungsfragen auseinandersetze, so formulierte es der Historiker Arno Borst, ähnle nicht wenig jenen Artus-rittern, »*die einsam und gepanzert den großen Märchenwald durchstreifen*«[2].

Wir wollen das Schicksal des Suchenden gerne annehmen. Versetzen wir uns dabei in die Person eines der prominentesten Mitglieder der legendären Tafelrunde und nehmen die Perspektiven des jungen Parzival auf seiner Suche nach der wahren Natur des Rittertums ein: »*Du nennest ritter: waz ist daz?*« Diese berühmte Frage aus dem Mund des Sagenhelden wird auch uns eine Weile beschäftigen. Unter vier Aspekten wollen wir uns im ersten Teil dieses Buches dem Phänomen »Ritter« annähern und ihn kulturhistorisch als Panzerreiter, als christlichen Streiter, galanten Höfling und Angehörigen eines gehobenen Standes vorstellen. In einem zweiten Teil wollen wir den eisernen Fußstapfen folgen, die die Ritter in unserem Märchenwald hinter-lassen haben, und mit ihnen ein wenig an jenen Orten verweilen, die ihr Leben geprägt haben: im Kuhstall und auf der Burg, bei Alltag, Fest und Unterhaltung, in Turnier und Krieg.

TEIL I

»Du nennst dich Ritter, was ist das?«

Der Königssohn Parzival wächst fern aller höfischen Pracht alleine mit seiner Mutter im Wald auf. Ritter hat er noch nie gesehen, und als er das erste Mal welche zu Gesicht bekommt, erscheinen ihm die von Kopf bis Fuß in schimmernden Stahl gekleideten Panzerreiter wie überirdische Wesen. *»So viel Glanz hatte er noch nie gesehen«*[3], heißt es über einen der Reiter. *»Der Saum des Waffenrocks streifte das taufunkelnde Gras. Die Steigbügel waren mit klirrenden Goldglöckchen verziert und hatten genau die richtige Länge.«* So herrlich erscheint Parzival die gleißende Pracht des Waffenschmucks, dass er im Ernst vermeint, einem göttlichen Wesen begegnet zu sein. Ehrfurchtsvoll sinkt er vor der Lichtgestalt in die Knie. *»Nu hilf mir, hilferîcher got«*, stammelt er. Doch antwortet ihm einer der Reiter vom hohen Ross herab: *»Ich bin nicht Gott, doch seine Gebote erfülle ich gerne. Wenn du richtig hinsiehst, wirst du hier vier Ritter erkennen.«* Nun erst erwacht Parzivals Neugierde: *»Du nennest ritter: waz ist daz?«*

Profis im Sattel:
der Ritter als Kämpfer

Kaum ist Parzivals erster Schreck verflogen und die Scheu überwunden, da beginnt er seinen Blick auf die Details des schimmernden Waffenschmucks zu richten: *»Ei, edler Ritter, was bist du eigentlich für ein Wesen? Du hast dir am ganzen Leib von oben bis unten viele Ringe umgebunden. (...) Wozu braucht man, was dir so gut passt?«* Geduldig gibt der Gefragte Auskunft, sodass Parzival an diesem Tag eine erste Lektion in ritterlicher Waffenkunde erhält: *»Sieh her! Wenn mich jemand zum Kampf herausfordert, so setze ich mich mit dem Schwert zur Wehr. Um mich vor seinen Schlägen zu schützen, muss ich mich derart kleiden; gegen Stoß und Stick muss ich gewappnet sein.«*[4] Diese Erklärung leuchtet dem Jüngling ohne Weiteres ein: Hätten die Hirsche in seiner Waldheimat eine solche Haut aus Eisengeflecht, sein Jagdspeer wäre gegen ihre feste Wehr kaum mehr nütze. Rasch läuft er daher heim zu seiner Mutter Herzeloide und erbittet sich gleichfalls Pferd und Ritterkleider.

»Roß, Schild, Lanze, Helm und Schwert / die machen erst den richtigen Ritter wert«[5], so reimte es der Dichter Freidank zu Beginn des 13. Jahrhunderts. Die glänzenden Helme und klirrenden Harnische, die den jungen Parzival so faszinierten, waren für die Zeitgenossen des Mittelalters weit mehr als militärisches Handwerkszeug. Es waren Stücke von immensem materiellen Wert und zugleich äußere Kennzeichen einer durch den Kampf definierten Lebensart. Kein Wunder, dass Wolfram von Eschenbach, der Dichter des kurz nach 1200 entstandenen »Parzival«-Romans, die erste Begegnung seines Helden mit einem Ritter nahezu ausschließlich als Dialog über die Schutz- und Trutzwaffen des Panzerreiters gestaltete. Ähnlich den Worten Freidanks waren für ihn Harnisch, Schwert und Wappenschild – von Abstammung und Gesinnung abgesehen – die Grundvoraussetzung des ritterlichen Daseins. Diese Ansicht teilten Wolfram und Freidank durchaus mit anderen Dichtern ihrer Zeit. *»Nû sich, wie ich gewâfent bin, ich heize ein riter«*[6] – größerer Worte bedurfte auch der gleichnamige Held des mittelhochdeutschen »Iwein«-Epos aus der Feder Hartmanns von Aue nicht, um sich selbst in seiner ganzen ritterlichen Existenz zu identifizieren.

Entsprechend sollen, dem kundigen Blick der Zeitgenossen folgend, Rüstung und Waffen des Ritters auch an den Beginn dieses Buches gestellt werden.

Vom Volksheer zum Profikrieger

Bereits auf die Zeitgenossen Karls des Großen († 814) übte dessen metallisch schimmerndes Panzerkleid eine nahezu unwiderstehliche Faszination aus. Der mächtige Frankenkönig, so lesen wir im späten 9. Jahrhundert beim Mönch Notker von St. Gallen, wusste seine Feinde im Gewand des eisenbewehrten Kriegers in Angst und Schrecken zu versetzen: *»Und nun sah man den eisernen Karl selbst, mit einem Eisenhelm auf dem Kopf, mit Eisenspangen an den Armen und einem Eisenpanzer, der die eiserne Brust und die breiten Schultern deckte, die hochaufragende Eisenlanze in der Linken, weil die Rechte immer nach dem unbesiegbaren Stahl ausgestreckt war.«*[7] Dazu trug er Beinschienen, einen metallbeschlagenen Schild und ritt ein Streitross von eisengrauer Farbe. Der Geschichtsschreiber berichtet auch, dass die Krieger in Karls Umgebung, ja *»alle, die ihm nachfolgten, und allgemein die ganze Streitmacht«* diese rundum aus Metall geschmiedete Rüstung *»nach Möglichkeit«* nachzuahmen suchten.

Den Möglichkeiten einer solchen Nachahmung waren in der Welt des frühen Mittelalters gleichwohl enge Grenzen gesetzt. Die beschriebene Waffenausstattung Karls des Großen war zweifellos eines mächtigen Königs würdig, für das Gros der Krieger der karolingischen Epoche jedoch schlichtweg unerschwinglich. Dessen wird sich auch unser Geschichtsschreiber Notker bewusst gewesen sein. In der Bibliothek seines Klosters St. Gallen konnte er Einblick in eine kurz vor 800 entstandene Abschrift der »Lex Ribuaria«, dem Volksrecht der Rheinfranken, nehmen, die präzise die Kosten der

➤ Als der Knabe Parzival das erste Mal Ritter sieht, wähnt er sich überirdischen Gestalten gegenüber. Bald sollte er selbst einer von ihnen sein (Parzival des Chrétien de Troyes, um 1330).

→ In der Karolingerzeit vollzog sich der Wandel vom Volksheer zum professionellen Reiterkrieger. Die teure Ausrüstung eines Panzerreiters konnten sich indes nur die wenigsten leisten (Stuttgarter Psalter, um 820/830).

einzelnen Ausrüstungsgegenstände auflistete. Die in der Recheneinheit »Solidus in Silber« notierten Wertangaben weisen das Panzerhemd mit zwölf und das Schwert einschließlich Scheide mit sieben *solidi* als kostbarste Bestandteile der zeitgenössischen Bewaffnung aus. Auf Helm und Beinschienen entfallen je sechs *solidi*, während Lanze und Schild vergleichsweise günstig mit insgesamt zwei *solidi* angesetzt sind. Ergänzt man den auf zwölf *solidi* bezifferten Preis eines Hengstes, so beläuft sich die Gesamtsumme auf 45 *solidi*. Dies entsprach dem Gegenwert von 45 Milchkühen oder 15 Ackerpferden. Eine gigantische Summe! Die Rinderherden selbst größerer Einzelhöfe im gleichen Zeitraum umfassten kaum mehr als zwölf Tiere. Zweifellos waren nur wenige Krieger des Frankenreichs in der Lage, diese exorbitanten Kosten für eine solch hochwertige Ausrüstung alleine zu tragen. In Konsequenz hieß dies, dass nicht jeder, der Kriegsdienste leisten musste, sich diese auch in vollem Umfang leisten konnte.

Das Rückgrat des karolingischen Heeres bildete traditionell das Aufgebot aller waffenfähigen freien Männer. Sie waren ihrem König zum nahezu jährlich stattfindenden Kriegszug verpflichtet und wurden je nach Ziel und Umfang des Unternehmens in unterschiedlicher Stärke zu den Waffen

Du nennst dich Ritter, was ist das?

gerufen. Im Verlauf des 8. und 9. Jahrhunderts aber tat sich eine immer tiefer werdende Kluft zwischen den wenigen voll gerüsteten Panzerreitern und der Masse der einfachen Fußkämpfer auf. Das Pferd gestattete in den weiten Räumen des nach allen Seiten expandierenden Frankenreichs neue Geschwindigkeiten der militärischen Offensive. Die gepanzerten und im Reiterkampf geschulten Elitekrieger verliehen den Vorstößen bis tief ins Feindesland hinein darüber hinaus eine vorher unbekannte Durchschlagskraft. Sie sollten daher die nächsten annähernd sieben Jahrhunderte die Kriegsschauplätze des Abendlandes dominieren. Gegenüber den berittenen Verbänden mit ihrer Reichweite und Effektivität verlor dagegen das »Volksaufgebot« der weniger wohlhabenden Fußkämpfer, die größtenteils defensiv eingesetzt wurden, allmählich an Bedeutung. Über ihre Ausrüstung informieren die zeitgenössischen Gesetzestexte vergleichsweise präzise: Nur die militärischen Anführer der jeweiligen Kontingente, so heißt es in einem Aachener Erlass Karls des Großen, sollten mit Helm und Panzerhemd ausgestattet sein. Die übrigen Kämpfer hätten sich allein mit Lanze und Schild sowie mit einem Bogen und zwölf Pfeilen am Versammlungsort des Heeres einzufinden.

Trotz dieser eher dürftigen und damit preisgünstigen Standardbewaffnung stellte der Kriegsdienst für die Mehrzahl der einfachen Bauern des Frankenreichs eine schwere Bürde dar. Nicht nur hatte jeder Kämpfer die finanziellen Lasten für Ausrüstung und Verpflegung selbst zu tragen. Viel schwerer wog für den einzelnen Hofbesitzer, dass seine Arbeitskraft in der heimischen Landwirtschaft ausfiel: Die in immer entferntere Regionen führenden Eroberungszüge Karls des Großen ließen eine rechtzeitige Rückkehr zur Erntezeit kaum mehr zu. Dieser Belastung durch den Heeresdienst suchten sich besitzschwache freie Bauern daher dadurch zu entziehen, dass sie sich bereitwillig in die Unfreiheit, in die Abhängigkeit größerer Grundherren begaben und ihnen ihren Besitz übertrugen. Die Mächtigen des Frankenreichs zeigten sich aktiv um eine Beschleunigung dieses Prozesses bemüht. Will man den zeitgenössischen Klagen des 9. Jahrhunderts Glauben schenken, so setzten Bischöfe, Äbte und Grafen die jährlichen Aufrufe zur Heerfahrt sogar gezielt als Zwangsmittel gegen die verbleibenden freien Hofbesitzer ein. Wer ihnen sein Eigen nicht übergeben wolle, so hieß es im Jahr 811 in einer Beschwerde vor dem kaiserlichen Hofgericht, den ließen sie ein ums andere Mal ins Feld rücken, »bis er, gänzlich verarmt, sein Eigentum wohl oder übel übergibt oder verkauft; andere aber, die es schon übergeben haben, bleiben ohne Belästigung durch irgendjemand zu Hause«.[8] Zahlreiche Familien legten infolge derartiger Praktiken ihren freien Rechtsstatus ab, andere mussten ihr Land übereignen, um es anschließend gegen Zins- und Abgabenleistungen zurückzuerhalten. Faktisch bedeutete dies nichts anderes, als dass sich die Freien der Gruppe der persönlich unfreien Hörigen der geistlichen und weltlichen Grundherrschaften allmählich annäherten. Letztlich vergebens suchte ein Erlass des Kaisers aus dem Jahr 807 dieser Entwicklung Rechnung zu tragen: Nur wer drei Hufen Land besitze, müsse in eigener Person ins Feld ziehen. Besitzärmere Freie sollten sich gegenseitig unterstützen und zu Gestellungsverbänden zusammenschließen, innerhalb derer mehrere Kleinbauern einen Krieger ausrüsteten. Bereits im Folgejahr musste diese Normvorgabe noch einmal korrigiert werden. Nun sollten vier Hofstellen gemeinsam einen Krieger ausstatten. Als voll gerüstete Panzerreiter hatten gar nur jene auszurücken, die zwölf oder mehr Hufen ihr Eigen nannten.

Krieg als Lebensart

Mit diesen Verordnungen zeichnen sich zwei grundlegende Veränderungen im Gesellschaftsgefüge des Frankenreichs ab: zum einen der Trend zur Professionalisierung des Kriegertums, das sich weg vom allgemeinen Volksaufgebot hin zu einem Metier militärischer Spezialisten entwickelte. Diese Elite konnte ihre Aufgabe allein auf der Grundlage eines ausgedehnten Güterbesitzes erfüllen, den sie entweder als Familienbesitz ererbt hatte oder der ihr von einem größeren Grundherrn im Gegenzug für bewaffnete Dienste als Lehen überlassen wurde. Die Epoche der bäuerlichen Teilzeitkrieger der Völkerwanderung neigte sich damit ihrem Ende zu. Zum anderen setzte mit der militärischen und ökonomischen Zweiteilung der Gesellschaft allmählich auch eine gedankliche Trennung von Ritter- und Bauernstand ein.

Rechtlich blieb die traditionelle Grobgliederung der Gesellschaft in Freie und Unfreie auch im Hochmittelalter weiterhin gültig. Doch trat dieser formalen Einteilung im frühen 11. Jahrhundert ein gewandeltes Modell der sozialen Selbstbeschreibung zur Seite. Die Menschen wurden nun nach dem beschrieben, was sie taten, und so einem jeden ein fester Platz in der von Gott gegebenen Ordnung der Gesellschaft zugeteilt: »*Dreigeteilt ist das Haus Gottes, das ein einziges ist*«, so schrieb Bischof Adalbero von Laon um 1025, »*die einen beten, die anderen kämpfen, die dritten schließlich arbeiten. Diese drei sind eins, und eine Spaltung ertragen sie nicht. Sie unterstützen sich alle in gegenseitigem Wechsel.*«[9] Adalbero beschreibt eine Gesellschaft, die in verschiedene Standesgruppen gegliedert ist, die untereinander ungleich sind, doch in gottgewollter Eintracht zum gegenseitigen Vorteil zusammenwirken. In diesem harmonischen Miteinander der drei Ungleichen waren besonders die adligen Krieger zu höheren Aufgaben berufen. Die Macht ihrer Schwerter sollten sie zum Schutz der Kirche und zur Sicherheit des ganzen Volkes einsetzen: »*Sie sind die Verteidiger des Volkes, der Großen wie der Kleinen, kurzum aller, so wie sie gleichzeitig für ihre eigene Sicherheit sorgen.*«[10] In Adalberos Konzept erhielten die militärisch geschulten Eliten ein neues Ideal und zusätzliche Legitimation. Sie waren nicht länger grobe, ungeschlachte Haudegen. Das Leitbild des dem Allgemeinwohl verpflichteten Berufskriegers verlieh ihrem von Krieg und Gewalt geprägten Dasein neuen Sinn. Für die Bauern und die vielfältigen Lasten ihres Lebens und Arbeitens schließlich fand Adalbero hingegen Worte des Mit-

→ »Dreigeteilt ist das Haus Gottes«: Geistliche, Ritter und Bauern leisteten je ihren Beitrag zur festen, von Gott gefügten Ordnung (Initiale, um 1275).

Du nennst dich Ritter, was ist das?

leids: »*Diese armen Tröpfe besitzen nur, was sie sich um den Preis der Mühsal erwerben. Wer könnte, das Rechenbrett in der Hand, all ihre Plagen, ihre langen Märsche, ihre harten Arbeiten zusammenzählen? Geld, Kleidung, Nahrung, all das beschaffen die Hörigen für alle Welt*«.[11] Dennoch sei ihr Dienst für die Gemeinschaft eine Notwendigkeit, bilde ihre Mühsal doch das feste Fundament für das segensreiche Wirken der beiden anderen Gruppen der Betenden und Kämpfenden: »*Die Dienste des einen sind die Voraussetzungen für die Werke der anderen beiden. Jeder verpflichtet sich für seinen Teil das Los der Gesamtheit zu erleichtern*«.[12]

Die gedanklich vorgezeichnete Scheidelinie zwischen den Funktionsbereichen der Bauern und Berufskrieger inspirierte und rechtfertigte eine auch real fortschreitende Trennung von Ackerdienst und Kriegsführung. In der Mitte des 12. Jahrhunderts wurde das Tragen von ritterlichen Waffen dem weiten Kreis der bäuerlich lebenden Bevölkerung gesetzlich verboten. So bezog sich im Jahr 1152 der durch König Friedrich Barbarossa erlassene Landfrieden explizit auf die beiden wichtigsten Angriffswaffen der Panzerreiter: »*Wenn ein Bauer Waffen, einen Spieß oder ein Schwert, trägt, dann soll der Richter, in dessen Bereich er angetroffen wird, ihm entweder die Waffen wegnehmen oder 20 Schilling für sie von dem Bauern empfangen.*«[13] Ausnehmend drastisch fielen etwa um dieselbe Zeit die Strafen aus, mit welchen der unbekannte Autor der »Regensburger Kaiserchronik« die öffentliche Zurschaustellung ritterlichen Waffenschmuckes durch die Dorfbewohner bedrohte: »*Am Sonntag soll er in die Kirche gehen, den Stecken soll er in der Hand tragen. Wird ein Schwert bei ihm gefunden, da soll man ihn führen gebunden zu dem Kirchzaun. Da nehme man den Bauern und schlage ihm Haut und Haar ab.*«[14]

Zumindest auf der theoretischen Ebene gesetzlicher Beschlüsse und geistlicher Ständelehren war das Tragen von Waffen damit zum Vorrecht der ritterlichen Kriegerelite geworden. Die Hauptwaffen des Panzerreiters hatten zu diesem Zeitpunkt bereits über ihre unmittelbare Zweckbestimmung hinaus eine höhere gesellschaftliche Bedeutung erlangt. Das Schwert wurde im Akt der Ritterpromotion feierlich *geleitet* oder übergeben, des »schildes ambet« stand stellvertretend für die Lebensführung als Berufskrieger, und die Lanze oder Gleve diente als stellvertretende Bezeichnung der ritterlichen Kampfeinheit aus Panzerreiter, Pferden und Waffenknechten. Wer diese Zeichen rechtmäßig besaß, konnte sich mit vollem Fug und Recht auch Ritter nennen.

In Harnisch gebracht: die Waffen des Ritters

Parzivals Mutter Herzeloide, die ihren Sprössling nur ungern ziehen ließ, glaubte vor diesem Hintergrund nicht daran, dass aus dem ärmlich gekleideten Abenteurer einmal ein echter Ritter werden könne. Wegen seines Wunsches nach Waffenruhm würde er vielmehr gemäß den Normen der Zeit nur Spott und Schläge auf sich ziehen: »*Die Menschen sind mit Hohn rasch bei der Hand. Wird er dann zerzaust und verprügelt, findet er sicher zu mir zurück.*«[15] Tatsächlich lag ein von zahlreichen Fehltritten gesäumter Weg vor dem unerfahrenen Helden. Dennoch meinte das Schicksal es gut mit Parzival. Im ungleichen Kampf gelang es ihm, den roten Ritter Ither mit dem Jagdspeer tödlich zu verwunden. Damit waren Pferd und Waffen in seinen Besitz gelangt.

Als wehrtechnische Neuerung erhält der Helm zu Beginn des 13. Jahrhunderts einen festen Gesichtsschutz (Barbiere), der Schutz vor Lanzenstößen bietet (Heinrich von Veldeke, Eneide, um 1220).

Nun galt es, den toten Ither auch seiner Rüstung zu berauben, was sich für den unbeholfenen Parzival als ausgesprochen kompliziert herausstellte: »*Was ist das doch für eine merkwürdige Sache. Mit seinen schönen weißen Händen konnte er weder die Helmschnüre noch die Verschnürung der Beinpanzer aufknoten oder abreißen.*« Erst mit der Hilfe eines befreundeten Knappen gelang es schließlich, den rot glänzenden Harnisch abzunehmen und Parzival anzulegen. Präzise schlüsselt unser Dichter Wolfram von Eschenbach hierbei die einzelnen Bestandteile der Rüstung auf, wie sie dem wehrtechnischen Standard der Zeit um 1200 entsprachen: Sein kundiger Helfer »*schnallte Parzival die glänzenden Eisenhosen über die groben Bauernstiefel. Zwei goldene Sporen wurden daran befestigt (…). Ehe er ihm das Panzerhemd anlegte, band er ihm die Kniekacheln um. So wurde der vor Ungeduld brennende Parzival im Nu von Kopf bis Fuß gewappnet*«.[16]

Das den Oberkörper bis zu den Knien einhüllende Panzerhemd stellte zweifellos das wertvollste und eindrucksvollste Beutestück dar. Wolfram von Eschenbach nennt es *halsberc* oder *harnasch*, ein damals moderneres französisches Lehnwort. Andernorts begegnet das Kettenhemd jedoch auch unter der Bezeichnung *brünne*, einer vielleicht vom keltischen Wort *bruin* (Leib) abgeleiteten Form. In jedem Fall konnte das aus einem System ineinandergeflochtener Stahlringe zusammengesetzte Kettengeflecht in Zentraleuropa auf eine im zweiten vorchristlichen Jahrhundert wurzelnde Tradition zurückblicken. Bereits in der Zeit Karls des Großen als kostbarstes Stück der Schutzbewaffnung ausgewiesen, hatte es sich im Verlauf des Früh- und Hochmittelalters nur unwesentlich verändert. Während des 12. Jahrhunderts waren die bis dahin nur bis zum Ellenbogen reichenden Ärmel zu voller Länge ausgearbeitet und mit Kettenfäustlingen versehen worden. Das Panzerhemd war zudem regelmäßig mit einer Kapuze versehen.

Selbst den Salven byzantinischer Bogenschützen konnten die Kettenpanzer der Kreuzfahrer offenbar mühelos widerstehen. Der oströmische Kaiser Alexios I. Komnenos soll seine Truppen daher angewiesen haben, im Kampf mit den Rittern des ersten Kreuzzugs (1096–1099) vornehmlich auf die Pferde und nicht auf die Männer selbst zu zielen: »*Zu deren Bewaffnung gehörte nämlich ein eisernes Hemd aus lauter Ringen, die dicht an dicht miteinander verkettet sind, und dieses Eisenhemd besteht aus so gutem Stahl, dass es Geschosse abwehren und so die Haut des Kämpfers schützen kann.*« Sogar gegen Spezialgeschosse, »*seien sie nun skythisch oder persisch oder auch von den Armen eines Riesen geschleudert*«, zeigten sich die Reiterkrieger des Abendlandes zum Entsetzen ihrer Gegner aus dem Orient gewappnet: »*Zusätzlich dient zu deren Schutz noch ein Schild, der nicht rund, sondern spitz zulaufend und innen leicht gewölbt ist. Von außen aber sieht er glatt und glänzend aus mit einem funkelnden Buckel aus Bronze.*«[17]

Unter dem flexiblen Kettenpanzer trägt der Ritter mehrere Schichten textiler Polsterung (Herrad von Landsberg, Hortus Deliciarum, 4. Viertel 12. Jh., Nachzeichnung).

Du nennst dich Ritter, was ist das?

Turnus

kamille

119

Präzise werden damit Form und Funktion der großen, spitzovalen Schilde des 11. Jahrhunderts beschrieben. Sie bestanden aus einem mit Leder bezogenen Holzkern, dessen Ränder durch Eisenbeschläge verstärkt waren. Eine um den Nacken gelegte Riemenschlinge erleichterte die Führung der schweren Wehr, die die Brust und linke Seite des Reiterkriegers zwischen Knie und Kinnpartie nahezu vollständig abschirmten. Im Verlauf des 12. Jahrhunderts konnten Länge und Gewicht sichtbar reduziert werden. Seit der zweiten Jahrhunderthälfte dominiert der kürzere und damit leichter zu handhabende Dreiecksschild, der bis ins 14. Jahrhundert in verschiedenen Varianten Verwendung fand.

Die Entwicklung des Schildes geht in mehrfacher Hinsicht Hand in Hand mit der Komplettierung des Kopf- und Gesichtsschutzes. Erst die neuartigen Helmformen der zweiten Hälfte des 12. Jahrhunderts ermöglichten nämlich die spürbare Verkürzung des Reiterschildes. Der zuvor gebräuchliche kegelförmige Nasalhelm besaß zum Schutz der Augenpartie seines Trägers lediglich ein kurzes Naseneisen. Der Hals- und Wangenbereich wurde unter einer Kapuze aus Kettengeflecht verborgen, die sich bis über Kinn und Mund ziehen ließ. In Krieg und Turnierkampf bot eine solche Konstruk-

Ein Hemd aus Eisen

Im Besitz der Stromer'schen Kulturgutstiftung befindet sich ein Kettenhemd, das nach mehrfacher Umarbeitung heute die Länge von 74 cm aufweist. Seine Herkunft ist unklar. Ursprünglich handelt es sich um eine europäische Arbeit, die vielleicht bis in das 12. Jahrhundert zurückdatiert werden kann. Bereits der Blick auf die einzeln miteinander vernieteten Kettenglieder zeugt von der hohen handwerklichen Qualität des Stücks und liefert einen Hinweis auf den enormen materiellen Wert eines solchen Kettenhemdes. Der zum Teil astronomisch hohe Kaufpreis mittelalterlicher Ringelpanzer erklärt sich allein schon durch die gut eineinhalb Kilometer Stahldraht,

der in mühevoller körperlicher Arbeit durch die sich verjüngende Öffnung eines Zieheisens hindurchgezogen werden musste. In mehrfachem Produktionsgang wurde so eine Drahtdicke von etwa 1,5 mm erreicht. Die daraus durch einen *Rinkelschmied* gefertigten 30.000–50.000 Ringe wurden anschließend von den auch *Salwürker* (von mhd. *sal* = Draht) genannten Ringelhemdmachern ineinandergeflochten, die Enden der Ringe in der Regel durchbohrt und miteinander vernietet. In mehreren Hunderten von Arbeitsstunden entstand ein Panzergeflecht, das sich dem Körper seines Trägers fließend anpasste und trotz seines Gewichts von ca. 12–15 Kilogramm die Beweglichkeit nur unwesentlich einschränkte. Schutz gewährte es insbesondere gegen scharfe Hieb- und Schnittverletzungen. Den Druck schwerer Stöße dämpfte darüber hinaus ein abgestepptes und wattiertes Untergewand.

Über den ursprünglichen Besitzer des Panzerhemdes liegen keinerlei Informationen mehr vor. Von seiner besonderen Haltbarkeit und militärischen Tauglichkeit zeugt jedoch die verworrene Geschichte seiner Überlieferung. Teile des Kettengeflechts wie Hosenteil, Ärmel und lederner Kragenbesatz stellen nämlich Ergänzungen sudanesischer Herkunft dar. Tatsächlich

geriet das Stück erst 1898 in der Schlacht von Omdurman-Khartum ins Blickfeld europäischer Aufmerksamkeit. Es gehörte einem am Mahdi-Aufstand beteiligten Krieger, der ins Feuer der Maschinengewehre der englischen Kolonialtruppen unter Lord Kitchener geriet. Mitsamt seinem Träger wurde es vom Schlachtfeld geborgen und als besondere Kuriosität nach Kairo verbracht. Über verschlungene Wege gelangte es nach Deutschland und wird heute auf der Burg Grünsberg bei Nürnberg aufbewahrt.

Wie das Ringgeflecht einst in das Land am unteren Nil gelangte, ist unklar. Immerhin eine ansprechende Vermutung wäre, dass ein Vorfahre seines letzten Trägers es 1187 an den Hörnern von Hattin nach der vernichtenden Niederlage der Kreuzfahrer einem gefallenen Gegner ausgezogen hat. Damals befanden sich jedenfalls sudanesische Kontingente im Heer des siegreichen Sultans Saladin.

Das Kettenhemd lehrt uns als heutige Betrachter, dass eine gute Rüstung so manchen Träger zu überleben vermochte. Zudem nötigt es den Respekt vor der Handwerkskunst hochmittelalterlicher Schmiede ab, deren Produkte offenbar über Jahrhunderte ihren Gebrauchswert nicht vollständig verloren.

tion indes nur wenig Schutz gegen Lanzenstöße, sodass hier ein verlängerter Schild zum Einsatz kommen musste. Modernere Helmtypen verfügten nun über eine feste Visierplatte, die sogenannte *Barbiere*. Durch ovale Sehschlitze und siebartig angeordnete Atemlöcher durchbrochen, war dieser Gesichtsschutz fest mit der stark abgeflachten Helmglocke verbunden. Zu Beginn des 13. Jahrhunderts verschmolzen Barbiere, Helmgefäß und Nackenschutz schließlich zu einer Einheit. Die neue Helmform, die den Kopf gänzlich in ein starres Gehäuse aus Metallplatten einschloss, wird wegen ihrer plumpen Gestalt zumeist als Topfhelm bezeichnet. Mit ihm war zwar der Schutz des Kopfes gewährleistet und der Schild konnte nun verkürzt werden. Doch wurde dafür nun das Gesichtsfeld des Kämpfers empfindlich eingeschränkt. Auch blieben die Augen hinter den länglichen Sehschlitzen nach wie vor gefährdet. Der junge Parzival beispielsweise »erlegte« den voll gepanzerten Ritter Ither, indem er mit seinem Jagdspeer exakt auf die Aussparungen der Barbiere zielte. Spätere Helmformen experimentierten daher in vielfältigen Varianten an der Verbesserung von Schutz und Sichtfeld. Ergebnis dieser Bemühungen waren sowohl bewegliche Visierklappen als auch sich überlagernde Lamellen- und Faltensysteme vor den Augenöffnungen.

In dem Maße, wie das Gesicht des Kämpfers hinter Visierplatte und Helmgefäß verschwand, wuchs die Bedeutung persönlicher Erkennungszeichen an Schild und Rüstung. Die Helme wurden daher zunächst mit bunten Tüchern geschmückt, die im Verlauf des 13. Jahrhunderts verschiedentlich durch figürliche Zierelemente aus Metall, Holz, Leder oder Pergament ersetzt wurden. Die Wahl dieser *Zimierde* orientierte sich zumeist am Emblem des ritterlichen Schildes. Aus älteren ornamentalen Zierelementen entwickelten sich seit der zweiten Hälfte des 12. Jahrhunderts feste Familienzeichen, die als Wappenbild regelmäßig auch auf verschiedenen Partien der Rüstung sowie auf Waffenrock und Pferdedecke angebracht wurden. Schon auf größere Entfernung zeigten sie an, was der Ritter »im Schilde führte«. Dies mochte aufgrund der Vielfalt der möglichen Gestaltungsformen im Kampf größerer Ritterheere nur von geringem Nutzen sein. Im sportlichen Wettkampf des Turniers aber avancierten die Wappenmotive rasch zu Markenzeichen individueller Tapferkeit.

Das Geschehen auf dem Turnierfeld beeinflusste vermutlich weit mehr als die vergleichsweise seltenen »echten« Reitergefechte die weitere technische Entwicklung der Rüstung. Um den Turnierkämpfer besser vor wuchtigen Lanzenstößen zu schützen, wurde an den besonders gefährdeten Körperpartien zusätzlicher Schutz angebracht. Dies galt neben dem Gesichtsbereich

→ Besonders das Spätmittelalter experimentierte mit verschiedenen Helmformen, die Sicht, Atemluft und ausreichenden Schutz zugleich boten (Hundsgugel, um 1380).

insbesondere für Knie und Unterschenkel, die im Massenturnier den Waffen des Gegners besonders ausgesetzt waren. Zunächst erfüllten diese Aufgabe zwei mittels Strumpfhalter an einem Ledergürtel unter der Rüstung fixierte Beinlinge aus Kettengeflecht. Wolfram von Eschenbach erwähnt im Zusammenhang mit Parzivals Einkleidung neben diesen Eisenhosen mehrfach einen *schiennelier* genannten Kniepanzer. Diese Verstärkungen stehen am Anfang einer vollständigen Einrüstung des Beines, die im Verlauf des 14. Jahrhunderts in ein aus Kniekachel, Oberschenkelplatte *(Diechling)*, Beinröhren und Eisenschuhen bestehendes Beinzeug mündete. Die massiven, gegen Schuss- und Stoßverletzungen weitaus wirkungsvolleren Metallplatten wurden ab der Mitte des 13. Jahrhunderts zunehmend auch zur Verstärkung des Rumpfpanzers eingesetzt. Die zunächst häufig auf der Innenseite des Waffenrocks angenieteten rechteckigen Metallplatten entwickelten sich dabei allmählich zu einem eigenständig über dem Panzerhemd zu tragenden Plattenrock.

In späteren Entwicklungsphasen konnte schließlich ganz auf den Kettenpanzer verzichtet werden. Aus den einzelnen Metallplatten erwuchs, gefördert durch zahlreiche technische Innovationen der mittelalterlichen Handwerkskunst, ein vollständiger Plattenharnisch. Eine solche starre Plattenrüstung trug sich deutlich bequemer, zumal ihr Gewicht von etwa 25 Kilogramm gleichmäßiger verteilt nicht mehr nur auf Schultern und Hüftpartie lastete. Der ritterliche Kämpfer in der Übergangsphase des 14. Jahrhunderts war durch eine deutliche »Überrüstung« schwerfällig und in seiner Bewegung empfindlich eingeschränkt. Der moderne Plattenharnisch indes verschaffte seinem Träger durch kunstvolle Scharnierkonstruktionen und Geschübe eine erstaunliche Beweglichkeit. Entgegen modernen Vorstellungen und dank fortgeschrittener Plattnerkunst wäre es dem Ritter des 15. Jahrhunderts sogar möglich gewesen, in voller Rüstung Purzelbäume zu schlagen.

Gegenüber der rasanten Entwicklung der Harnischformen blieb die Waffenausstattung des Ritters im Mittelalter erstaunlich konventionell. Über den Gebrauch des zweischneidigen Schwerts hatte sich Parzival bereits bei seiner ersten Begegnung mit einem Ritter ausreichend belehren lassen. Mit durchschnittlich etwa einem Meter Klingenlänge wog eine solche Waffe zumeist nicht viel mehr als 1200 Gramm, zumal der irreführend mitunter als »Blutrinne« bezeichnete Hohlschliff die Klingen leichter und elastischer machte. Weniger einleuchten mochte dem angehenden Helden der Zweck der etwa drei Meter langen, mit einer Eisenspitze versehenen Holzlanze: »*Wozu ist eigentlich solch ein Ding nütze?*«, fragte er seinen Begleiter, welcher sogleich erläuternd ausführte: »*Wenn dich*

➤ Im Laufe des Spätmittelalters hatte der Kettenpanzer allmählich ausgedient und der Ritter verschwand beinahe vollständig hinter einem Harnisch aus Metallplatten (Französische Ritterrüstung, um 1470).

Du nennst dich Ritter, was ist das?

jemand angreift, durchbohrst du mit der Lanze seinen Schild, sodass sie zersplittert. Gelingt dir dies oft genug, dann rühmt man dich vor den Frauen.«[18]

Diese Erklärung mag zunächst erstaunen, bezieht sie sich doch stärker auf den sportlichen Aspekt des Lanzeneinsatzes als dessen militärischen Nutzen. Tatsächlich aber bedurfte die Handhabung der schweren Stoßlanze eines hohen Maßes an Konzentration und Geschicklichkeit, die im Turnierkampf kontinuierlich geübt und weiterentwickelt werden musste. Die unter die rechte Achsel geklemmte Lanze wurde diagonal über den gebeugten Pferdehals auf den anreitenden Gegner gerichtet. Damit wurde die Geschwindigkeit des galoppierenden Streitrosses optimal auf den Lanzenstoß übertragen, während die Erschütterung des Aufpralls im Sattel flexibel abgefangen werden konnte. Der Reiter wandte seinem Gegner zudem die besser geschützte Seite zu und war dadurch in der Lage, den Gegenstoß am eigenen Schild abgleiten zu lassen. Die hierfür erforderliche Körperbeherrschung lässt es nur verständlich erscheinen, dass die Damen des mittelalterlichen Hofes dem präzise ausgeführten Lanzenangriff besonderes Lob und Aufmerksamkeit zollten.

Die Kunst des Lanzenstechens bestand nicht zuletzt in der geschickten Führung des Pferdes. War der Ritter bereits vom Namen her in erster Linie ein Reiterkrieger, so entfaltete die Kunst des Kämpfens aus dem Sattel auf dem Höhepunkt der ritterlichen Epoche ungeahnte Blüten. Unterschieden wurden nun nicht nur verschiedene Arten des Galoppierens. Jedes Detail des aufeinander abgestimmten Bewegungsablaufes von Mensch und Pferd wurde nunmehr mit einem präzisen Fachbegriff versehen: Das Anrennen *(hurter, puneiz)* begann im versammelten Galopp *(walap)*. Nach Einlegen der Lanze *(punieren)* stürmten die Reiter mit verhängten Zügeln *(leisieren)* im gestreckten Galopp *(rabbin)* aufeinander los, wobei das Pferd mit den Schenkeln gelenkt wurde *(sambelieren)*. Bekannt waren ferner verschiedene Manöver des Schrittwechsels, Ausweichens und Wendens. Jedes von ihnen erforderte von Ross und Reiter ein hohes Maß an Mut, Kondition und Disziplin. Unerlässlich war daher eine sorgfältige Auswahl und Ausbildung der Reittiere. Nicht jedes Pferd war physisch und psychisch dazu geeignet, den schwer gerüsteten Ritter zuverlässig in den Kampf zu tragen, ohne im Trubel des Turniers oder im Schlachtgetümmel die Nerven zu verlieren.

Die mittelalterlichen Autoren unterscheiden mit Blick auf die ritterliche Kampfformation sorgfältig zwischen dem einfachen Packpferd *(Klepper*, lat.: *roncinus)* für Rüstung und Lebensmittel, dem grazileren Reit- oder Marschpferd (lat.: *parafredus)* und dem kräftigen Streitross. Da Letzteres gewöhnlich auf der rechten Seite neben dem Marschpferd am Zügel geführt und erst unmittelbar vor Kampfbeginn bestiegen wurde, begegnet es in den lateinischen Quellen zumeist unter dem Namen *dextrarius* (lat. *dexter*: rechts). Dieses Tier musste in der Lage sein, den Ritter in voller Rüstung in schärfster Gangart und ohne Furcht vor dem anstürmenden Gegner ins Gefecht zu tragen. Nach Auskunft des Gelehrten Albertus Magnus († 1280) sollte es zudem dazu abgerichtet sein, »*Sprünge zu vollführen und mit Beißen und Hufschlag in die Schlachtreihe einzubrechen*«.[19] Entsprechend hoch wurden derartige Pferde gehandelt: Der Preis für ein gutes Kriegspferd wog gewöhnlich den Wert eines Bauernguts auf, und für besonders vielversprechende Zuchttiere konnte er sich schnell verzehn-, wenn nicht verhundertfachen.

Erfolgsrezept Gemeinschaft

Zu den drei Pferden – Packpferd, Reitpferd und Streitross –, die ein voll ausgerüsteter Panzerreiter auf dem Marsch gewöhnlich mit sich führte, kamen weitere Reittiere für die Begleitmannschaft. Wir dürfen uns den Ritter des Hoch- und Spätmittelalters keineswegs als heroischen Einzelgänger vorstellen, der einsam und gepanzert in die Welt hinauszog. Er reiste gewöhnlich in der Begleitung von zwei bis drei bewaffneten Knechten oder Knappen. Auch im Kampf war weniger der Heldenmut des Einzelkämpfers gefragt. Ihr militärisches Potenzial schöpften die Rittertruppen des Hoch- und Spätmittelalters vielmehr aus ihrem sorgsam abgestimmten Vorstoß als Verband. Bereits für das 10. Jahrhundert ist die Ermahnung König Heinrichs I. an seine Reitertruppen überliefert, in der Schlacht gegen die ungarischen Bogenschützen stets die geschlossene Formation zu wahren: »*Es suche niemand dem andern vorauszueilen, ganz gleich ob er ein schnelleres Pferd habe; deckt euch vielmehr gegenseitig mit den Schilden und empfangt so die ersten Pfeile des Feindes. Dann stürzt in vollem Laufe und aufs heftigste anstürmend über ihn her, damit er fühlt, dass eurer Schwerter Streiche ihn erreicht haben, bevor er noch den zweiten Pfeil gegen euch abschießen kann.*«[20] Gefochten wurde in Kampf und Massenturnier im dichten Reiterverband, der die gegnerischen Reihen durch die Wucht des ersten Angriffs zu durchbrechen und die voneinander getrennten Gegner einzeln zu überwinden suchte.

➤ Ein guter Ritter war Teamspieler und Alleingänge verpönt. Nur im dichten Verband, in der konzertierten Aktion konnten Reiterangriffe gelingen (Grandes Chroniques de France, um 1335/40).

Von der Vielfalt der im Reiterkampf zur Verfügung stehenden Manöver und taktischen Kunstgriffe berichtet eindrucksvoll die Lebensbeschreibung des Erzbischofs Adalbero von Trier. Während sich das erzbischöfliche Heeresaufgebot und die Truppen des rheinischen Pfalzgrafen Hermann von Stahleck 1148 an der Mosel gegenüberstanden, demonstrierten die Trierer Ritter ihre Überlegenheit im Umgang mit Waffen und Pferden: »*Welch ein Schauspiel hätte sich dir geboten! (...) Was für ein Geschrei hättest du gehört von Verfolgern und Verfolgten! Kunstvoll vorgetäuschtes Fliehen hättest du erblickt, plötzliches Kehrtmachen der Fliehenden und jähen Wandel des Glücks bei denen, die den Angreifern schon im Rücken waren. Ritter, bald in dichtem Rudel, bald plötzlich sich auseinanderziehend, um durch scheinbares Zurückweichen den Angreifer in eingebogener Front zu empfangen und durch Einschwenken der Flügel zu umfassen, tausend Künste, tausend Täuschungsmanöver gab es zu studieren.*«[21]

Der Sieg in der Schlacht gehörte damit dem Teamspieler, und selbst Ausnahmetalente hatten sich der strikten Disziplin des Kampfverbandes unterzuordnen. Vor diesem Hintergrund dürfen die vielbeschworenen Rittertugenden von Zucht, Treue, Demut und Beständigkeit nicht als leere Floskeln adliger Selbstdarstellung gelesen werden. Kameradschaftliche Verbundenheit, militärischer Drill und Zurücknahme der eigenen Ruhmbegierde waren im Formationskampf eine existenzielle Notwendigkeit und zugleich der Schlüssel zum Erfolg der ritterlichen Profikrieger.

Bereits der Blick auf Ausrüstung und Kampfesweise lässt erahnen, weshalb die Gestalt des Ritters nicht allein als heroischer Träger von Waffen und Rüstung, sondern ebenso als Verkörperung moralisch-sittlicher Werte und Tugenden im Geschichtsbild des Abendlandes verankert ist. Der Panzerreiter hatte sich stets zahlreiche Gebote zu vergegenwärtigen, die sein Handeln im Krieg wie im Frieden formten und verfeinerten.

Im Auftrag Gottes: der Ritter im Kampf für Glaube und Kirche

Parzival wähnt sich der Erfüllung seiner Träume nahe: Endlich hat er die Gralsburg erreicht und ist als Ritter in die erlesene Tafelrunde des König Artus aufgenommen worden. Schnell sticht er durch seine Stärke und Waffenkunst unter den anderen Rittern hervor. Auch hat er die verborgene Burg des Fischerkönigs und Gralshüters Anfortas gefunden, sieht den geheimnisumwobenen Gral vor sich, den »*Inbegriff paradiesischer Vollkommenheit, Anfang und Ende allen menschlichen Strebens*«.[22]

Und doch ist der unerfahrene Held Parzival in dieser Situation zum Scheitern verurteilt, mangelt es ihm doch an christlichen Tugenden. Er unterlässt es, seinen offenkundig siechen Gastgeber Anfortas nach Ursprung und Linderung seiner Leiden zu fragen. »*Ihr hättet Mitleid zeigen müssen mit dem, den Gott gezeichnet hat*«, wirft man dem Dummkopf daher vor, kaum dass das Burgtor hinter ihm ins Schloss gefallen ist. Nun »*habt ihr nicht mehr den Rang, die Ehre eines Ritters*«.[23] Parzival muss den Artushof verlassen. Als er im Zorn über sein Scheitern Gott den Dienst aufkündigt, rückt der ersehnte Gral für ihn erst recht in unerreichbare Ferne.

»Selbst schuld«, mochte das höfische Publikum um 1200 im Stillen bei sich gedacht haben. Christliche Werte und Tugenden waren so tief in ihr ritterliches Selbstverständnis eingebettet, dass sie dem Scheitern Parzivals kaum Verständnis, höchstens Verwunderung und bisweilen Verachtung entgegenbringen konnten.

Wolfram von Eschenbachs Verse dienten so der Bestätigung und zugleich der eindringlichen Mahnung: Ohne Bekenntnis zu Gott, Kirche und den Werten des Christentums konnte ein Panzerreiter unmöglich ein Ritter sein.

Gelenkte Gewalt: Gottesfrieden

»Dreigeteilt ist das Haus Gottes, das man für ein einziges hält. Die einen beten, die anderen kämpfen und wiederum andere arbeiten.«[24] Obgleich das Drei-Stände-Modell, das Bischof Adalbero von Laon († 1030) im frühen 11. Jahrhundert beschrieb, den Kämpfenden einen festen und wertgeschätzten Platz in der von Gott eingesetzten Ordnung zuwies, begegneten die meisten kirchlichen Würdenträger den professionalisierten Kriegern lange Zeit mit Missfallen und Ablehnung. Ihre Lebenssphäre des Krieges und Blutvergießens, in der allein Waffenruhm Aufstieg und Ehre verhieß, stand in schroffem Gegensatz zur Friedensbotschaft des Christentums. Immer wieder wurden die Kirche und die ihr anvertrauten Güter, aber vor allem auch Bauern durch gewaltsam ausgetragene Adelskonflikte in Mitleidenschaft gezogen. Schon im Frühmittelalter hatte der Einzelne das Recht, Ehrverletzungen oder Angriffe auf Leib, Hab und Gut durch eine Art Privatrache zu sühnen. Wann immer ein Anspruch oder Rechtstitel durchgesetzt werden sollte, wann immer ein Herrschender sich in seinem Stand und seiner Ehre gekränkt sah, stand ihm die Fehde als legitimes Rechtsmittel zu Gebote.

Wie jeder Konflikt des Mittelalters unterlagen auch Fehden grundsätzlich strengen Regeln, die den Rechtsanspruch der Beteiligten untermauern und das persönliche Risiko der Streitenden minimieren sollten: Der Beginn der Gewalthandlungen musste rechtzeitig angekündigt werden, damit der Befehdete Zeit hatte, Bauern und Untertanen zu warnen und gegebenenfalls in Sicherheit zu bringen sowie seine Burg gegen einen Angriff zu wappnen. Ziel einer Fehde war es nicht, den Gegner zu vernichten. Vielmehr sollte ihm durch das Zufügen eines möglichst großen wirtschaftlichen Schadens die faktische Unhaltbarkeit seines Rechtsanspruchs vor Augen geführt werden. Obwohl Vermittler sich meist um eine friedliche und schnelle Beilegung des Konflikts bemühten, gehörten vielerorts vor allem die Bauern zu den Leidtragenden dieser Form der Rechtsfindung. Ihre Dörfer wurden niedergebrannt, ganze Ernten unter den Hufen der Pferde zertrampelt und das Vieh fortgetrieben und geschlachtet. Oftmals kamen die Betroffenen nicht mit dem Leben davon. Die, die Krieg und Hungersnöte überlebten, hatten von den Sühneleistungen, die der Unterlegene dem Sieger erbringen musste, in der Regel wenig.

➤ Fehden galten im Mittelalter als legitime Mittel der Rechtsfindung. Unter den Kampfhandlungen zwischen verfeindeten Adligen hatten insbesondere die Bauern zu leiden (Soester Nequambuch, um 1315).

Nach Auffassung der Zeitgenossen war das Königtum für die Friedenssicherung und den Schutz von Landbevölkerung und Kirche vor den gewaltsamen Übergriffen der gewaltbereiten Waffenträger verantwortlich. »*Aufstände kraftvoll niederzuschlagen, Kriege zu befrieden und das Band des Friedens zu erweitern*«[25] waren, so ließ sich Bischof Gerhard von Cambrai († 1051) vernehmen, die ureigensten Aufgaben des gesalbten Herrschers. Gerade in Frankreich aber hatte das schwache Königtum den Adligen in zahlreichen Regionen nichts entgegenzusetzen. Die Fehden waren durch die Zentralgewalt nicht einzudämmen und dienten immer öfter nicht mehr der Wiedergutmachung erlittenen Unrechts, sondern allein dem Gewinn- und Machtstreben einzelner Waffenträger.

In dieser allgemeinen Krisensituation ging die Kirche einen entscheidenden Schritt auf den bewaffneten Adel zu. Wo die Krone versagte, wollten die kirchlichen Würdenträger Frankreichs seit dem frühen 11. Jahrhundert durch sogenannte Gottesfrieden (*Pax Dei*) dem beinahe anarchischen Treiben ein Ende bereiten. Auch der Mehrzahl der führenden Adligen war zum Schutz der eigenen Herrschaft an einer Eindämmung der Gewalthandlungen und einer öffentlichen Ächtung ihrer kriegsbereiten Gegner gelegen. Kern der auf regionalen Versammlungen vereinbarten Gottesfrieden waren beeidete Beschlüsse, die den Teilnehmern Übergriffe auf unbewaffnete Personen, Vieh, Klöster und Kirchen unter Androhung der Exkommunikation untersagten. Zeiten der *Treuga Dei* verboten das Tragen von Waffen an bestimmten Tagen, so etwa zu hohen Kirchenfesten. In der Gegend von Vienne hatten die Großen durch Eid konkret zu versichern, auf Gewalt gegen Geistliche, Pilger und Witwen zu verzichten. Hab und Gut der Bauern anderer Herren wurde ebenso geschützt wie der Besitz der Kirche. Ausdrücklich verpflichtete sich der Eidschwörende zum Gewaltverzicht gegenüber Damen, deren Gatten nicht anwesend waren, sowie überhaupt immer dann, wenn er sich in Begleitung einer adligen Dame befand.

Zur konkreten Durchsetzung und Kontrolle der Bestimmungen setzten die Bischöfe nicht nur auf die Kooperationsbereitschaft lokaler Kriegsherren. Sie organisierten darüber hinaus in Eigenregie sogenannte Pax-Milizen: Erstmals wurden professionelle Krieger zur Herstellung und Erhaltung des Friedens in den Dienst der Kirche gestellt. Was bisher die Aufgabe des Herrschers war, wurde nun auf die gesamte Gruppe der Waffenträger ausgedehnt. Sie bekamen eine Schutzfunktion gegenüber Schwachen und Wehrlosen zugewiesen und wurden auf die christliche Aufgabe der Friedenswahrung verpflichtet. Wer an den Gottesfrieden teilnahm, konnte sich durch die Kirche legitimiert und moralisch überlegen, ja geradezu königlich geehrt fühlen. So leisteten Bischöfe, Äbte und Priester nicht nur einen aktiven Beitrag zur Friedenssicherung. Durch ihre Forderung nach verbindlichen ethischen Werten für den bewaffneten Laienadel setzten sie auch die allmähliche Verwandlung von gewalttätigen Panzerreitern in christliche Ritter in Gang.

Führend beteiligt an diesem Prozess war das burgundische Reformkloster Cluny. Hier hatten sich die Mönche lange Zeit selbst als »Ritter Christi« (*milites Christi*) verstanden, die wacker versuchten, mit den spirituellen Waffen des Gebets und der Gottesliebe den Anfechtungen des Bösen zu widerstehen. Doch bedurften auch sie eines wirksamen Schutzes vor den Fährnissen der irdischen Welt. Dies traf umso mehr zu, als das Kloster keinen weltlichen Schirmherren (*Vogt*) besaß, sondern direkt dem Schutz des Heiligen Stuhls im fernen Rom unterstand. Allerdings war der Kontakt zwischen

Mönchen und waffenführendem Adel gerade in Cluny besonders intensiv: Das Kloster verdankte seinen Aufstieg maßgeblich den Schenkungen der weltlichen Großen, sein Konvent rekrutierte sich überwiegend aus den Angehörigen vornehmer Familien. So fiel es nicht schwer, die Eigenbezeichnung »Ritter Christi« auch auf die Verfechter der weltlichen Belange des Klosters zu übertragen. Mit der Lebensbeschreibung des Grafen Gerald von Aurillac hatte der Abt Odo von Cluny im 10. Jahrhundert das Idealbild eines im Laienstand verbleibenden, aktiv kämpfenden Heiligen entworfen. Als Krieger ein gottgefälliges Leben zu führen wurde damit auch anderen Adligen als attraktives Leitbild vor Augen gestellt. Die Hinwendung kirchlicher Kräfte zum Laienadel erhielt jedoch erst im folgenden Jahrhundert den entscheidenden Aktivierungsschub.

Vom Profikämpfer zum Gotteskrieger

Welche Normen das Leben und Handeln eines ritterlichen Vorkämpfers von Glaube und Recht bestimmen sollten, findet sich um das Jahr 1090 in den Schriften des Bischofs Bonizo von Sutri stichwortartig niedergelegt: *»Den Rittern ist zu eigen, dass sie ihren Herren ergeben und nicht auf Beute aus sind, dass sie, um das Leben ihrer Herren zu schützen, ihr eigenes Leben nicht verschonen, für das Wohl der res publica bis zum Tod fechten, gegen Schismatiker und Häretiker kämpfen, Arme, Witwen und Waisen verteidigen, die gelobte Treue nicht brechen und gegenüber ihren Herren nicht meineidig werden.«*[26]

Der Bischof verband dabei ältere Traditionen von Lehenstreue und militärischer Disziplin mit Werten der christlichen Adels- und Herrscherethik. Die Indienstnahme des Rittertums zur Niederschlagung der für Kirchenspaltung und Glaubensabfall verantwortlich gemachten Kräfte besaß dabei eine aktuelle, nicht zuletzt politische Stoßrichtung: Sie spiegelt das Bemühen der Papstkirche um bewaffnete Unterstützung im epochalen Ringen zwischen weltlicher und geistlicher Gewalt, dem sogenannten Investiturstreit. Auf dem Höhepunkt seiner Auseinandersetzung mit dem römisch-deutschen König Heinrich IV. forderte Papst Gregor VII. unverblümt alle Waffenträger zur schlagkräftigen Verteidigung der rechtgläubigen Kirche gegen ihre äußeren und inneren Feinde auf.

→ Ordensritter, hier ein Templer, stellen den Höhepunkt der Veredlung von Panzerreitern zu christlichen Rittern im Kampf für die Kirche dar (Westminster Psalter, um 1200).

Was auf den ersten Blick wie eine Vereinnahmung des Adels für die Eigeninteressen der Kirche aussehen könnte, erweist sich bei näherem Hinsehen als Prozess wechselseitiger Annäherung. Zunächst profitierten auch die Krieger selbst vom ideologischen Überbau des Ritterideals. Treffend belegen dies die Ausführungen des englischen Theologen Johannes von Salisbury aus der Mitte des 12. Jahrhunderts: »*Wozu dient die von Gott eingesetzte Ritterschaft? Die Kirche zu schützen, den Unglauben zu bekämpfen, das Priestertum zu verehren, Unrecht von den Armen abzuhalten, im Land Frieden zu schaffen.*« Doch aus diesen Pflichten ließen sich für Johannes konkrete Vorrechte und Privilegien der Ritterschaft ableiten: »*Von Fronarbeit und anderen Lasten, von schmutzigen Arbeiten sind sie frei, rechtliche Beschränkungen ignorieren sie rechtmäßig, Burgvermögen können sie vererben und, was das größte ist, die Vorsorge für das Gemeinwohl lässt nicht zu, dass sie irgendwelchen Mangel erleiden.*«[27] Der Dienst mit der Waffe veredelte den Kriegerstand und sicherte seinen sozialen Vorrang vor der Gruppe der Arbeitenden. Schlaglichtartig wird daran deutlich, weshalb auch der höchste Adel sich schließlich zum Rittertum bekannte.

Zugleich aber verlangte die Aufwertung weltlichen Waffendienstes von der Kirche große Zugeständnisse, ja gar manch theologisch fragwürdigen Spagat. Die von den Anhängern der Kirchenreform

➤ Mit den Waffen christlicher Tugenden bewehrt und von der Höhe des Himmels inspiriert streitet der Ritter gegen die teuflischen Laster (Buchmalerei, um 1260).

Du nennst dich Ritter, was ist das?

und des Reformpapsttums entwickelte radikale Argumentation vom gottgefälligen Krieger stand in deutlichem Gegensatz zur christlichen Lehre von Gewaltfreiheit und Nächstenliebe und blieb anfangs nicht ohne Widerspruch. Papst Gregor VII. predige die Gewalt des Krieges und nicht die Lehre des Petrus, warf man ihm vor. Niemand, der zum Schwert greife, werde den Weg in den Himmel finden, so argumentierten gar manche Theologen.

Den kirchlichen Bußbüchern des Frühmittelalters zufolge war das Töten eines Menschen auch im Kriegsfall eine Sünde, die zur Wiedergutmachung vor den Augen Gottes mit einer Buße belegt wurde. Diese ablehnende Haltung gegenüber Waffengewalt blieb bis ins 11. Jahrhundert im Wesentlichen unverändert so bestehen. Doch die großen politischen und religiösen Unruhen dieser Zeit brachten neue Sicht- und Denkweisen zutage, die ein Aufweichen, wenn nicht gar das Über-Bord-Werfen der christlichen Kernbotschaft der Gewaltlosigkeit bedeuteten. In den Überlegungen, ob es Situationen gebe, in denen Gewalt und Blutvergießen nicht doch vor Gott gerechtfertigt seien, gewann die alte Lehre vom »gerechten Krieg« (*bellum iustum*) immer größere Dominanz.

Der Vorstellung vom »gerechten Krieg« war schon in der Spätantike vom Kirchenvater Augustinus († 430) der Boden bereitet worden. Vor dem Hintergrund des Zerfalls des Römischen Reiches durch barbarische Stämme hatte er in seinem Hauptwerk »Der Gottesstaat« (»De civitate Dei«) seine Gedanken zu Frieden und Krieg niedergeschrieben. Ein bewaffneter Konflikt sei dann gerechtfertigt, wenn er der Verteidigung, der Bestrafung von Unrecht oder der Wiedererlangung geraubten Gutes diene. Entscheidend war Augustinus zufolge die innere Einstellung des Kämpfers. Solange ein Krieg nicht aus Lust am Kampf und aus Grausamkeit, sondern aus gerechtfertigten Gründen und in angemessener Form geführt werde, seien Töten und Blutvergießen keine Sünden, sondern, wenn sie der Wiederherstellung des Friedens dienten, sogar ein Akt der Nächstenliebe.

Über viele Jahrhunderte schlummerte dieses Gedankengebäude, bis es im 11. Jahrhundert von den Anhängern des Reformpapsttums wiederentdeckt wurde. So vertrat der Kirchenreformer Ivo von Chartres († 1115) zwar noch die ältere Auffassung, dass das Töten eines Feindes im Krieg nach einer Buße verlange, doch vertrat er gleichzeitig die Lehre vom gerechten Krieg gegen Heiden und Häretiker. Schnell wurde die anfangs zögerliche Billigung des Krieges von den radikalen Anhängern der Kirchenreform argumentativ weiter ausgebaut, sodass schließlich Bischof Bonizo von Sutri als eifriger Parteigänger des römischen Papsttums Christus und dem Kirchenvater Augustinus gleichermaßen eine in ihrer Aussage pervertierte Seligpreisung der Bergpredigt in den Mund legen konnte: »*Selig sind die, die um der Gerechtigkeit willen Verfolgung ausüben.*«[28]

In den Augen der Reformkirche war *miles* spätestens zu diesem Zeitpunkt nicht mehr länger eine abwertende Bezeichnung. Aus Sicht geistlicher Autoren war sie all jenen vorbehalten, die sich den seitens der Kirche vorgezeichneten Aufgaben und moralischen Anforderungen zu stellen bereit waren. Die Aufnahme in die ritterliche Wertegemeinschaft galt ihnen als Akt der Selbstverpflichtung, die vom mächtigen Herrscher bis zum einfachen Waffendiener jeder Krieger eingehen konnte. Sinnfälligen Ausdruck fand die bewusste Entscheidung für die christliche Ritterethik im Ritual der Schwertleite, durch das junge Krieger feierlich in den Kreis der Kämpfenden aufgenommen wurden. Diese Zeremonie fand häufig an Heiligenfesten im Rahmen eines Gottesdienstes statt und lehnte sich eng an den Ritus der Königsweihe an. Hauptbestandteile waren der Eid auf die Ritterpflichten sowie die priesterliche Segnung des Schwertes, das dem jungen Mann nach genau festgelegten Worten überreicht wurde: »*Empfange dieses Schwert, das dir mit dem Segen Gottes verliehen wird, damit du stark genug bist, mit der Kraft des Heiligen Geistes allen deinen Feinden und allen Feinden der heiligen Kirche Gottes zu widerstehen*«[29], heißt es etwa in einer aus dem Bistum Cambrai aus dem späten 11. Jahrhundert überlieferten liturgischen »Ordnung für die Waffenleite eines Verteidigers der Kirche oder eines anderen Ritters«.

»Gott will es!«

Die Vorstellung eines christlich geläuterten, im Dienst für Gott zum Blutvergießen bereiten »neuen« Kriegertums zeigte ihre ganze Tragweite, als Papst Urban II. im Jahr 1095 auf dem Konzil von Clermont in flammender Rede vor Hunderten von Erzbischöfen, Bischöfen, Äbten, Klerikern und Laien ausrief: »*Diejenigen sollen jetzt Ritter Christi werden, die vorher Räuber waren.*«[30] In einem dramatischen Appell beschwor er die anwesenden Waffenträger, von ihren Privatfehden und Kriegszügen abzusehen. Der Ohrenzeuge Balderich von Dol gibt die Worte des Papstes folgendermaßen wieder: »*Umgürtet mit dem Gürtel der Ritterschaft prangt ihr in großem Übermut. Ihr reißt eure Brüder in Stücke und zerfleischt euch gegenseitig. Das ist keine Ritterschaft Christi, wenn einer in den Schafstall des Erlösers einbricht!*« Statt die Ritterwürde (lat.: *militia*) durch persönliche Raffgier zu einer Übeltat (lat.: *malitia*) zu verkehren, so das geschickte Wortspiel des Papstes, gelte es, die Waffen gegen die offensichtlichen Feinde des christlichen Glaubens zu richten: »*Wenn ihr aber eure Seele retten wollt, so legt schleunigst den Gürtel einer solchen Ritterschaft ab und tretet mutig in die Kriegsdienste Christi und eilt zur Verteidigung der orientalischen Kirche.*«[31]

Hintergrund dieses Aufrufes war ein Hilfegesuch des oströmischen Kaisers, der sich aus dem Westen militärische Unterstützung gegen das Vordringen der muslimischen Seldschuken in Kleinasien erhoffte. Papst Urban nutzte diese Gelegenheit, um dem sündigen Missbrauch der Waffen unter Glaubensbrüdern die moralische Überlegenheit eines Kampfes für Kirche und Christentum gegenüberzustellen. »*Bewaffnet euch mit dem Eifer Gottes, liebe Brüder, gürtet eure Schwerter an eure Seiten, rüstet euch und seid Söhne des Gewaltigen. Besser ist es, im Kampf zu sterben, als unser Volk und die Heiligen leiden zu sehen. Wer einen Eifer hat für das Gesetz Gottes, der schließe sich uns an*«, so zitiert ihn der Chronist Wilhelm von Tyrus. Für den gottgefälligen Waffendienst verhieß der Papst den Teilnehmern an dem geplanten Kriegszug den vollständigen Ablass ihrer Sündenstrafen: »*Die Diebe, Räuber, Brandstifter und Mörder werden das Reich Gottes nicht besitzen. Erkauft euch mit wohlgefälligem Gehorsam die Gnade Gottes, auf dass er euch eure Sünden, mit denen ihr seinen Zorn erweckt habt, um solcher frommen Werke und der vereinigten Fürbitten der Heiligen willen schnell vergebe.*«[32]

Die Wirkung dieses Aufrufs überstieg alle Erwartungen und überraschte selbst den Papst. »*Gott will es!*«, erschallte es einmütig aus den Kehlen der Anwesenden. Hatte Urban zunächst nur ein kleines, lokal rekrutiertes Hilfskontingent für die Christen des Ostens im Auge gehabt, so lösten

seine Predigten rasch eine Massenbewegung von kaum übersehbarem Ausmaß aus. Zahllose Kämpfer nahmen spontan das Kreuz, indem sie sich zum Zeichen ihres Gelübdes Stoffkreuze an die Brust hefteten. Vom Nachfolger Petri selbst aufgewertet zu Verteidigern der Christenheit, machten sie sich keine Gedanken darum, ob der Griff zum Schwert mit der Kernbotschaft der Bibel in Einklang zu bringen war. Der weltliche Waffendienst war endgültig von der Kirche sanktioniert worden.

Mönch + Ritter = Ordensritter

Urbans II. Aufruf führte in allen Bevölkerungsschichten zu einer wahren Kreuzzugsbegeisterung. An der Spitze des offiziellen Kreuzfahrerheeres zogen vornehmlich französische Adlige ins Heilige Land. Ihnen folgten zahlreiche Angehörige kleinerer Ritterfamilien, die oft von ihrem Grundbesitz nicht mehr leben konnten. Die Teilnahme am Kreuzzug war für sie daher nicht zuletzt mit der

»Gott selbst führt uns«

Christus sitzt auf einem weißen Pferd. Das Streitross hält den Kopf gesenkt und schreitet entschlossen vorwärts. Ihm und seinem Reiter folgt eine Schar von Rittern auf ebenfalls weißen Pferden. Der Betrachter sieht vor sich eine Schlüsselszene aus der Offenbarung des Johannes, die einem anglo-normannischen Apokalypse-Kommentar um 1300 entstammt. »Dann sah ich den Himmel offen, und siehe, da war ein weißes Pferd, und der, der auf ihm saß, heißt ›Der Treue und Wahrhaftige‹; gerecht richtet er und führt er Krieg. Seine Augen waren wie Feuerflammen und auf dem Haupt trug er viele Diademe; und auf ihm stand ein Name, den er allein kennt. (...) Die Heere des Himmels folgten ihm auf weißen Pferden; sie waren in reines, weißes Leinen gekleidet. Aus seinem Mund kam ein scharfes Schwert; mit ihm wird er die Völker schlagen. Und er herrscht über sie mit eisernem Zepter, und er tritt die Kelter des Weines, des rächenden Zornes Gottes, des Herrschers über die ganze Schöpfung. Auf seinem Gewand und auf seiner Hüfte trägt er den Namen: ›König der Könige und Herr der Herren‹.«[33] Christus ist gekommen, um mit Schwert und Buch über die Welt zu richten.

In dieser Apokalypse-Darstellung ist das Auftreten des Weltenrichters in ver-

blüffender Weise vermengt mit dem Kreuzzugsgedanken. Die »Heere des Himmels« sind hier nichts anderes als zeitgenössische Ritter im Kettenpanzer. Das rote Kreuz auf Schilden und Lanzen weist sie sogar als Mitglieder des Kreuzritterordens der Templer aus. In Umdeutung der Verse der Apokalypse führt

Christus, der an seinen bloßen Füßen ritterliche Sporen trägt, damit selbst einen Kreuzzug an. Das Schwert der Gerechtigkeit, das er im Mund führt, wird zur blanken, realen Waffe, die die Feinde der Christenheit schlagen wird. »Gott will es« ist erweitert zu »Gott selbst führt uns«.

Hoffnung auf Landbesitz im Orient verknüpft. »*Die Habe der Feinde wird euer werden, da ihr sie ihrer Schätze berauben werdet*«[34], zitiert Balderich von Dol den Papst. Doch sollte vor dem Hintergrund materieller Gewinnaussichten die tief religiöse Motivation der meisten Kreuzfahrer nicht unterschätzt werden. Erst die Vorstellung einer gottgefälligen Verbindung von Kampf und Glauben macht es erklärlich, wie aus einem militärischen Hilfegesuch ein Massenaufbruch in die weithin unbekannte Welt des Orients werden konnte. Eindrucksvoll schildert die Lebensbeschreibung des normannischen Ritters Tankred den Effekt des päpstlichen Aufrufs. Der junge Krieger sei zunehmend in einen Gewissenskonflikt zwischen seinem weltlichen Waffendienst und der Botschaft des Evangeliums geraten: »*Der Herr hatte doch befohlen, dass, wenn man auf die eine Wange geschlagen werde, man auch die andere hinhalten solle. Aber das ritterliche Leben in der Welt gestattete nicht einmal die Schonung des Blutes von Verwandten.*« Dieser innere Zwiespalt raubte ihm dauerhaft den Schlaf, bis er von den Ereignissen in Clermont erfuhr: »*Früher befand, wie erwähnt, seine Seele sich an einem Scheideweg. Welchem der beiden Wege soll er folgen: den Evangelien oder der Welt? Die zweifache Möglichkeit für den Kampf aber belebte den Mann. Daher waren die notwendigen Vorbereitungen schnell getroffen, sobald die Aufforderung zum Kriegszug ergangen war.*«[35] Tankred gleich hatten die Berufskrieger ihre neue Aufgabe als schlagkräftige Verteidiger der Christenheit be-

➤ Das Kreuz auf Schild und Banner markiert die Verschmelzung monastischer Lebensregeln und aktiver Kriegsführung (Fresko in der ehemaligen Templerkomturei Cressac, Frankreich, 12. Jh.).

Du nennst dich Ritter, was ist das?

geistert angenommen und ließen sie zum festen Bestandteil ihres ritterlichen Selbstverständnisses werden.

Nicht jeder Ritter gab sich indes damit zufrieden, ein Panzerreiter zu sein, der sich den Werten des Christentums verschrieben hatte, aber dennoch seinen weltlichen Lebensstil weiterpflegte. Einige von ihnen versuchten daher, die Ideale des Mönchtums mit den irdischen Tugenden der Kampfkunst zu vereinen. Sie fanden sich in Ritterorden zusammen. Der erste Kreuzritterorden wurde bereits um 1120 in Jerusalem von dem französischen Adligen Hugo von Payens gegründet. Zusammen mit acht Ordensbrüdern wollte er Pilger schützen, die die heiligen Stätten besuchen wollten. Von König Balduin II. von Jerusalem erhielten sie einen Flügel seines Palastes auf dem Tempelberg in Jerusalem, wo sich heute die al-Aqsa-Moschee erhebt. Einst befand sich dort der Tempel Salomons, der der neu gegründeten Ordensgemeinschaft der »Armen Ritter Christi und des Tempels von Salomon zu Jerusalem«, kurz, den Templern, ihren Namen gab.

Schon 1128 erhielt der Orden die Bestätigung durch den Papst und damit die höchste Anerkennung dieser völlig neuartigen Lebensform der Ordensritter. Ihr Gelübde, in klösterlicher Gemeinschaft, in Ehelosigkeit und ohne persönlichen Besitz zu leben und ihr Dasein allein auf den Kampf gegen die Feinde Gottes auszurichten, feierten Vertreter der Kirche als Höhepunkt des Waffendienstes im Namen Gottes. *In der Tat ist ein Ritter unerschrocken und von allen Seiten geschützt, der wie den Körper mit dem Panzer aus Eisen auch den Geist mit dem Panzer des Glaubens umgibt. Mit beiderlei Waffen vortrefflich geschützt, fürchtet er weder den Teufel noch den Menschen«, jubelte Zisterzienserabt Bernhard von Clairvaux († 1153) über die Templer, die er den weltlichen Rittern aufgrund ihrer aufs Jenseits gerichteten Gesinnung in allen Punkten als überlegen erklärte. *Man verachtet Schach und Würfelspiel und verabscheut die Tierhatz. Sie erfreuen sich auch nicht an jener unzüchtigen Jagd mit Vögeln, wie man sie pflegt. Sie verachten und verabscheuen Schauspieler und Zauberer, Geschichtenerzähler, schmutzige Gesänge und das Schauspiel als Eitelkeiten und falsche Tollheit. Sie scheren sich die Haare, denn sie wissen, dass es für einen Mann gemäß dem Apostel [Paulus] schändlich ist, wenn er das Haupthaar wachsen lässt. Niemals sind sie gekämmt, selten gebadet, durch das vernachlässigte Haar vielmehr borstig und von Staub bedeckt, von der Rüstung und der Hitze gebräunt.«[36] Das Töten und Blutvergießen im Namen Gottes bereitete dem Ordensmann Bernhard umso weniger Gewissensbisse, je mehr er den vermeintlich ungläubigen Gegner entmenschlichte: *Wenn [der Tempelritter] einen Übeltäter tötet, ist er kein Mörder, sondern, wie ich es nennen möchte, sozusagen ein ›Übeltöter‹.«[37]

Mit Bernhard von Clairvaux als wortgewaltigem Fürsprecher und Gönner breitete sich der Templerorden noch im 12. Jahrhundert beinahe explosionsartig aus und konnte sein Einflussgebiet weit über Palästina und die anderen Kreuzfahrerstaaten ausdehnen. Mit ihrem weißen, mit einem roten (Tatzen-)Kreuz versehenen Mantel und Waffenrock waren die Templer äußerlich gut erkennbar. Der große Reichtum aber, den der dem Papst unterstellte Orden anhäufen konnte, weckte zu Beginn des 14. Jahrhunderts die Begehrlichkeiten des französischen Königs Philipp IV. Nach einem aufsehenerregenden Prozess wegen angeblicher Gotteslästerung, Götzendienstes und obszöner Riten wurde der Templerorden 1312 auf Druck Philipps IV. von Papst Clemens V. vollständig aufgelöst. Unter der Folter hatten zahlreiche Mitglieder die ihnen zur Last gelegten Vergehen gestanden. Dass die Anklagen weitgehend erfunden waren, kann gleichwohl als sicher gelten. Auf dem Scheiterhaufen endet die Geschichte des ersten abendländischen Ritterordens. Das Vermögen der Templer floss jedoch nicht, wie es Philipp gehofft hatte, in die leeren königlichen Truhen. Der Papst übertrug nämlich all ihren Besitz den Johannitern.

Der Orden der Johanniter war eigentlich älter als derjenige der Templer. Bereits um 1080 hatten Kaufleute aus Amalfi in Jerusalem ein Hospital eingerichtet, das Johannes dem Täufer geweiht war. Dort wurden nicht nur Pilger aufgenommen, sondern auch Alte und Kranke gepflegt. Obgleich der Papst das Hospital bereits 1113 als eigenständige Einrichtung anerkannte, wandelte sich die dortige Bruderschaft erst 1154 zum »Orden vom Spital des heiligen Johannes zu Jerusalem«. Ursprünglich trugen die Johanniter, zuweilen auch als Hospitaliter bezeichnet, lediglich ein schlichtes, schwarzes Ordensgewand. Als neben die Krankenfürsorge auch militärische Aufgaben im Heiligen Land traten, passten sie ihr Äußeres an. Über der Rüstung trugen die Ritter einen schwarzen Mantel mit einem

weißen, zu Kriegszeiten einem roten, in acht Spitzen endenden Kreuz. Bereits im 12. Jahrhundert übernahmen die Johanniter die Herrschaft über mehrere Festungen. Eine davon war der Crac des Chevaliers in Syrien, den die Johanniter zu einer uneinnehmbaren Kreuzritterburg ausbauten, die selbst Sultan Saladin 1188 ein Jahr lang vergeblich belagerte. Nach dem Zusammenbruch der Kreuzfahrerreiche 1291 ließen sich die Johanniter auf Malta nieder. Seither heißt der Orden, der heute seinen Sitz in Rom hat, Malteserorden.

Die Johanniter sind nicht die einzigen Ordensritter, die auf eine kontinuierliche Geschichte bis in die Gegenwart verweisen können. Auch den Deutschen Orden, den »Orden der Brüder vom Deutschen Haus St. Mariens in Jerusalem«, gibt es noch heute. Er ist der jüngste der großen Ritterorden und wurde 1198 aus einer Krankenpflegebruderschaft, die von reichen Kaufleuten aus Bremen und Lübeck bei Akkon im Heiligen Land gegründet worden war, in den Stand eines Ritterordens erhoben. Fortan bildeten die Deutschherren mit ihrem weißen Mantel mit schwarzem Kreuz das deutschsprachige Pendant zu den französisch dominierten älteren Rittergemeinschaften. In

→ Mit seiner Auflösung durch Papst Clemens V. 1312 und der Hinrichtung des Großmeisters Jacques de Molay auf dem Scheiterhaufen fand der Templerorden sein Ende (italienische Buchmalerei, spätes 14. Jh.).

Du nennst dich Ritter, was ist das?

→ Die Ordensburg Crac des Chevaliers in Syrien vereint hinter massiven Festungsmauern Elemente klösterlicher Architektur mit ritterlichen Repräsentationsbauten.

den Kreuzfahrerstaaten im Heiligen Land konnte der Deutsche Orden neben den etablierten Ritterorden jedoch nur schwer Fuß fassen und versuchte andernorts ein eigenes geschlossenes Territorium zu errichten. Er gründete bereits 1231 den mächtigen Deutschordensstaat im Baltikum. Dem Orden als Gesamtheit gehörten in seiner Blütezeit am Ende des 14. Jahrhunderts um die 3000 Ritter an. Die Expansion im Ostseeraum fand jedoch ihr Ende, als der Orden im Jahr 1410 bei Tannenberg eine vernichtende Niederlage gegen eine Koalition aus Polen und Litauern erlitt. Trotz seiner empfindlichen Schwächung konnte der Orden jedoch einen Großteil seiner Territorien bis zum Ende des Mittelalters bewahren, bevor er im Zuge der Reformation teilweise säkularisiert wurde und aus dem Ordensgebiet schließlich das weltliche Herzogtum Preußen hervorging.

Templer, Johanniter und Deutscher Orden sind lediglich die drei bedeutendsten einer Vielzahl geistlicher Ritterorden, die im Zuge der Kreuzzugsbewegung gegründet wurden. In der Verschmelzung der ursprünglich völlig konträren Welten des Mönchtums einerseits und des professionellen Waffendienstes der Panzerreiter andererseits fand die neue Einstellung der Kirche zu Krieg und Gewaltausübung ihre extremste Ausprägung.

Doch auch bei den weltlichen Rittern hatte die Zeit der Kirchenreform, des Investiturstreits und der ersten beiden Kreuzzüge tiefgreifende Spuren hinterlassen. Niemand konnte sich zu Recht Ritter nennen, der nicht der Kirche Achtung entgegenbrachte und sich nicht zutiefst den Idealen des Christentums verschrieben hatte. Während die Ordensritter aber dem Irdischen zu entfliehen trachteten, suchten und fanden ihre weltlichen Waffenbrüder einen Ort, an dem sie die neu angenommenen Werte eines christlichen Miteinanders üben und noch verfeinern konnten: den Hof.

Der höfische Ritter

Der junge Parzival ist zufrieden: Angetan mit dem prächtigen Harnisch des »Roten Ritters« Ither reitet er nun stolz einher. Endlich, so glaubt er, ist er ein echter Ritter! Auf seiner Reise macht er nun Station bei Gurnemanz von Graharz, den er mit seiner feschen Erscheinung zu beeindrucken sucht. Doch Parzival erlebt eine Enttäuschung: Seine fehlenden Manieren verraten sogleich seine wahre Herkunft, und er erntet lediglich Verwunderung und Belustigung. Der höfisch versierte Gurnemanz erkennt schnell den tumben Narren in Bauernkleidung, die Parzival unter seiner kostbaren Rüstung trägt. Entsprechend harsch fällt sein Urteil aus: *»Ich habe Anlass festzustellen, dass Ihr der Lehre sehr bedürft. Seid nicht mehr so ungehobelt!«*[38] Gurnemanz macht es sich zur Aufgabe, den im wahrsten Sinne des Wortes unhöflichen Parzival in den grundlegenden höfischen Tugenden zu unterweisen und ihn so zu einem Ritter zu machen: *»Seid niemals unverschämt! Ein Leib, dem das Gefühl von Scham und Schande abgeht, was soll der noch taugen?«*[39]

Die Verse über Parzivals Zurechtweisung werden bei den Zuhörern des Epos für beifälliges Kopfnicken gesorgt haben, berührten sie doch eine zentrale Sphäre ihres eigenen Lebens. Sie wussten, wer sich in die Öffentlichkeit des Hofes begab und dort nicht durch unangemessenes Betragen Anstoß erregen wollte, musste sein Handeln ständiger Kontrolle unterziehen und sich in ein enges Korsett strenger Regeln und Verhaltensmuster einpassen.

Es war der Hof selbst, der aus rohen Reiterkriegern galante Ritter machte.

Der Hof

Die Höfe der Fürsten und Könige des europäischen Hochmittelalters waren Dreh- und Angelpunkte ritterlicher Sehnsüchte. In großer Zahl strömten ihnen die zu, die sich im Glanz ihrer Erfolge und Errungenschaften sonnen wollten und zugleich ihren sozialen Rang vor ihren Standesgenossen behaupten mussten. Aber auch denen, die sich im Gefolge eines mächtigen Fürsten Karriere und Aufstieg erhofften, verhießen die Höfe mit ihren vielfältigen sozialen Vernetzungen die Erfüllung ihrer Träume und Ambitionen.

Schon Zeitgenossen des 12. Jahrhunderts haben versucht, das Phänomen »Hof« mit passenden Worten zu umschreiben. »*Ich lebe am Hof und ich spreche vom Hof, aber ich weiß nicht, was der Hof ist*«, bekannte der englische Kleriker Walter Map (✝ 1209) freimütig und fügte hinzu: »*Nur Gott weiß das.*«[40] Wacker versuchte er sich dennoch an einer Definition und beschrieb den Hof als eine »*nicht genau definierbare Menschenmenge (...), die sich zu einem Mittelpunkt verhält*«.[41] Weitaus handfester nimmt sich der Erklärungsversuch des Stauferkaisers Friedrich II. (✝ 1250) aus, der den deutschen Hof immer exakt dort verortete, »*wo unsere Person und die Großen unseres Reiches zusammenkommen*«.[42] Der Begriff »Hof« (lat. *curia*) beschrieb also mehr als nur bloße Örtlichkeiten. »Hof« war die Gesamtheit aller den Fürsten umgebenden und auf ihn ausgerichteten Personen, die als Höflinge (lat. *curiales*) bezeichnet werden.

Im Sinne dieser Erklärungsversuche bildete der König oder Fürst den Mittelpunkt des Hofes und zugleich die Spitze der höfischen Hierarchie. Die weltlichen und geistlichen Großen des Reiches, die engsten Berater und Getreuen des Herrschers, waren ihm direkt nachgeordnet, ihnen folgten kleinere Adlige, Kleriker, Ministerialen und schließlich die Schar der Bediensteten. Am untersten Ende der sozialen Stufenleiter rangierte der Tross der Schausteller und Unterhaltungskünstler, der dem Hof nachfolgte, wo immer er sich hinwandte. Ging der englische Königshof auf Reisen, so bestätigt uns der Kleriker Peter von Blois (✝ 1203), folgten ihm »*unablässig Gaukler, Sängerinnen, Würfelspieler, Weinverkäufer, Narren, Mimen, Bartscherer und Possenreißer*« nach[43].

Damit ist ein entscheidendes Merkmal des Hofes genannt, die Mobilität. Zum Verständnis mittelalterlichen Königtums gehörte es, im gesamten Reich präsent zu sein. Unablässig zog der König mitsamt seinem Gefolge daher von Königspfalz zu Königspfalz, hielt Hoftage ab, saß

⬤➤ Rein äußerlich sah Parzival nun aus wie ein echter Ritter, doch sein Benehmen musste noch »verhöflicht« werden (Parzival des Chrétien de Troyes, um 1330).

zu Gericht und stellte Privilegien für lokale und überregionale Herrschaftsträger und Institutionen aus. Auch die großen Fürsten wollten ihren Einfluss in ihren ausgedehnten Herrschaftsgebieten durch persönliche Anwesenheit festigen. So kannten beispielsweise die Landgrafen von Thüringen, der Erzbischof von Mainz oder der rheinische Pfalzgraf ebenso wenig eine feste Residenz wie der König, sondern verfügten über mehrere ausgebaute Herrschaftssitze.

Ein »hundertarmiger Riese«, eine »Hydra mit vielen Häuptern« sei der Hof des Königs, bekundet abermals Walter Map, »veränderlich und unbeständig, räumlich begrenzt und umherirrend. Er bleibt niemals im gleichen Zustand. Wenn ich ihn verlasse, kenne ich ihn genau; wenn ich zurückkehre, finde ich nichts oder wenig von dem vor, was ich zurückgelassen habe«.[44]

Die Praxis mittelalterlicher Reiseherrschaft und das beständige Kommen und Gehen großer Menschengruppen macht es in der Tat schwierig abzuschätzen, wie viele Menschen sich Tag für Tag an den großen Höfen aufhielten. Ältere Darstellungen veranschlagten für das ständige Gefolge des römisch-deutschen Königs im 12. Jahrhundert mit mehreren tausend Personen eine überraschend hohe Zahl, die freilich hinterfragt werden sollte. Die längerfristige Unterbringung und Verpflegung einer solch großen Anzahl von Menschen musste die Zeitgenossen vor große logistische Schwierigkeiten stellen. Nicht selten war der Herrscher gezwungen, in politisch prekären Situationen schnell zu reagieren und seine Reiseroute rasch zu ändern. Ein tausendköpfiger Tross hätte ihn dabei stark behindert und seine Handlungsfähigkeit eingeschränkt. Den eigentlichen Kern des Königshofes

➤ Der Herrscher bildete den Mittelpunkt des stetig reisenden Hofes. Zu Hoftagen oder Festen strömten ihm weltliche und geistliche Höflinge in Scharen zu (Codex Balduineus, um 1340).

Du nennst dich Ritter, was ist das?

→ Die Burg Dankwarderode Herzog Heinrichs des Löwen in Braunschweig stellte einen der bedeutendsten Höfe im Reich des 12. Jahrhunderts dar.

bildete daher eine Gruppe von wenigen hundert Menschen, deren Zahl aber im Einzelfall um ein Vielfaches anschwellen konnte. Großereignisse wie Hoftage und Fürstenversammlungen zogen die Hofbesucher in Scharen an. Zudem galt es für jeden anreisenden Fürsten, ein standesgemäßes Gefolge mit sich zu führen. Das Mainzer Hoffest im Jahr 1184 soll, so unser etwas zur Übertreibung neigender Gewährsmann Gislebert von Mons, mehr als 70.000 Besucher angelockt haben.

Die Konstellation »Hof« mit ihrem bunten Miteinander der unterschiedlichsten Personengruppen war gleichermaßen Drehkreuz politischer Entscheidungen, kulturelles Sammelbecken und Knotenpunkt sozialer Begegnungen. Hier kreuzten sich Geld- und Warenströme, trafen neue Ideen und Innovationen aller Art aufeinander. Als Ausbildungsstätten des adligen Nachwuchses und Kristallisationspunkte ritterlichen Lebens boten sie reichhaltige Möglichkeiten zur sozialen Selbstentfaltung. Hier trafen mächtige Vasallen auf arme Dienstleute und nachgeborene Söhne des Adels, nicht zuletzt aber auch auf die Schreiber und Kapläne des Hofherren sowie auf die Lebenswelt der adligen Damen. In dieser dichten Atmosphäre entfalteten sich verfeinerte Formen der Geselligkeit. Neuartige Tänze und Spiele hielten ebenso rasch Einzug wie die immer extravaganter werdenden Schnitte höfischer Kleidermode. Das enge Zusammenleben forderte jedoch ein rücksichtsvolles Miteinander, das gewaltsame Störungen wirkungsvoll aus der Sphäre höfischer Festfreude verbannte. Es zwang zu einer strikten Disziplin im Umgang mit dem anderen und sich selbst.

Höfische Freude, adlige Disziplin

Begeben wir uns auf die Suche nach den Motiven, die die höfischen Eliten zur Verfeinerung und Modellierung ihrer Umgangsformen trieben, so gibt uns bereits Aegidius Romanus, ein Hoftheoretiker des 13. Jahrhunderts, den entscheidenden Fingerzeig: »*Denn dadurch, dass an den Höfen der Adligen eine sehr große Gesellschaft zu sein pflegte, schickte es sich für sie, höflich und umgänglich zu sein, weil sie ja die meiste Zeit über in Gemeinschaft sehr vieler lebten.*«[45] Habe das Alleinleben die Bauern roh und hinterwäldlerisch gemacht, so sei es die Gesellschaft des Hofes, welche die Adligen »verhöfliche«.

Körperbeherrschung und Manieren entstanden nicht allein daraus, dass sie dem ritterlichen Nachwuchs sorgsam anerzogen wurden. Vielmehr folgten sie einer gesellschaftlichen Notwendigkeit: Sie reduzierten nicht nur das Risiko für den Einzelnen, im Rahmen höfischer Rangstreitigkeiten Schaden an Leib und Ehre zu nehmen. In einer von neidvoller Konkurrenz geprägten Atmosphäre boten sie dem Höfling auch zuverlässige Orientierung in seinem alltäglichen Handeln: »*Zumal es viele gibt, die auf sie blicken und ihre Taten bewerten, werden die Edlen dazu angespornt, besonnene Männer zu werden, die feinsinnig ergründen, welches Betragen sich ihnen geziemt, auf dass ihr Handeln nicht (...) tadelnswert erscheine.*«[46] Nur nicht unangenehm auffallen! Mangelndes Betragen der ritterlichen Besucher warf nicht nur ein schlechtes Licht auf sie selbst, sondern auch auf den Hof mitsamt dem Herrscher. So beklagte einst Knut der Große († 1035), König von England und Herrscher über ein skandinavisches Großreich, die rohen Sitten seiner internationalen Hofgesellschaft, deren männliche Mitglieder zumeist »*gewichtiger an Muskeln als an Manieren*«[47] waren. »*Obwohl sie sich glänzend im Krieg verhielten, hatten sie doch nur eine vage Vorstellung davon, wie man sich angemessen im Frieden benimmt. Die Folge davon war, dass die, die sich im Feld auszeichneten, am Hof verachtet wurden.*«[48] Die rauen Umgangsformen der Krieger, die Ehrstreitigkeiten zumeist sogleich mit blanken Schwertern austrugen und sich auch im Umfeld des Königs nicht des Zanks und der Zwietracht enthielten, ließen Knut befürchten, das schlechte Benehmen seiner Gefolgsleute müsse sein Ansehen in den Augen anderer europäischer Fürsten beschädigen. Er verordnete seinen Höflingen folglich ein strenges Erziehungsprogramm, das Zügellosigkeit, Streitsucht und Gewalt ein für alle Mal ausmerzen und durch höfische Freundlichkeit und Brüderlichkeit ersetzen sollte. Das neue Miteinander stand ganz im Zeichen gegenseitiger Achtung und Rücksichtnahme. Ein rigide vorgeschriebener Verhaltenscodex und eine strenge soziale Rangordnung sollten Ehr-

➤ Raue Umgangsformen, Grobheit und blanke Schwerter hatten an den Höfen nichts zu suchen (Lewis Chess Men, Norwegen, 12. Jh.).

Du nennst dich Ritter, was ist das?

konflikte sogleich im Keim ersticken, ja jedweden Anlass für Handgreiflichkeiten vorausschauend beseitigen. Beleidigungen wurden im Wiederholungsfall mit dem Ausschluss von der Tischgemeinschaft geahndet. Nun musste schon mit Strafe rechnen, wer »*bei Überqueren eines Flusses sein Pferd auf solche Weise antrieb, dass sein Kamerad durch die Wellen gestört wurde (…). So wurde selbst bei den kleinsten Pflichten des sozialen Umgangs die größte Sorgfalt erzwungen*«.[49]

Aus Kriegern, so wird in diesem Exempel sittlicher Disziplinierung idealtypisch vor Augen geführt, begannen Höflinge zu werden. Die ebenso einfache wie anspruchsvolle Grundregel gegenseitigen Respekts lautete: »Höfisch ist, was dem anderen gefällt«. An dieser Devise ausgerichtete Umgangsformen begannen bald schon von den zentralen Institutionen der großen Herrscherhöfe in die Peripherie der kleinen Burgen und Herrschaftssitze auszustrahlen, sodass höfische Manieren nicht mehr an einen festen Ort gebunden waren und nunmehr auch »im Kopf« zu existieren begannen.

Die neuen Regularien verdichteten sich im Verlauf des 11. und 12. Jahrhunderts zu einem höfischen Verhaltenscodex, der an die Seite des christlich geprägten Ritterethos trat. Sie berührten nahezu jedes Detail des öffentlichen Auftretens, modellierten Körperhaltung, Gestik und nicht zuletzt Sprechweise und Mienenspiel von Höflingen und Herrschern: »*Sei immer heiter, immer froh!*«[50], so der wohlmeinende Rat an die Akteure auf der Bühne höfischer Geselligkeit. Fröhlichkeit (lat. *hilaritas*) und beherrschte Gelassenheit (lat. *dissimulatio*) als Reaktion auf erlittene Kränkungen waren die zu Gebote stehenden Gefühlsäußerungen, die nichts über die wahren Gedanken und Emotionen ihres Trägers verrieten. Die Schattenseiten dieser neuen Normen des Miteinanders waren Schmeicheleien, Intrigen und Lügen hinter der Maske höfischer Heiterkeit: Selten käme bei Hof zu Ehren, »*wer nicht mit sieben Zungen redet*«, so notierte der Sittenlehrer Hugo von Trimberg über die feine höfische Sprechweise, »*denn sie alle reden schön, obwohl doch ihr Herz voller Galle ist*«.[51] Derart massive Unmutsäußerungen seitens der geistlichen Hofkritiker mögen belegen, wie tief die Mechanismen von Affektkontrolle und Aggressionsverzicht binnen kurzem Wurzeln geschlagen hatten. Gegenseitige Rücksichtnahme verlangte es, sich ständig zurückzunehmen und niemals unbedacht zu handeln. »*Wer immer nach seinem Verlangen spricht und handelt, der hat den Verstand des Viehes*«, lehrte der Dichter Thomasin von Zerklaere († um 1238) seinen hochgestellten Adressatenkreis. »*Der Mensch, der soll Vernunft haben, denn das Vieh hat keine Vernunft. Einen anderen Unterschied als Tugend und Verständigkeit gibt es nicht zwischen Mensch und Tier.*«[52] Besonders signifikant tritt diese Forderung nach Selbstkontrolle bei den vielfältig überlieferten Tischzuchten hervor.

Von des Tisches Zuht

Das altersmüde Klischee vom finsteren und barbarischen Mittelalter ist kaum irgendwo lebendiger als in der Vorstellung von säuisch schlürfenden und rülpsenden Tischgenossen. Das »Rittermahl« bar aller Etikette hat sich in jüngster Zeit sogar zur lukrativen Geschäftsidee der Erlebnisgastronomie gemausert. Der höfischen Elite wäre bei solchen Gelagen allerdings die lächelnde *hilaritas* (Heiterkeit) zur Maske des Entsetzens erstarrt, denn nichts war ihr unerträglicher als ungezügelte Gier und Fresslust. »*Wer sich am Hof angemessen benehmen will, der soll sich bei Tisch sorgfältig kontrollieren*«[53], lautete eine Maxime ritterlicher Verhaltenslehren. Ganz grundlegend war das Verbot, sich bei Tische zu streiten. Zu vermeiden war alles, was die Ehre oder das ästhetische Empfinden des Tischgenossen hätte beeinträchtigen können. Man kannte das Konfliktpotenzial, das in der vielfach praktizierten Gewohnheit lag, Becher, Salzfässer und Schüsseln paarweise miteinander zu teilen. Wie leicht konnte da ein gierig verschlungener Bissen zum Affront geraten! Entsprechend suchten zahlreiche Gebote und Ermahnungen, im Interesse eines friedvollen Miteinanders der Esslust Einhalt zu gebieten. Weder sollte man zu schnell schlingen noch dem Nachbarn etwas wegnehmen, nicht gleichzeitig mit ihm in die Schüssel greifen, unbeherrscht die besten Stücke herausfischen oder den gemeinsamen Becher leer trinken. »*Wenn du einen Bissen, der dir gefällt, in der Schüssel deines Genossen erblickst, dann sollst du ihn nicht nehmen, nicht dass dir schändliche Bauernart nachgesagt wird*«[54], hieß es schon in einer Tugendlehre des 12. Jahrhunderts. Noch im Spätmittelalter belehrte man die Tischgenossen auf gleiche Weise: »*Nicht unverschämt greif in die Mitte / nach der derben Bauern Sitte!*« Und weiter: »*Wer sich über die Schüssel hebt / und rüdisch sich dahinein vergräbt / mit dem Maul wie ein Eberschwein / der sollte besser bei den Säuen sein!*«[55] Hinter solchen Vorhaltungen stand neben dem Gebot der gegenseitigen Rücksichtnahme die Erfahrung, dass die fragile soziale Rangordnung unter den Tafelgästen schon durch Kleinigkeiten gefährdet werden konnte. Dass die Tischzuchten unangemessenes Verhalten in die Sphäre bäuerlicher oder gar viehischer Existenz verwiesen, spiegelt darüber hinaus das Bedürfnis der höfischen Gesellschaft wider, sich untereinander und nach außen sozial von den unteren Schichten abzuheben. Wer immer sich diesen Normen nicht zu beugen vermochte und sich danebenbenahm, sah sich von drastischer sozialer Deklassierung bedroht: »*Unzüchtige Rede und falsches Verhalten / kann des Mannes Ehre beschneiden.*«[56] In der höfischen Gesell-

➤ Das höfische Festmahl war ein kunstvoll inszeniertes Ereignis. Für seine ritterlichen Teilnehmer wurde es zur Bewährungsprobe perfekter Manieren (Wolfram von Eschenbach, Parzival, um 1240).

Du nennst dich Ritter, was ist das?

schaft, in der es galt, den eigenen sozialen Status in Konkurrenz zu den Standesgenossen nach außen darzustellen und zu bewahren, wurde jeder noch so kleine Fehltritt von wachsamen Augen registriert. Mangelndes Benehmen war nichts anderes als ein Scheitern der öffentlichen Statusrepräsentation und führte zu Prestigeverlust und wachsender Distanz zu den Standesgenossen.

Die Tischzuchten, die sich in gleicher Weise an Kinder wie Erwachsene richteten, dienten daher sowohl der Aneignung als auch der Aktualisierung und Weitergabe höfischer Verhaltensstandards. Vieles darin mag uns altbekannt anmuten: Wasche die Hände vor dem Essen, sitz gerade, lehne dich nicht mit dem Ellbogen auf den Tisch, sprich nicht mit vollem Mund. Oder: *»Nimm keinen solch großen Brocken in den Mund, dass nach allen Seiten Krümel herausfallen.«*[57] Anderes wiederum wirkt heute bizarr, wenn nicht gar unappetitlich: Zieh vor dem Essen frische Kleider an, damit kein Ungeziefer auf den Tisch kommt; greife nicht mit den Fingern in den Senf, verwende die Messerspitze; schnäuzt nicht in das

→ Zum Händewaschen vor und nach dem Mahl standen besondere Gefäße, Aquamanile, zur Verfügung, die häufig figürlich gestaltet waren (Florenz, um 1250).

Tischtuch, benutzt Euren Ärmel! Letzteres wird verständlich, wenn man bedenkt, dass das Tischtuch angesichts fehlender Servietten gleichermaßen zum Säubern von Besteck und Fingern diente. Auch das sorgfältige Reinigen der Hände vor der Mahlzeit folgte dem Gebot hygienischer Rücksichtnahme, da die Speisen in der Regel mit der Hand, genauer mit den ersten drei Fingern der rechten Hand, aufgenommen wurden. Auch sonst waren die Anweisungen meist ebenso konkreter wie praktischer Natur: Geh besser vor dem Essen zum Abort, damit dein Magen leer ist. Außerdem, so argumentieren Tischzuchten freimütig, laufe man so geringere Gefahr, dass einem während des Mahls irgendwelche Winde entfahren. Denn solches war entgegen dem berühmten, aber keineswegs authentischen Ausspruch Martin Luthers alles andere als hoffähig: Ein Furz, *»es sei unten oder oben«*, galt den höfischen Tischgenossen als *»schändlich und unrein«*[58].

Selbstkontrolle gegenüber niederen Gelüsten galt als höchster Wert innerhalb der höfischen Kultur und wurde im Rahmen der allgegenwärtigen sozialen Rivalitäten am Hof stetig weiterentwickelt. Neben dem Herrscher selbst war das beständige Ringen um Ansehen und Status verantwortlich für die Entstehung und unablässige Verfeinerung der Umgangsformen. Weiter vorangetrieben wurde dieser Prozess der Verhöflichung von zwei Instanzen, die das Leben am Hof und damit die Verhaltensstandards dominierten: die Hofkleriker und die Damen.

Geistliche Mahner und Erzieher

Das höfische Erziehungsprogramm hätte sich wahrscheinlich kaum so nachhaltig durchgesetzt, hätte nicht der Hofklerus mit Argusaugen über seine Einhaltung gewacht und jede Entgleisung, jeden Rückfall in rückständige Verhaltensweisen scharf getadelt. Vor den mahnenden Worten der Geistlichen war nicht einmal der Herrscher selbst sicher, wie König Heinrich II. (1002–1024) am eigenen Leib erfuhr. Als er nämlich einen Mann mit Honig einstreichen und zur Belustigung der Anwesenden von einem Bären ablecken ließ, rief ihn die Schelte des Abtes Poppo zur Räson. Dieser habe dem Herrscher und dem Hof ins Gewissen geredet, ein solch menschenverachtendes Spektakel nicht mehr zuzulassen. Heinrich II. nahm sich die Ermahnung zu Herzen, und tatsächlich, an den Höfen der Stauferzeit ist eine solche Szene nur sehr schwer vorstellbar.

Die Höflinge erkannten selbst, dass die Kleriker gleichermaßen Motor und Kontrollinstanz höfischer Umgangsformen waren: »*Wonach steht den Pfaffen der Sinn? Sie lehren gutes Benehmen, Kunstfertigkeit, Weisheit und die Bedeutung aller Tugenden, Friedsamkeit, Scham und Ehrfurcht.*«[59] Um als Lehrer und Erzieher in Fragen des höfischen Miteinanders fungieren zu können, mussten die Geistlichen die Umgangsformen tief verinnerlicht haben. In der Tat, die höfischen Verhaltensstandards waren in geistlichen Kreisen früher und fester verankert als unter den Laien. Es waren nicht zuletzt die Klöster und Domstifte, die schon frühzeitig die gegenseitige Rücksichtnahme unter den dort lebenden Brüdern anmahnten und auf grundlegende Regeln des täglichen Umgangs drängten. In den Gewohnheiten (*consuetudines*) mancher Klöster finden sich schon früh Anweisungen, die Mönche mögen auf der Treppe zum gemeinsamen Schlafsaal das Ausspucken unterlassen oder sich morgens Gesicht und Hände waschen sowie die Haare kämmen. Ein Sich-gehen-Lassen war undenkbar, denn in der äußeren Erscheinung sollte sich die innere Reinheit des Mönchs und Klerikers widerspiegeln. Die ersten Manierenbücher waren entsprechend nicht für den höfischen Gebrauch, sondern im Hinblick auf die klösterliche Erziehung verfasst worden. So verwundert es kaum, dass gerade Geistliche in den Quellen des 11. und 12. Jahrhunderts als Prototypen höfischer Gesinnung erscheinen. »*Unter keinen Umständen, weder beim Essen und Trinken,*

➤ Als friedliebende »Tauben« wirkten die Geistlichen an den Höfen mäßigend und regulierend auf das Verhalten der durch den Falken charakterisierten Ritter ein (Hugo von Fouilloy, Liber avium, um 1200).

noch in Wort, Geste oder Kleidung, hätte er je etwas Unschickliches, Unpassendes oder Ungehöriges geduldet, sondern er, der durch Güte, gute Erziehung und vorausschauende Weisheit ins Auge fiel, bewies vielmehr in jeder Haltung des Menschen die Harmonie, die in ihm regierte«[60], ist etwa über Bischof Otto von Bamberg (†1139) zu lesen. Nicht zuletzt seine verfeinerten Sitten hätten ihm seinem Biographen zufolge den Aufstieg bis an den Königshof ermöglicht. Auch Erzbischöfe wie Rainald von Dassel und Christian von Buch, beide Kanzler am Stauferhof, werden nicht nur für ihren herausragenden Intellekt, sondern auch für ihre tadellosen Umgangsformen gelobt, beides Eigenschaften, die sie zu idealen Kulturvermittlern am Hof machten.

Nicht alle Hofkleriker pflegten jedoch einen solch tadellosen Lebenswandel. Mancher hielt es eher mit dem »Archipoeta«, einem Dichter aus dem Gefolge des Kölner Erzbischofs. Dieser liebte es nach eigenem Bekunden, sich hemmungslos Wein, Weib und Gesang

➤ Grobe Haudegen hatten bei den höfischen Damen keinen Erfolg. Erst durch Disziplin, Feinheit und Zartgefühl konnte der Ritter »liebenswert« werden (Codex Manesse, Anfang 14. Jh.).

hinzugeben. Freimütig bekannte er in dichterischer Überzeichnung, sich den Tod am Tisch einer Taverne zu wünschen, den Rebensaft noch im Sterben an seinen Lippen. Auch der Attraktivität mancher Damen meinte er sich kaum entziehen zu können.

Denselben Pfad der Untugend betrat nachweisbar ein Kleriker namens Alexander, der sich wie der Kölner Dichter am Hof Friedrich Barbarossas aufhielt. Dort habe er sich mit einer Hofdame aus dem Gefolge der Kaiserin eingelassen »und sich mit ihr in vielerlei Liebesspielen verloren«.[61] Die Affäre flog auf, und neben seiner Ehre musste Alexander auch den Verlust seiner Nase beklagen, die man ihm abschnitt, vielleicht um ihn der Damenwelt dauerhaft zu vergällen. Ansonsten nämlich gingen die Hofgeistlichen im Vergleich mit den Rittern bei der Frage, wer denn nun die besseren Liebhaber seien, in der Regel als Sieger hervor. Den Damen zufolge waren sie sauberer, redegewandter und vor allem diskreter. Diesen Vorsprung an feinen Sitten galt es für die Ritter wettzumachen. Die »Carmina Burana« formulieren es im 13. Jahrhundert unverblümt: »Vom Kleriker ist der Ritter erst zum Minnediener gemacht worden.«[62]

Schönheit, Zucht und Minne: die höfische Dame

An dieser Stelle betritt die Dame die Bühne des höfischen Treibens. Ihre Rolle ist ebenso vielfältig wie widersprüchlich: Sie ist zugleich Minneherrin und Eigentum ihres Mannes, Hort der Tugend und Urquell der Sünde, Kulturträgerin und Heiratsobjekt, schmückendes Beiwerk und heimliche Regentin.

Die den Damen innewohnende zivilisierende Kraft ist von den Zeitgenossen oft beschrieben worden. »Gäbe es keine Frauen auf Erden, wie würden die Ritter aussehen?«, fragt der »Stricker« genannte Dichter zu Beginn des 13. Jahrhunderts, »wodurch würden sie sich auszeichnen, was sollten ihnen schöne Kleider bedeuten? Was würde ihnen eine edle Gesinnung geben und was sollte ihnen ihr persönlicher Ruhm?«[63] Ohne die Damen, sinniert er weiter, hätten die Ritter keine rechte Motivation und würden ihr Leben in den Schenken fristen, äußerlich verwahrlost, antriebslos und ungewaschen. Gott in seiner Weisheit freilich habe ihnen ein solches Schicksal erspart: »Er hat ihnen Frauen gegeben, die schuf er den Engeln gleich. (...) Und dies ist der Ruhm, den sie verleihen: Dass die Ritter ritterlich leben, das haben sie von den Frauen!«[64]

Bereits die frühen Gottesfrieden hatten den berittenen Kriegern nahegelegt, wenigstens in Gegenwart der Damen auf Gewalttaten zu verzichten, ein Ansinnen, das im Rahmen des Hofs zur vollen Blüte gelangte. Dort musste sein Panzerhemd beiseite legen, wer vor den Augen hochgestellter Frauen bestehen wollte. Die Schärfe des Schwertes wog hier weniger als das wohlplatzierte Wort, die vom Blut der Feinde gefärbte Rüstung weniger als das modische Gewand. »Ihr werdet oft die Rüstung tragen; wenn Ihr sie ausgezogen habt, dann müsst Ihr hinterher gewaschen sein unter den Augen und an den Händen – das müsst Ihr tun, um Dreck und Rost vom Eisen loszuwerden. Dann nämlich werdet ihr wieder höfisch schön: Die Augen der Frauen haben darauf Acht«, bekam auch der junge Parzival zu hören.[65]

Liebe und Selbstbeherrschung waren die Schlüsselwörter im respektvollen Umgang mit der Dame, der in der höfischen Liebe (mhdt. *minne*) seinen höchsten Ausdruck fand: Der Ritter sollte sich durch ideales Verhalten und ritterliche Taten, durch Tugenden wie Beständigkeit und Zuverlässigkeit (mhdt. *staete*), edle Gesinnung (mhdt. *hôher muot*), Maßhalten (mhdt. *mâze*), Treue (mhdt. *triuwe*) und Freigebigkeit (mhdt. *milte*) vor seiner Minneherrin bewähren. Zwischen Ritter und *frouwe* entspann sich ein subtiles Spiel des wiederholten Werbens und Zurückweisens. Erst die Hoffnung des Mannes auf den ihm von der Frau verheißenen – mehr oder weniger konkreten – Liebeslohn machte ihn zum Helden auf dem Schlachtfeld und im Turnier. »Der Mann findet durch seine Geliebte zur Tapferkeit, die Vortrefflichkeit der Frauen gibt dem Mann den hohen Mut«, ist im »Willehalm« Wolframs von Eschenbach zu lesen.[66]

Doch stand hinter dem ritterlichen Liebeswerben weit mehr, als die Dame nur zu erotischen Gunstbeweisen zu verführen. Im Vordergrund ging es ganz im Gegenteil um sexuelle Selbstbeherrschung und die Zügelung der Triebe. Wer im Spiel der *minne* bestehen wollte, musste sich zunächst als »liebenswert« beweisen, indem er seine Begierden sorgsam im Zaum hielt. »Soll er das Obst [der Liebe] erwerben, so hat da Gewalt nichts zu suchen. Was immer er sonst tun möge – auch wenn ihm die ganze Erde untertan wäre – das Obst kann er mit Gewalt niemals erringen.«[67] Unkontrolliertes *ane grîfen*, das zügellose Berühren der Geliebten, wirkte sozial deklassierend und stellte den Übeltäter ebenso wie das Fehlverhalten bei Tisch gleichsam auf eine Stufe mit den Bauern oder gar Tieren. Gewalt gegen

Frauen galt als ganz und gar unhöfisch und war damit inakzeptabel. Ein zuchtvoller Ritter hatte sich auch dann unter Kontrolle, wenn die Versuchung im wahrsten Sinne des Wortes zum Greifen nahe lag, wie Hartmann von Aue seinem höfischen Publikum vor Augen führte, als er die Abenteuer Iweins im nächtlichen Quartier auf der »Burg des schlimmen Abenteuers« schilderte. *»Wer sich nun darüber wundert, dass ein ihm nicht verwandtes Mädchen nachts so nahe bei ihm lag und er es nicht anrührte, der weiß nicht, dass ein anständiger Mann sich all dessen enthalten kann, dessen er sich enthalten will.«*[68] Sein tadelnd hinzugefügter Hinweis, dass es solcher Männer allerdings nicht allzu viele gebe, entlarvt die höfische Liebe in vielerlei Hinsicht als Chiffre für das utopische Konzept einer sittlich verfeinerten Gesellschaft.

Das Lächeln der Reglindis

Zwölf lebensgroße Standbilder schmücken den Westchor des Domes zu Naumburg. Als Stein gewordenes Andenken an die bedeutendsten Stifter und Wohltäter des Domes traten sie im 13. Jahrhundert an die Stelle der früheren Stiftergräber und sollten so das liturgische Totengedächtnis aufrechterhalten. Neben der edlen, beinahe kühldistanziert wirkenden Erscheinung der Uta von Ballenstedt auf der Nordseite, die übrigens als Vorlage für die Figur der bösen Königin in Walt Disneys Zeichentrickfilm »Schneewittchen« diente, zieht an der Südwand das weitaus gewinnendere Lächeln der Reglindis den Blick des Betrachters auf sich. Mehr als zweihundert Jahre nach ihrem Tod um 1016 verlieh der unbekannte Meister des Naumburger Westchors der Markgräfin in Mimik und Gestik die Gestalt einer formvollendeten Repräsentantin des höfischen Lebensgefühls seiner Epoche.

Ausgelassene Freude und immerwährende Heiterkeit (mhdt. *vreude*; lat. *hilaritas*) gehörten zu den grundlegenden Standespflichten mittelalterlicher Eliten, halfen sie doch die vermeintlich sorgenfreie Sphäre höfischer Geselligkeit von der mühevollen Realität bäuerlichen Überlebens und Arbeitens abzugrenzen. *»Wer bei Hofe verweilen will / dem steht Freude wohl an!«*[69] Im lebenslustigen

Lächeln der Reglindis spiegelt sich dieser Appell zur höfischen Heiterkeit und adligen Statusrepräsentation ebenso wider wie in den übrigen Details ihres vornehmen Erscheinungsbildes.

Dichtung und Kunst akzentuieren gleichermaßen das harmonische Zusammenspiel von Körperhaltung, Gestik und Mimik und exquisiter Garderobe. *»Beide zusammen, Gestalt und Gewand, haben niemals ein lebendiges Bild schöner hervorgebracht als dieses«*, beschreibt der Dichter Gottfried von Straßburg um 1210 in seinem »Tristan« die jugendliche Isolde.[70] Tatsächlich decken sich seine Verse in erstaunlicher Weise mit der Schöpfung des Naumburger Meisters: Isolde wie Reglindis etwa tragen ihren halbrunden Tasselmantel, so benannt nach den beiden metallenen Schließen (*Tasseln*), mit derselben Geste höfischer Selbstbeherrschung: *»Da wo sich die Tasseln befanden, war eine feine Schnur aus weißen Perlen befestigt, in die die Schöne ihren linken Daumen geschlagen hatte. Die Rechte hielt sie etwas tiefer, dort wo man (...) den Mantel schließen soll, und hielt ihn auf höfische Weise mit zwei Fingern zusammen.«*[71]

Diese Handhaltung galt als Inbegriff adligen Gebahrens und sandte zugleich eine soziale Botschaft aus: Ohne den Griff in die Tasselschnur drohte der schwere Mantel von den Schultern zu gleiten. Nur wer es sich mit Hilfe einer entsprechenden Dienstbotenschar leisten konnte, im Alltag auf den Gebrauch einer Hand zu

verzichten, vermochte sich mit einem solchen Kleidungsstück zu schmücken.

Dank dieser adligen Attribute gelang es dem Naumburger Bildhauer, »seiner« Reglindis das Antlitz höfischer Heiterkeit, Harmonie und Selbstbeherrschung zu verleihen. Die historische Reglindis mag hiervon wenig gekostet haben. Als Tochter des polnischen Herzogs Boleslav Chrobry wurde sie im zarten Alter von 13 Jahren nach Meißen verheiratet, wurde alsbald Zeugin kriegerischer Auseinandersetzungen zwischen Ehemann und Vater und starb schließlich kaum 18-jährig bei der Geburt ihres ersten Kindes. Zu Lebzeiten Reglindis' wie zur Entstehung ihres Bildnisses gleichermaßen verbarg sich hinter der Fassade lebensfroher Festlichkeit nicht selten die nüchterne Realität adliger Machtpolitik und feudaler Ehepraxis.

Verroht, verdorben, verweichlicht: Hofkritik

Der Lebenswandel realer Träger mittelalterlicher Ritterschaft mochte im Einzelnen weit jenseits des Leitbildes höfischer Selbstzucht liegen. Doch erscheint es aus heutiger Sicht schwer möglich, das Ideal trennscharf von der Wirklichkeit zu scheiden. Dem Ritter die Maske des höfischen Helden – eines Parzival oder Lanzelot – gewaltsam zu entreißen, hieße zugleich, ihn vor den Augen der Geschichte gänzlich gesichtslos zu machen. Zu sehr prägten die Normvorstellungen der Hofgesellschaft seine Selbstsicht und bestimmten seine Träume und Wünsche, auch wenn diese in letzter Konsequenz unerreichbar blieben. Dennoch gilt es jene Stimmen der Vergangenheit ernst zu nehmen, die bereits zeitgenössisch Kritik am verfeinerten Gebaren der christlichen Kriegerelite äußerten.

Während kirchliche Kreise noch modellierend auf Ethos und Gesinnung des kriegerischen Adels einzuwirken suchten, waren einzelne Ausformungen der aufblühenden Hofkultur bereits ins Visier geistlicher Sittenkritik geraten. Als intimer Kenner höfischer Gebräuche präsentiert sich der englische Kleriker Johannes von Salisbury, der nach eigenen Aussagen selbst lange den »Torheiten der Wichtigtuer« gehuldigt habe. In seinem »Policraticus« genannten Werk distanzierte er sich um 1159 jedoch von dem schmeichlerischen Gebaren der Höflinge, ihrem Geiz und ihrer affektierten Art des Gesanges, ihren »Festgelagen, Trinkereien, Mahlzeiten, Liedern und Spielen, ihrem überfeinen Luxus, ihren Ausschweifungen und verschiedenen Arten von Unsittlichkeiten«[72]. Der Hof selbst strebe nur nach Reichtümern, bereite daher stets schwere, sorgenvolle Mühsal; er umschmeichle und lächele, spiegle vor zu schätzen, wen er in Wahrheit verachte, so ließ sich 1193 Johannes' Landsmann Nigellus de Longchamps vernehmen: »Der Hof ist der Grund des Schlechten, die Schule der Sünden, die Werkstätte der Heuchelei, der Treibstoff der Ausschweifungen, der Urquell der Unmäßigkeit.«[73]

Viel härter als solch allgemeine Sittenkritik traf die höfische Ritterschaft indes der Vorwurf der Verweichlichung als direkte Folge des verfeinerten Verhaltens. In Skandinavien, wo man stolz auf seine kriegerischen Traditionen blickte, beargwöhnte man die extravaganten Moden aus dem »Jauchepfuhl« Deutschland. Von dort sei »ein nicht geringer Luxus in unsere heimischen Kehlen geflossen. Von dort kommen all die glänzenden Tafeleien, die vornehmen Speisen, die unterwürfigen Dienste der Köche, die verschiedenartigen, Verderben bringenden Würste. Von dort her

→ Ob ein solcher höfischer Schneeballwerfer im bewaffneten Konflikt bestehen könnte? (Wandmalerei auf Burg Runkelstein, um 1410)

verbreitet sich sittenlose Kleidung, die den väterlichen Bräuchen widerspricht«[74], schimpft um 1200 der dänische Geschichtsschreiber Saxo Grammaticus. Neben dem Raffinement deutscher Wurstwaren verurteilt Saxo die verfeinerten Tischsitten, das Liebesspiel und die geselligen Umgangsformen der südlichen Nachbarn als Gegenbilder zu den Werten des alten skandinavischen Kriegertums. Mit Häme blickt er auf die verweichlichten Ritter und hält stolz die Erinnerung an die starken und blutrünstigen Meister des groben Stils alter Schule wach.

Auch weiter südlich warf man den höfischen Rittern Verweichlichung, wenn nicht gar Verweiblichung (lat. *effeminatio*) vor. Das Hofleben zerstöre die militärische Schlagkraft der Reiterkrieger, mache sie träge und »unritterlich«, so der Hauptvorwurf seit der Mitte des 12. Jahrhunderts. *»Wenn unsere heutigen Ritter zuweilen einen Feldzug unternehmen müssen, werden die Lasttiere nicht mit Waffen, sondern mit Wein beladen, nicht mit Lanzen, sondern mit Käse, nicht mit Schwertern, sondern mit Schläuchen, nicht mit Wurfspeeren, sondern mit Bratspießen. Man meint, dass sie zu einem Gelage ziehen, nicht in den Krieg. (...) Kriege und Reitergefechte lassen sie sich auf ihre Schilde malen, damit sie sich durch diese Illusion an Kämpfen ergötzen, die sie in Wahrheit weder zu beginnen noch anzusehen wagen«*[75], eiferte sich der englische Kleriker Peter von Blois. Auch Bernhard von Clairvaux († 1153) konnte sich angesichts der eitel herausgeputzten Recken des beißenden Spotts nicht enthalten: *»Glaubt ihr denn, dass das Schwert des Gegners das Gold achtet und die Edelsteine schont oder gar die Seide nicht durchdringt?«*[76]

Gerade die gefeierten Vorbilder galanter Ritterlichkeit machten in der Tat militärisch nicht überall eine gute Figur. Nach dem Bericht des Wilhelm von Tyrus traf dies etwa auf den als Ausrichter prunkvoller Festlichkeiten weithin gerühmten Grafen Philipp I. von Flandern zu. Trotz seiner vielfachen sportlichen Erfolge auf dem Turnierplatz versagte er während seiner Palästinafahrt im Jahr 1177 im Angesicht einer handfesten militärischen Herausforderung in Staub und Hitze offenbar schmählich: Er habe sein Heer bislang immer nur durch üppige Gegenden geführt und die Seinen könnten Strapazen dieser Art nicht ertragen, so soll er die strategischen Planungen der einheimischen Truppenführer zurückgewiesen haben. Selbst der Versuch, zumindest eine nahe gelegene Burg der Feinde durch Belagerung zu bezwingen, scheiterte am Unvermögen der »verhöflichten« Krieger. Die Kreuzfahrer aus dem fernen Flandern gaben sich nämlich *»leichtsinnigem Würfelspiel und sonstigen schädlichen Vergnügungen«* hin, *»mehr als es sich mit Kriegszucht und der Pflicht von Belagerern vertrug, und machten immerwährend Ausflüge nach Antiochien, wo sie die Zeit mit Baden, Schmausen, Trinken und sonstigen Lustbarkeiten zubrachten und auf diese Art die Belagerung nur äußerst nachlässig betrieben«*[77], so der Bericht des Geschichtsschreibers.

Inwieweit das Hofleben in den Worten des Sängers Walther von der Vogelweide († um 1230) tatsächlich *»männliche Frauen, weibische Männer, pfäffische Ritter und verritterte Pfaffen«*[78] hervorbrachte, lässt sich nicht leicht beurteilen. Bemerkenswert ist allemal, dass hier das Rittertum im Schnittpunkt geistiger und kultureller Einflüsse nicht nur zahlreiche äußere Impulse in sich aufnahm, sondern selbst als Vorbild auf seine Umgebung auszustrahlen begann. Zwar standen die verschiedenen Grundelemente ritterlicher Existenz vielfach in einem unauflösbaren Spannungsverhältnis zueinander. Gerade der ungeheure Facettenreichtum macht jedoch die Faszination einer Lebensform aus, die *unter ritters namen* Panzerreiter, Gotteskrieger und Minnediener in sich vereinte.

...inuestigare sapien... ...le. Transiun...
...e fiunt sub sole. hanc... ...rores 7 stu...
...mā dedit ds filijs ho... ...sequi possit

contēplanda sapiax: a
aā. Qd est iquā lō. ut
ē factozem suū. Et ung

Aus dem Staub
emporgehoben:
dynamische Aufsteiger

»*Nun* sag mir, wer verleiht die Ritter- schaft?« Bereits bei seiner ersten Begegnung mit einem gepanzerten Reiter keimt in Parzival der Wunsch auf, selbst zur Gemeinschaft dieser glanzvollen Gestalten in schimmernder Rüstung zu gehören. Ritters Namen, so lautet die Antwort im Epos des Wolfram von Eschenbach, sei am Hof des Königs Artus zu erlangen. Auch Parzival könne berechtigten Anspruch auf diese Würde erheben: »*Mir scheint, ihr seid von Ritters Art.*«[79]

Rittertum wird hier als eine Würde vorgestellt, für die die Herkunft entscheidend war. Zum Ritter muss man geboren sein! Neben Rüstung, rechter christlicher Gesinnung und höfischen Tugenden nennt Wolfram von Eschenbach mit der sozialen Abkunft ein viertes Kriterium für den Eintritt in die ritterliche Welt. Für die Zuhörer des Versromans war es offensichtlich, dass die Figur des Parzival die Voraussetzungen für ein ritterliches Dasein erfüllte, war doch sein Vater einstmals ein berühmter Held und mächtiger König gewesen. Diese besondere Qualität seiner Herkunft war dem jungen Mann bereits äußerlich anzusehen, er trug den Beweis seiner hohen Bestimmung geradezu am eigenen Leib. Gott habe an ihm ein wahres Wunderwerk an Anmut vollbracht, so rühmt Wolfram von Eschenbach, seit Adam habe es keinen schöneren Mann gegeben. Was sich darüber hinaus hinter der Formel »von Ritters Art« verbarg, brauchte der Dichter vor diesem Hintergrund nicht näher zu erläutern. Vermutlich wäre ihm eine genauere Definition auch nicht eben leicht gefallen. Bis heute diskutiert die Mittelalterforschung äußerst kontrovers die Frage, ob, seit wann und in welchem Sinne im Mittelalter von »Ritterstand« und »Adel« zu sprechen sei.

Der Adel des Frühmittelalters: Versuche der Annäherung

»Es gibt nichts jenseits von Freien und Unfreien.«[80] Nur selten fällt die Antwort auf die genannte Frage nach »Adel« und »Ritterstand« derart unumstößlich aus wie in einem Schreiben Karls des Großen an einen seiner Königsboten: Der Frankenkönig teilte die Gesellschaft der Franken in zwei Gruppen, die der Unfreien, die der Herrschaftsgewalt eines Herrn unterworfen waren, und die der Freien. Karl dem Großen zufolge existierte von Rechts wegen oberhalb dieser breiten Schicht von freien Franken kein gesonderter »Adelsstand«. Aber kann man diese scheinbar klare Aussage unhinterfragt so stehen lassen? Gab es wirklich keinen »Adel« im Frankenreich? Allein dass der offensichtlich verwirrte Königsbote beim Herrscher nachfragen musste, wie es sich mit den Ständen im Frankenreich verhalte, legt doch nahe, dass eine soziale Realität jenseits altüberkommener Rechtsnormen bestand. Offenbar existierte im Bewusstsein der Zeit längst eine soziale Sondergruppe mit unverkennbarem gesellschaftlichen Vorrang, die sich in sich selbst und gegen andere abschloss.

Bereits seit dem frühen Mittelalter tritt in den Quellen eine wirtschaftlich prosperierende Oberschicht hervor, die oftmals ehrenvoll als *nobilis* bezeichnet wird. Dieser Begriff lässt sich zunächst nicht einfach mit »adlig« übersetzen. Vielmehr folgte sein Gebrauch der bekannten Definition des Kirchenlehrers Isidor von Sevilla († 636), wonach *nobilis* und damit »*nicht gering*« derjenige sei, »*dessen Namen und Geschlecht man kennt*«.[81] Die *nobiles* waren zunächst also gleichsam die Prominenten des Frühmittelalters. Deren Prominenz rührte – nicht anders als heute – keineswegs von einer rechtlichen Besserstellung her. Vielmehr gründete der gute Ruf dieser Personengruppe auf einem breiten Fundament unterschiedlicher Voraussetzungen: Materieller Wohlstand, Herrschaftsrechte über Land und Leute, bedeutende Amtspositionen in Kirche und Welt, aber auch ein religiös begründetes Charisma, ein ausgeprägtes Rang- und Familienbewusstsein und hervorragende Charaktereigenschaften gehörten dazu. Die nach außen sichtbare Nobilität des Leibes, der weltlichen Würden und der inneren Einstellung hatten bereits nach zeitgenössischer

→ Die Aufnahme in den Kreis der Ritterschaft wurde vom sagenhaften König Artus nicht voraussetzungslos verliehen. Wie Parzival erfuhr, musste man dafür von »Ritters Art« sein (Geschichte Merlins, um 1316).

→ Mit dem Schwert als Statussymbol erscheint das Stifterbild eines frühmittelalterlichen Adligen in sichtbar erhöhter Position (St. Benedikt in Mals, um 800).

Vorstellung ineinanderzufließen und sich in einer ihnen eigenen Lebensführung auszudrücken. Die Angehörigen der gesellschaftlichen Eliten zeichneten sich durch besondere Statussymbole und Wirkungsbereiche vor anderen aus und schlossen sich durch ihr exklusives Heiratsverhalten und Herkunftsbewusstsein gegenüber ihrer gesellschaftlichen Umwelt ab.

Selbst im Tod wussten die Oberschichten des frühen Mittelalters ihre Sonderstellung wirkungsvoll zu demonstrieren: Sie wurden im Verlauf des Frühmittelalters zunehmend nicht mehr im Verbund mit der übrigen Ortsbevölkerung bestattet. Ihre reich ausgestatteten Gräber wurden räumlich getrennt in separaten Familiengrablegen, oft in besonderer Nähe zu Orten der christlichen Heiligenverehrung, angelegt. Auch die Beigaben der Toten lassen sich oftmals als Zeichen für eine herausgehobene gesellschaftliche Rangposition deuten.

»Adel« lässt sich unabhängig vom Faktor Recht demnach als mentales Phänomen bis ins frühe Mittelalter zurückverfolgen. Als Grundpfeiler von »Adel« treten dabei die Vorstellung einer ererbten sittlich-moralischen Überlegenheit sowie eine gleichfalls im Geblüt verankerte Legitimation durch Tradition und Erinnerung hervor. Diese Qualitäten erfuhren eine allgemeine Anerkennung und konnten schließlich in Macht- und Herrschaftsrechten praktisch umgesetzt werden. So wurde »Adel« zum sozialen Phänomen. Die Aussage Karls des Großen, der zufolge es oberhalb der Freien keine abgesonderte soziale Schicht gab, wurde von der immer schärfere Konturen annehmenden Adelselite zunächst nicht grundsätzlich infrage gestellt, sie blieb theoretisch noch für Jahrhunderte in Kraft. Wohl aber wurde sie im Interesse des eigenen Vorrangs bisweilen relativiert: *Der Kaiser hat dich frei gemacht, aber nicht adlig, denn das ist unmöglich*[82], so hielt bereits im 9. Jahrhundert der standesbewusste Geschichtsschreiber Thegan dem im Königsdienst zum Erzbischof aufgestiegenen Bauernsohn Ebo entgegen. Thegan erhebt damit nun Abstammung und Geburt zum alleinigen, von königlichen Privilegien unabhängigen Kriterium adligen Daseins. Und so blieb es letztlich bis zum Ende des Mittelalters: Selbst wenn das Königtum seit der Mitte des 14. Jahrhunderts für sich in Anspruch nahm, aus eigener Souveränität neuen Adel zu erschaffen, die Zeitgenossen blieben mehrheitlich weiterhin skeptisch: Es genüge nicht, einem Raben eine Haube aufzusetzen, um einen Jagdfalken aus ihm zu machen, hieß es im Spätmittelalter. Die formalrecht-

Du nennst dich Ritter, was ist das?

liche Nobilitierung durch Wappenbrief oder Adelsprivileg stellte allenfalls die Eintrittskarte in die Welt des Adels dar, nicht aber einen gültigen Mitgliedsausweis. Adelsqualität speiste sich vielmehr aus einem ganzen Bündel weiterer Merkmale. Einige davon zählt ein Traktat des Ulmer Dominikaners Felix Fabri aus dem Jahr 1488 auf: Der Besitz von Adelsgut und Herrschaftsrechten, die Fähigkeit zum Empfang von Lehen und das Privileg der Wappenführung etwa gehören im weitesten Sinne in den Bereich des geschriebenen Rechts. Hinzu treten freilich gleichberechtigt als »weiche« Adelsmerkmale Aspekte des gesellschaftlichen Miteinanders: Heiratsverbindungen mit anderen vornehmen Geschlechtern, der gleichgestellte Umgang mit anderen Adligen, das gegenseitige Duzen, die Teilhabe an adligen Geselligkeitsformen wie Jagden, Reigentänzen, Trinkstuben und insbesondere an Turnieren, die Felix Fabri treffend als »Siebe des Adels«[83] bezeichnete.

»wie der meusdreck under den pfeffer«: die Formierung der Ministerialität

Der Adel war stets darum bemüht, unter sich zu bleiben. So ist es eine Welt der sozialen Schranken, in die Wolfram von Eschenbach seinen Parzival nach dessen Aufbruch aus der Waldeinsamkeit hineinwachsen lässt. Bereits zu Beginn muss der junge Held erfahren, dass der Zugang zur glanzvollen Welt des Rittertums nur wenigen Auserwählten offen steht. Als er auf seiner Reise zu König Artus einen einfachen Fischer darum bittet, ihn auf das königliche Schloss zu begleiten, wehrt dieser entsetzt ab: »Das werde ich wohl bleiben lassen! Die Hofgesellschaft ist so vornehm, dass das Erscheinen eines Mannes aus niedrigem Stand als schweres Vergehen gelten würde.«[84] Der Ort des Empfangs ritterlicher Ehren war demnach keineswegs jedermann zugänglich.

Die Reiterkrieger von Pfahlheim

Bei archäologischen Grabungen, die von 1883 bis 1906 in Pfahlheim nahe Ellwangen durchgeführt wurden, stieß man auf einen Friedhof mit mehreren Bestattungen aus dem 7. Jahrhundert. Die reiche Waffenausstattung in den Gräbern, die neben Schwertern und Schilden auch Pferdegeschirr und Sporen umfasst, zeugt von einer Kriegergruppe, die bereits hoch zu Ross zu kämpfen gewöhnt war.

Zu den zahlreichen Beigaben eines der Männergräber zählt ein bronzenes Tafelgeschirr, dessen Herstellungsort im südlichen Mittelmeerraum zu vermuten ist. Es liefert nicht allein einen Hinweis auf den herausragenden Wohlstand des Toten. Sein Besitz zeugt zugleich vom Zugang zu weitgespannten Netzwerken des Warenaustauschs im frühmittelalterlichen Europa. Die Eigentümer dieser kostbaren Importware verband zudem eine bestimmte, römisch-antik beeinflusste Tischkultur, die sie deutlich von anderen Bevölkerungsgruppen abgrenzte. Kanne und Bronzebecken verweisen auf die Sitte des Händewaschens vor und während der Mahlzeit. Doch diese Art von Reinlichkeit konnte nur üben, wer Befehlsgewalt über andere besaß. Die Verwendung des Geschirrs verlangte zwingend nach zum Tischdienst geschultem Personal.

Der Tote von Pfahlheim gehörte offensichtlich einer Elite an, die sich materiell ebenso wie kulturell und sozial weit über den Rest der Bevölkerung erhoben hatte. Sie besaß ein ausgesprochenes Selbstbewusstsein, wie sich an weiteren Fundstücken zeigen lässt. Darunter befindet sich ein goldener Fingerring, der das Münzbild eines byzantinischen Kaisers zeigt und auf den ersten Blick stark an die Siegelringe fränkischer Könige erinnert.

Um das Jahr 1200 war dem Autor des »Parzival« allerdings zweifellos bewusst, dass sich unter die Angehörigen der ritterlichen Gesellschaft durchaus Personen von niedriger, ja sogar unfreier Geburt gemischt hatten, deren Vorfahren erst vor wenigen Generationen den Weg in die Welt des Rittertums gefunden hatten. Schon im Verlauf des 11. Jahrhunderts hatte sich nämlich gezeigt, dass der angestammte Adel allein bereits rein zahlenmäßig den Aufgaben des Kriegerstandes nicht mehr gewachsen war.

Tiefgreifende wirtschaftliche und gesellschaftliche Wandlungsprozesse in Verbindung mit einem anhaltenden Bevölkerungswachstum verlangten in der Zeit nach der Jahrtausendwende allerorts danach, Siedlungsräume und Güterkomplexe stärker als zuvor herrschaftlich zu durchdringen. Gerade in den krisengeschüttelten Zeiten des Investiturstreits erwuchs zudem ein steigender Bedarf an bewaffnetem Gefolge, der aus den alten Eliten kaum mehr zu decken war. Ohnehin hatte die Vererbung von Besitz- und Herrschaftsrechten auf den jeweils ältesten Sohn in dieser Epoche die weltlichen Führungsgruppen zunehmend ausgedünnt, da jüngere Söhne oftmals dem geistlichen Stand übergeben wurden. In dieser Situation besann man sich auf unfreie Dienstleute. Wer durch besondere Tüchtigkeit und Treue dazu geeignet erschien, wurde nun zu militärischen und administrativen Aufgaben herangezogen. Zahllosen Hörigen aus dem Bereich der grundherrlichen Unfreiheit war somit der Weg zum ehrenvollen Dienst als Panzerreiter oder Gutsverwalter geebnet. Wie die eisernen Männer, die dem antiken Mythos gemäß aus der Saat von Drachenzähnen dem Erdboden entsprangen, so erwuchs dem Ackerdienst nun eine neue Gruppe von unfreien Waffenträgern.

Die Angehörigen der neuen Funktionselite wurden zunächst in Abgrenzung zur Bezeichnung *servus* (lat. Knecht) für den grundherrschaftlich gebundenen Hörigen als *servitores* oder *servientes*

→ Ministerialen verschiedener Herren empfangen ihr Dienstrecht (Heidelberger Sachsenspiegel, Anfang 14. Jh.).

Du nennst dich Ritter, was ist das?

(lat. Diener, Dienende) bezeichnet. In der zweiten Hälfte des 11. Jahrhunderts begann sich jedoch allgemein die Bezeichnung *ministeriales* oder mittelhochdeutsch *dienstleute* durchzusetzen. Mit dieser Umbenennung war sowohl in materieller wie auch in rechtlicher Hinsicht ein rasanter Aufstieg verbunden. Die Herren gewährten ihren Ministerialen für den Unterhalt von Pferden und Waffen eine umfangreiche Güterausstattung, die bald schon die Qualität von erblichem Lehensbesitz erreichte. Ferner genossen die ritterlichen Dienstleute zahlreiche Sonderrechte, die sie Zug um Zug zu erweitern vermochten. Gut organisierte Ministerialenverbände ließen sich diese Privilegien gar in einer Art »Tarifvertrag« von ihrem Herrn bestätigen. Kern der Bestimmungen war ein gesonderter, vererbbarer Rechtsstatus, der die Ausstattung mit Lehensgütern, einen eigenen Gerichtsstand vor dem Herrn sowie das Privileg des ehrenvollen Dienstes als Panzerreiter oder Träger eines Hofamtes mit einschloss. So konnten sich die Ministerialen allmählich vom Verband der unfreien Grundholden ablösen und mitunter sogar zu beträchtlichem Wohlstand gelangen. Bald konnte kein weltlicher oder geistlicher Fürst mehr auf ihre Dienste bei der Ausübung seiner Herrschaft verzichten. Ohne sie war weder ein Kriegszug noch Schutz und Verwaltung lokaler Machtpositionen mehr möglich. Sie waren es, die den Großteil der gepanzerten Reiter stellten und die mit einem Netz von Burgen und Lehen das Territorium ihrer Herren herrschaftlich durchdrangen. »*So vornehm und kriegerisch*« erschien die Ministerialität schließlich dem Verfasser der »Ebersheimer Chronik« um die Mitte des 12. Jahrhunderts, »*dass sie ohne Zweifel mit dem Stand der Freien verglichen werden kann*«.[85] Gleichwohl blieben die ritterlichen Dienstleute weiterhin nominell Unfreie, konnten verkauft und verschenkt werden und waren bei Gütergeschäften und Heiraten außerhalb des eigenen Herrschaftsverbandes auf die Zustimmung und das Wohlwollen ihres Dienstherrn angewiesen.

Der Prozess des Aufstiegs der Ministerialen blieb keineswegs frei von Konflikten. Immer wieder überliefert sind kritische Äußerungen über die vermeintliche Selbstüberhebung der stolz gewordenen Knechte, sich zu Gebietern über ihre Dienstherren aufzuschwingen. »*Ihre eigenen Herren*«, so äußerte um das Jahr 1137 der Zwiefaltener Mönch Berthold ganz in diesem Sinne, vermögen die Ministerialen »*selbst mit tyrannischer Gewalt kaum mit Mühe und Not zu bändigen*«.[86] Im Besitz militärischer Mittel und zahlenmäßig überlegen, schreckten die Aufsteiger mancherorts gar vor eigenmächtigen Gewalttaten gegen angesehene Fürsten nicht zurück. »*Gebt dem Acker die Menschen wieder, die ihr ihm des Waffendienstes wegen entzogen habt!*«[87], rief ein aufgebrachter Chronist bereits zu Beginn des 12. Jahrhunderts. Doch war die rasante Entwicklung nicht mehr aufzuhalten. Nur wenige Generationen später begannen die Unterschiede zwischen Ministerialen und Adel zusehends zu verblassen. Der Makel der Unfreiheit blieb freilich oftmals noch über lange Zeiträume an den Familien der Aufsteiger haften. Nicht ohne grimmigen Spott wussten die Nachkommen manch angesehener Ministerialengeschlechter noch zu Beginn des 16. Jahrhunderts zu bekennen, sie hätten sich – einer damals populären Methode der Gewürzfälschung entsprechend – unter den Adel gemischt »*wie der meusdreck under den pfeffer*«.[88]

Als hohe Zeit ritterlicher Karrieren erwies sich für die unfreien Dienstleute die Epoche der Staufer. Zwei von ihnen finden sich auf dem Schlussbild des 1196 fertig gestellten »Liber ad honorem Augusti« des Petrus von Ebulo dargestellt: Es zeigt den Stauferkaiser Heinrich VI. in vollem Herrscherornat als erfolgreichen Eroberer des normannischen Königreichs Sizilien. Zu seiner Rechten erkennt man den berühmten Reichsministerialen Markward von Annweiler. Ein weiterer Ministeriale bewacht die Stufen des kaiserlichen Thrones: Es ist Heinrich von Kalden aus der Familie der Marschälle von Pappenheim. Ihm widmete der Dichter die Verse: »*Mars soll schwertgewaltig vor dem Thron sitzen und die Welt in Schrecken versetzen. Unter die kaiserliche Herrschaft soll er zwingen die Gestirne, das Schicksal, die Götter.*«[89] Tatsächlich hatten Markward von Annweiler und Heinrich von Kalden entscheidenden Anteil am Triumph ihres staufischen Herrn. Beide Männer waren bereits auf dem Kreuzzug Friedrich Barbarossas 1189/90 als militärische Anführer und Diplomaten in Erscheinung getreten und hatten anschließend bedeutende Posten am Hof seines Sohnes Kaiser Heinrich VI. bekleidet. Während Marschall Heinrich von Kalden beim Feldzug nach Süden die Führung des Landheeres übernahm, wurde der Truchsess Markward von Annweiler mit der Bereitstellung von Flottenunterstützung für den Übergang auf die Insel Sizilien betraut. Beide bewältigten ihre Aufgaben mit Bravour und wurden dafür nach dem triumphalen Einzug Heinrichs in Palermo 1194 und der gewaltsamen Niederschlagung eines letzten Aufstands 1196 mit wahrhaft kaiserlichen Geschenken geehrt. Die reine Treue und den vortrefflichen Diensteifer seines Ministerialen vor Augen, übertrug der Stauferkaiser Heinrich von Kalden umfangreiche Güter und Rechte an der Donau, dicht gestreut in einem Gebiet von der gewaltigen Ausdehnung von 400 bis 450 km² gelegen. Bedeutender noch erscheint die Belohnung, die Markward von Annweiler in materieller und immaterieller Hinsicht zuteil wurde. Die Chronik des Burchard von Ursberg vermeldet zum Jahr 1195: »*Zu dieser Zeit schenkte der Kaiser seinem Truchseß und Ministerialen Markward von Annweiler die Freiheit und überließ ihm das Herzogtum Ravenna mit der Romagna und ebenso die Mark Ancona.*«[90] Noch im Herbst desselben Jahres übertrug Heinrich VI. ihm auch die zu Sizilien gehörige Grafschaft Abruzzen, zwei Jahre später kam noch die Grafschaft Molise hinzu. Im Besitz dieser Lehen stand die gesamte Adriaküste von der Mündung des Po bis an den Monte Gargano unter der Verwaltung Markwards. Er kontrollierte damit die Landbrücke, die das Königreich Sizilien mit den staufischen Herrschaftszentren im Reich und der Lombardei verband.

Die beiden Beispiele belegen eindrücklich die ungeheure Dynamik des Aufstiegs der Ministerialen aus den unteren Rängen der Gesellschaft. Doch verweisen sie auch auf die Grenzen sozialer Mobilität: Gewiss war Markward von Annweiler, wie seine Gegner im Umkreis der römischen Kurie spotteten, vom Kaiser »*aus dem Staub erhoben und aus der Gosse emporgezogen*«.[91] Seine kometenhafte Karriere hatte allerdings nach dem Tod Heinrichs VI. 1197 ihren Zenit rasch überschritten. Von der Witwe des Staufers aus dem Königreich Sizilien ausgewiesen und vom Papst aus den Lehen in Mittelitalien verdrängt, suchte er zunächst sein Heil in der Offensive. Unter Berufung auf die Sachwalterschaft über das sizilische Königreich, die ihm der Kaiser in seiner Sterbestunde übertragen habe, drang er 1198 in den Norden des Königreiches vor. Im Bündnis mit deutschen Ritterführern, süditalienischen Baronen, genuesischen Piraten und dem Emir der Muslime Siziliens konnte er sich im Herbst 1201 der Hauptstadt Palermo bemächtigen. Im September 1202 erklärte als letzte Stadt der Insel Sizilien auch Messina ihre Bereitschaft, Markward die Tore zu öffnen. Auf dem Weg dorthin ereilte diesen jedoch in Patti unerwartet der Tod.

Du nennst dich Ritter, was ist das?

→ Als unfreie Ministerialen erklommen Markward von Annweiler und Heinrich von Kalden die höchsten Stufen der Macht im Reich (Liber ad honorem Augusti, 1196).

Markwards Griff nach der Macht im fernen Süden blieb nicht viel mehr als eine Sternschnuppe am sozialen Firmament der europäischen Adelsgesellschaft. Nach kurzem Aufglühen verlosch sie ebenso rasch wieder. Die Nachkommen des Ministerialen konnten kaum vom Ruhm ihres Vorfahren profitieren und fielen in der Folgezeit in ihrer Pfälzer Heimat rasch auf die unteren Ränge des Ministerialenstandes zurück. Als glücklicher erwiesen sich die Erben Heinrichs von Kalden im fränkisch-schwäbischen Grenzgebiet. Der gefürchtete Feldherr und kühne Einzelkämpfer diente Zeit seines Lebens fünf Königen und Kaisern als Ratgeber und militärischer Organisator. Seine zahlreich erfochtenen Siege machten sich in den folgenden Generationen bezahlt. Im Laufe der Zeit stieg die Familie der Marschälle von Pappenheim in den Stand von Reichsgrafen auf und verfügte über ein Territorium, das trotz vielfacher Gebietsverluste bis zum Ende des Alten Reichs Bestand hatte. Die Herrschaft Pappenheim umfasste bei ihrer Auflösung 1806 immer noch 7117 Einwohner in 40 Ortschaften.

In der Handschrift des Petrus von Ebulo sind die beiden Ministerialen Markward und Heinrich mühelos als Ritter zu identifizieren. Vollständig wird ihr Körper von einem Geflecht aus Panzerringen verhüllt, wie es der damals üblichen Schutzbewaffnung entsprach. Hinter der Hülle aus Stahlringen verschwindet indes die Standeszugehörigkeit der Person. Ob aus der Unfreiheit hervorgegangene Dienstleute oder Angehörige edelfreier Geschlechter – im äußeren Erscheinungsbild lassen sich am Ende des 12. Jahrhunderts kaum mehr Unterschiede zwischen den beiden Gruppen ausmachen, zumal ihre ökonomischen Grundlagen für den Erwerb von Pferd und Rüstung vielfach ein vergleichbares Niveau erreicht hatten. Beide Statusgruppen, Adlige und Ministerialen, konnten daher um 1200 gemäß der prägnanten Formulierung des Dichters Wolfram von Eschenbach, der womöglich selbst Angehöriger einer Familie von Dienstleuten war, als »von Ritters Art« gelten. Mit dem Verblassen der Standesunterschiede tritt zugleich eine neue gesellschaftliche Scheidelinie immer stärker zutage, die nicht mehr länger zwischen Freiheit und Unfreiheit, sondern zwischen ritterlicher Geburt und bäuerlicher Abkunft verlief.

Die Abschließung des Ritterstands

Erste Spuren einer solchen Abschließung des Ritterstands lassen sich bereits in der gedanklichen Trennung von Kämpfern und Arbeitern an der Wende zum 11. Jahrhundert erkennen. Offenbar erwachte jedoch erst in der zweiten Hälfte des 12. Jahrhunderts ein verstärktes Interesse daran, dieser Scheidelinie auch in rechtlicher Hinsicht stärkeres Gewicht zu verleihen. Rittertum und Bauernschaft wurden zusehends nicht mehr als zusammenwirkende Teile einer gemeinsamen, durch Gott gegebenen Gesellschaftsordnung wahrgenommen, sondern in ein Verhältnis grundsätzlichen Gegensatzes gerückt. Hier kreuzten sich offenbar die Bedürfnisse von altem Adel und etablierten Ministerialenverbänden. Gerade letzteren musste daran gelegen sein, den eigenen, mühsam erkämpften Sonderstatus gegen die weniger anspruchsvolle Konkurrenz bäuerlicher Aufsteiger abzuschirmen. Das Recht zur eigenmächtigen Erhebung von Hörigen in den Stand der Ministerialen wurde den Herren daher zumeist erfolgreich bestritten: Wer nicht vom Urgroßvater her zur Ministerialität gehöre, so heißt es zum Ende des 12. Jahrhunderts etwa im Dienstrecht des Klosters Erstein, der solle des besonderen Rechts der Dienstleute niemals teilhaftig werden. Zur selben Zeit suchte auch die kaiserliche Gesetzgebung den Zugang zu ritterlichen Ehren zu beschränken: *»Ein Knecht aber soll keinerlei Anspruch auf Ritterschaft besitzen«*[92], so das eindeutige Urteil des 1186 erlassenen Reichslandfriedens Friedrich Barbarossas. Den Söhnen von Bauern, Priestern und Diakonen stehe der Erwerb des Rittergürtels nicht zu. Wer ihn bereits empfangen habe, den solle der Landrichter aus der Ritterschaft verstoßen; die Herren aber, die einen solchen Emporkömmling aufgrund seiner ritterlichen Qualitäten zu ihrem Dienst behalten wollten, sollten dafür mit hohen Geldstrafen büßen.

→ Die Kluft zwischen Bauern und Rittern trat im Verlauf des Hochmittelalters immer deutlicher zutage (Heidelberger Sachsenspiegel, Anfang 14. Jh.).

Du nennst dich Ritter, was ist das?

Das Instrument der Gesetzgebung erwies sich in der vorstaatlichen Welt des Mittelalters freilich oft genug als stumpfes Schwert. Es vermochte den Zustrom aus niederen Gesellschaftsgruppen zum Rittertum kaum mit einem trennenden Hieb zu unterbinden, wohl aber in zunehmendem Maße einzudämmen. Keineswegs das letzte Wort war daher gesprochen, als Kaiser Friedrich II. im Jahr 1231 für sein Königreich Sizilien verfügte, *»dass fortan niemand zur Ehre des Rittertums aufsteige, der nicht aus einem Geschlecht von Rittern stammt«.*[93] Der scheinbar eindeutige Rechtsbescheid nahm nämlich eine auf die Zeit um 1140 zurückgehende Bestimmung von Friedrichs Großvater Roger II. auf, die seither offenbar vielfach unterlaufen worden war. Nicht zuletzt mit einem pragmatischen Blick auf den großen Bedarf an militärisch geschulten Panzerreitern verknüpfte Friedrich seinen Erlass daher mit einer generellen Ausnahmegenehmigung: Wer sich seit den Zeiten seines königlichen Vorfahren die Ritterwürde zu Unrecht angeeignet hätte, der möge sie mit kaiserlichem Segen behalten. Dieses Entgegenkommen gelte gleichwohl nur unter der Bedingung, *»dass er – wie es Vorschrift ist – ritterlich lebt und Dienst tut«.*[94]

Mit der Formel »ritterlich leben« (lat. *vivere militariter*) markierte der kaiserliche Gesetzgeber nochmals die in erster Linie geistig-kulturelle Grenze der ritterlichen Standesgemeinschaft. Für die Ministerialen war es noch vor ihrer materiellen und rechtlichen Besserstellung die Annahme dieser ritterlichen Lebensart und der damit verbundenen Werte, Normen und Symbole gewesen, die sie im Verlauf des 11. und 12. Jahrhunderts zum Adel hin hatte aufschließen lassen. In staufischer Zeit umspannte der Begriff des Ritters daher Männer an der Schwelle der bäuerlichen Unfreiheit bis hin zu den Angehörigen der ältesten und angesehensten Adelsgeschlechter. Ja, die Attraktivität der ritterlichen Lebensweise, der darin enthaltenen kirchlichen Anerkennung und höfischen Beifalls-bekundungen, erstreckte sich sogar bis zu den höchsten Spitzen der weltlichen Hierarchie. Selbst mächtige Herrscher wie Friedrich Barbarossa und Richard Löwenherz ritten als *milites* in Kampf und Turnier oder brachen als Ritter Christi zur Befreiung des Heiligen Landes auf. Im Verlauf des 13. Jahrhunderts allerdings erlosch die ritterliche Euphorie allmählich. In der großen Wertegemeinschaft des Rittertums taten sich erkennbare Risse auf. Während die Masse der Ministerialen gemeinsam mit den Angehörigen weniger bedeutender altadliger Familien sich weiterhin als ritterbürtig bezeichnete, betonte die deutlich kleinere Gruppe der Fürsten, Grafen und Territorialherren im späten Mittelalter verstärkt ihre Abkunft aus der Freiheit. Auf dieser Grundlage entstand im Niederen Adel ein von der Zugehörigkeit zum Rittertum ausgehendes Gruppenbewusstsein, das sich deutlich vom herrschaftlichen Selbstverständnis der hochadligen Landesherren abhob. Auch wenn sich im 14. und 15. Jahrhundert vor allem der Niederadel als Hort ritterlicher Tugenden und Werte verstand und die Rituale des Rittertums in Adelsgesellschaften, Trinkstuben und Turniervereinigungen pflegte, so traten nach wie vor auch Angehörige der höchsten Fürstenränge mit einem besonderen Bekenntnis zur ritterlichen Lebensart hervor. Figuren wie König Johann der Blinde von Böhmen, der »schwarze Prinz« Eduard Plantagenet oder der »letzte Ritter«, Kaiser Maximilian I., bezeugen die fortbestehende Faszination und gesellschaftliche Integrationskraft der Selbstbezeichnung »Ritter« über die Wende zur Neuzeit hinaus.

TEIL II

In eisernen Fußstapfen: Wege des Ritters

Die Verse des »Parzival« sind verklungen, der Ausflug in die Welt der höfischen Abenteuer ist beendet. Höfische Festfreude macht schnell wieder dem Alltag Platz. Unsere Spurensuche ritterlichen Lebens führt nun auf die hoch aufragenden Türme der Burgen ebenso wie in die Niederungen von Acker und Viehstall, auf den Turnierplatz ebenso wie auf das Schlachtfeld. Zunächst aber treten wir an die Wiege künftiger Ritter.

Der Weg
zur Ritterschaft

In seinem 1440 fertig gestellten Traktat über die Familie führt der italienische Humanist Leon Battista Alberti eine Methode der Früherkennung kindlicher Karriereaussichten an: *»Ich erinnere mich, von Ärzten gehört zu haben, dass die Kleinsten, wenn sie einen so mit den Händen fuchteln sehen, wenn sie darauf achten und dabei Aufmerksamkeit zeigen, für Leibesübungen und das Waffenhandwerk geschaffen sind.«*[95] Würden sie sich hingegen von Reimen und Einschlafliedern angezogen fühlen, so seien sie zum geistlichen Stand oder Gelehrtentum besser geeignet.

Anders als in der italienischen Städtelandschaft der Renaissance war eine solche Probe in weiten Teilen des mittelalterlichen Reiches indes schwerlich vonnöten. Der Großteil des ritterlichen Nachwuchses trat von Geburt an in die eisernen Fußstapfen des Vaters.

Kindheit (infantia)

Der epische Held Tristan aus der Dichtung des Gottfried von Straßburg († um 1215) war – ebenso wie Parzival – hochadliger Abkunft, und auch ihn traf in seinen ersten Lebensjahren ein schlimmes Schicksal: Er wurde Vollwaise. Dennoch genoss er eine exzellente Erziehung am Hof seines treuen Marschalls Rual und dessen liebevoll fürsorglicher Gemahlin. Gottfried von Straßburg schreibt über Tristans erste Lebensjahre auf der Burg dieser beiden Pflegeeltern: »*Sobald das Kind getauft war mit dem Sakrament der Christen, nahm die treffliche Marschallin ihr liebes Kindchen wieder in ihre liebevolle Pflege. Sie wollte ständig wissen, wollte sehen, ob sein Zustand nichts zu wünschen übrig lasse. Es dachte seine süße Pflegemutter an ihn mit solcher süßen Sorge, dass sie es nicht mal dulden wollte, dass er irgend- wann einmal auf etwas Hartes trete.*«[96]

Es waren dies, so lässt sich sicherlich sagen, die glücklichsten Jahre des später so arg gebeutelten Helden. Bereits das Werk Gottfrieds von Straßburg stellt damit zwei populäre Thesen infrage, die bis heute durch die wissenschaftliche Literatur geistern. Zum einen sprechen seine Verse keineswegs für die Vermutung, die Eltern des Mittelalters hätten ein eher distanziertes Verhältnis zu ihren Kindern gepflegt. Begründet wurde die Annahme gefühlsarmer Familienbeziehungen mit der hohen Kinder- sterblichkeit, der annähernd die Hälfte der Kinder bis zum siebten Lebensjahr zum Opfer fielen und die eine enge emotionale Bindung zum Problem für die Hinterbliebenen habe werden lassen. Dabei stand für die Zeitgenossen außer Frage, dass Kinder ohne Liebe und Zuwendung nicht gedeihen konn- ten. Eltern des Mittelalters liebten ihren Nachwuchs dem- nach nicht weniger als heute. Dies erlebte der ritterliche Nachwuchs auf den Burgen kaum anders. Die Zeugenaus- sage eines südfranzösischen Inquisitionsprotokolls mag als Beleg für die emotionale Bindung zwischen einer Burg- herrin und ihrem Kind dienen: »*Sie hatte den Knaben in der Wiege und wollte ihn sehen, bevor sie die Burg verließ. Da lachte das Kindlein, und als sie am Hinausgehen war, wandte sie sich noch einmal um, und der Knabe lächelte wieder. Und so geschah es mehrmals, sodass sie den Jungen nicht verlassen konnte.*«[97]

Eine zweite populäre These über die Kindheit im Mit- telalter besagt, dass die ersten Lebensjahre keinen eigenen Lebensabschnitt dargestellt hätten, vielmehr Kinder als kleine Erwachsene behandelt worden seien. Dem wissen die Quellen eloquent zu widersprechen: Kinder sollten wie Kin- der und nicht wie kleine Erwachsene handeln. Sogar dem Sohn Gottes gestand die Vorstellung des 14. Jahrhunderts die Freuden kindlichen Spiels zu: »*Als das Jesuskind in der Badewanne saß, begann es zu spielen, wie dies die Art der Kin- der ist*«, so heißt es in einem Visionsbericht der heiligen Ida.

➤ In Serie gefertigte Zinnritter mit abnehmbarem Schild und Schwert sind die Vorläufer moderner Spielzeugwelten im Kinderzimmer (Magdeburg, Anfang 13. Jh.).

»Es planschte im Wasser herum, wie es die Kinder zu tun pflegen, und spritzte alle Umstehenden nass. Als es das Wasser überall hinspritzen sah, begann es vor Freude laut zu kreischen.«[98]

Dem kindlichen Spiel wurde in den Augen mittelalterlicher Denker durchaus großer Wert zuerkannt. Toben an der frischen Luft oder das Spiel mit Puppen und Holzfiguren fand beispielsweise der Regensburger Geistliche Konrad von Megenberg († 1374) sinnvoll. Und so wie Kinder heute mit Arztkoffer, Puppen und Autos spielen, träumten die Jungen beim Spiel mit kleinen Lanzenpferdchen von der Welt der Pferde und Rüstungen.

Jugend und Knappenzeit (pueritia)

War der Ritternachwuchs schließlich mit etwa sieben Jahren zu ausreichender Körpergröße und Reife herangewachsen, waren die unbeschwerten Jahre der Kindheit (*infantia*) allerdings bereits vorüber. Im »Tristan« des Gottfried von Straßburg lesen wir hierzu Folgendes: *»Als sie es so mit ihm gehalten / bis er das siebte Jahr erreichte / verstehen konnte und verstand / was man sagte, was man zeigte / da nahm sein Vater ihn, der Marschall / und übergab ihn einem klugen Mann / und schickte sie sogleich ins Ausland / damit er fremde Sprachen lerne. / Jedoch er sollte auch sogleich / beginnen mit dem Bücherstudium / sollte sich ihm erstmal widmen / mit Vorrang vor den andren Studien.«*[99]

Gottfried konfrontiert uns hier unvermittelt mit einer überraschenden Tatsache. Lesen, Schreiben und Sprachkenntnisse eröffneten in seiner Dichtung den idealen Ausbildungsweg des jungen Ritters. »Rex illitteratus quasi asinus coronatus«: Ein des Lesens unkundiger König ist wie ein gekrönter Esel. Dieser Satz machte seit dem ausgehenden 11. Jahrhundert in Adelskreisen Furore und ist in zahlreichen Briefen und Traktaten zitiert. Er wurde dabei nicht allein auf die gekrönten Häupter, sondern auch auf die zur Herrschaft berufene Fürstenschaft allgemein bezogen. Tatsächlich lässt sich von zahlreichen hohen Magnaten des hohen Mittelalters mit Bestimmtheit sagen, dass sie lateinische Texte zu lesen und zu begreifen vermochten. Doch unter den Zeitgenossen und selbst unter denjenigen Rittern, deren Leben und Wirken wir ausschließlich durch ihre poetische Tätigkeit kennen, war der Nutzen der Schriftkenntnis nicht unumstritten. Vielfach wird nämlich der Meinung Ausdruck verliehen, dass die Kenntnis der Schrift einem Ritter nicht anstehe, ja die Handhabung des Griffels für einen zum Schwertdienst bestimmten Knaben gar schädlich sei. Zwar rechnete der Ministeriale Hartmann von Aue, dem wir unter anderem die höfischen Epen »Iwein« und »Erec« verdanken, sich seine literate Bildung selbst hoch an: *»Ein ritter sô gelêret was / daz er an den bouchen las / swazz er dar an geschriben vand«*, so lesen wir in seinem Werk[100]. Ganz anders aber klingt das Statement seines Dichterkollegen Wolfram von Eschenbach: *»Ich kann decheinen buochstap«*[101] – »Mit Buchstaben kann ich nichts anfangen«. Damit mögen andere Dichter sich vielleicht herumplagen, sein Werk jedenfalls sei ohne Bücherwissen entstanden. Ja, lieber wolle er splitternackt vor sein Publikum treten, als für einen Schreibstubengelehrten gehalten zu werden.

Wo es an Lesefähigkeit mangelte, waren es gerade die mündlich und in der Volkssprache vorgetragenen Werke höfischer Dichtung, die jungen Adligen als Bildungsgut, Vorbild und Quell der

Inspiration dienen sollten. »*Wer Rittertum auf ritterliche Weise üben will, zum
Spaß und auch im Ernst, der soll nie
davon ablassen, zuzuhören, wenn davon
vorgelesen, gesprochen und gesungen
wird*«[102], so mahnt der Autor des »Jüngeren Titurel« im späten 13. Jahrhundert. Ähnliches hatte Thomasin von
Zerklaere in seiner Tugendlehre bereits
um 1215 gefordert: »*Die jungen Herren
sollen von Gawein hören, von Cligès, Erec
und Iwein, und sie sollen ihr Leben in der
Jugend ganz an Gaweins tadellosem Verhalten ausrichten. Folgt Artus, dem großen König – er gibt euch ein vorbildliches
Beispiel –, und denkt auch immer an
König Karl [den Großen], den gewaltigen
Helden. Lasst euer Leben in der Jugend
nicht in falsche Bahnen geraten: Denkt
an Alexanders hervorragende Eigenschaften. Folgt in eurem Verhalten Tristan,
Seigrimos und Kalogriant. Und schaut
dabei, wie die Ritter der Tafelrunde sich
gegenseitig auf dem Weg zu vollendeter
Tüchtigkeit zu übertreffen suchen.*«[103]
Weniger positiv urteilte hingegen um
1300 der geistliche Sittenlehrer Hugo

Der Held Tristan durchlief vom siebten Lebensjahr an
verschiedene Stationen höfischer und militärischer Ausbildung
(Tristan-Handschrift, um 1240).

von Trimberg über die Lügengeschichten der höfischen Epik: »*Wer daran glaubt ist dumm*«, so rief
er aus, musste aber immerhin einen didaktisch wirksamen Effekt auf das Selbstbild der Ritter
einräumen: »*Denn mancher glaubt, er wäre nichts, wenn er nicht ein solcher Ritter würde, wie die vor-
genannten Helden.*«[104]

Zu den Übungen, die unser literarischer Held Tristan in der Zeit seiner *pueritia* – also zwischen
dem 7. und 14. Lebensjahr – zu erlernen hatte, gehörten weitere Kunstfertigkeiten von hohem intel-
lektuellen Niveau. Neben einer Erweiterung seiner Sprachkenntnisse werden die Beherrschung von
Saiteninstrumenten und die Regeln der höfischen Brettspiele wie Schach und Mühle erwähnt. Doch
für einen angehenden Fürsten von Format genügte es nicht, Schlachten nur auf dem Spielbrett zu
schlagen oder Waffentaten allein im Heldenlied nachzuerleben. Mochten Ritter keine Gelehrten
sein, so war ihr Handwerk doch eine hohe Kunst, die ausgefeilte Techniken und Fertigkeiten verlangte.
Dabei galt das Prinzip: Früh übt sich!

»Als die Kinder aber mit Überschreiten des Knabenalters das Jünglingsalter erreicht hatten, begannen sie, sich ritterliche Künste anzueignen, regelmäßig Übungen mit Waffen und Pferden zu betreiben, indem sie lernten, sich selbst zu decken und den Feind zu bekämpfen«, so heißt es in der Tatenbeschreibung eines normannischen Ritters[105]. Der praktische Teil der Ritterausbildung nahm zweifellos den größten Raum auf dem Unterrichtsplan der Ritteraspiranten ein. Dazu lesen wir abermals ausführlich im »Tristan«: »Und zu all dem übte er, mit dem Schild und mit der Lanze gewandt und schnell zu reiten, im Rechtsgalopp, im Linksgalopp das Streitross anzutreiben; beherzt ließ er es galoppieren, voltierte und lächierte es, jambelierte mit den Schenkeln sehr gekonnt, als wahrer Ritter. Oft mouvierten sich die beiden: Schwert-Parieren, zähes Ringen, schnelles Laufen, weites Springen und dazu den Wurf des Speeres – dies

➤ In hartem Training übte der ritterliche Nachwuchs Kraft, Ausdauer und Geschicklichkeit mit den Schutz- und Trutzwaffen ein. Zur Ausbildung gehörte auch die Beherrschung zahlreicher Reitmanöver (Anfang 14. Jh.).

In eisernen Fußstapfen: Wege des Ritters

tat er nach besten Kräften.«[106] Zwar gehörten daneben auch Lektionen im höfischen Benehmen und insbesondere das Aufwarten an den Tafeln der Hofherren zu den Verpflichtungen der Knaben. Doch stand die Übung mit den ritterlichen Waffen im Vordergrund. In Gebrauch waren dazu hölzerne Übungspferde, aber auch eine *Quintaine* genannte Trainingsfigur: Über einem starken Holzpfahl war ein beweglicher Balken angebracht, an dessen einem Ende ein Schild, am anderen eine sandgefüllte Schweinsblase befestigt war. Der angehende Ritter musste nun mit der Lanze den Schild treffen, gleichzeitig jedoch im Sattel das Kunststück vollbringen, der durch die Rotation des Balkens auf ihn zuschnellenden Schweinsblase auszuweichen.

Selbst der kühnste und geschickteste Elitekrieger konnte kaum auf sich alleine gestellt Erfolg im Leben erwarten. Er bedurfte eines tragfähigen sozialen Netzwerks, bestehend aus Freundschaften und Loyalitäten. »Networking« war deshalb ein überlebensnotwendiger Bestandteil der Jugendphase des ritterlichen Lebens. Die Ausbildung erfolgte daher sehr häufig nicht am

➤ Musste ein Ritter lesen und schreiben können? Wolfram von Eschenbach, Schöpfer des »Parzival«-Epos, behauptete, er könne mit Buchstaben nichts anfangen (Codex Manesse, Anfang 14. Jh.).

heimischen Herd. Vielmehr verbrachten die Nachwuchsritter zumeist eine gewisse Zeitspanne ihrer Lehrzeit in der Gesellschaft gleichaltriger und gleichrangiger Kameraden. Als Ausbildungszentren dienten dabei die bedeutenderen Haushalte und Höfe der Lehens- und Landesherren, die die Söhne ihrer Vasallen ebenso wie die Kinder ihrer Verwandten und Bündnispartner zu Erziehungszwecken bei sich aufnahmen. Eher beiläufig erwähnen die Quellen bisweilen die Präsenz der *filii nobilium* (Adelssöhne) im Umkreis mächtiger Fürsten. Vom Hof des bayerischen Herzogs Welf V. im frühen 12. Jahrhundert hieß es etwa: »*Sein Haus hielt er in bester Ordnung, weshalb die edelsten Männer Schwabens und Bayerns, miteinander wetteifernd, ihre Söhne zur Lehre und Erziehung anvertrauten.*«[107] Ein solches Arrangement besaß für beide Seiten unbestreitbare Vorteile: Der Hofherr vermochte die nachwachsende Generation der Vasallen und Verbündeten von frühester Jugend an eng an sich zu binden und sein politisches Beziehungsnetz dadurch nachhaltig zu stärken. Der Vorteil für die Zöglinge erschöpfte sich nicht nur in einer standesgemäßen Erziehung und glänzenden Zukunftsaussichten. Ihr Hofdienst stärkte zugleich den Zusammenhalt innerhalb der Gruppe der Gleichaltrigen, der oft auch der künftige Thronfolger sowie die Söhne weiterer bedeutender Großer angehörten.

Die Initiation: Schwertleite und Ritterschlag

Mit dem Erreichen der rechtlichen Volljährigkeit – im Hochmittelalter je nach regionaler Herkunft zwischen 12 und 16 Jahren – war die Ausbildung im eigentlichen Sinne abgeschlossen. Was nun folgte, war ein Übergangsritual, das verschiedene rechtliche und symbolische Elemente in sich vereinte: die ritterliche Schwertleite.

Schon der römische Historiker Tacitus († um 120) erwähnt in seiner »Germania« die feierliche Übergabe von Schild und Lanze an junge Krieger am Übergang zum Erwachsenenalter. Seit dem 9. Jahrhundert ist in den Quellen regelmäßig von der Umgürtung mit dem Schwert die Rede. Allerdings ist dieser Vorgang fast ausschließlich auf die Person des Herrschers bezogen und die Darreichung des Schwertes zumeist mit der Einsetzung in die königliche Amtsgewalt verknüpft. Seit der Wende zum 11. Jahrhundert sind vergleichbare Vorgänge schließlich auch außerhalb der Sphäre des Königtums in größerer Zahl belegt. Dabei war die Waffenreichung keineswegs ein rein weltlicher Akt, obgleich sie im Übergang zum Hochmittelalter vielfach ein zwischen Vater und Sohn oder Lehnsherr und Vasall vollzogenes Einsetzungsritual in konkrete Rechte und Pflichten dargestellt haben mag. Im Gefolge der Formierung eines christlichen Ritterideals war es die Kirche, die sich des älteren Brauchs annahm und ihn religiös überhöhte.

➤ Die Schwertleite der jungen Ritter war auch ein religiöser Akt: Im Rahmen eines Gottesdienstes wurde das Schwert geweiht (Frankreich, um 1280).

Ausgangspunkt war dabei das Geschehen während der Königsweihe. Gemäß den um 960 schriftlich fixierten Zeremonialvorschriften der Weihe des römisch-deutschen Königs sollte dem Kandidaten dabei ein Schwert gereicht werden mit den Worten: »*Empfange das Schwert, das dir (...) von Gott zur Verteidigung von Gottes heiliger Kirche zugeordnet ist; und gedenke (...), dass du es mit der Kraft der Gerechtigkeit führest, die Gewalt der Ungerechtigkeit mächtig zerstörst und Gottes heilige Kirche und ihre Getreuen als Vorkämpfer schirmest und schützest, Falschgläubige wie Feinde christlichen Namens verfluchest und vernichtest, Witwen und Waisen milde beschützest und verteidigest, (...) auf dass du mit dem Heiland der Welt, den du in Namen und Amt verkörperst, ohne Ende zu herrschen verdienest.*«[108] Fast wortgleich findet sich diese Formulierung in den liturgischen Anweisungen für die Segnung ritterlicher Waffen wieder, die seit dem 11. Jahrhundert in ansteigender Zahl überliefert sind: »*Segne gnädig dieses Schwert, mit dem sich dein Diener N. zu umgürten wünscht, dass es ein Schutz und ein Schirm für die Kirchen, Witwen, Waisen und für alle Gott Dienenden sei gegen das Wüten der Heiden; für alle Feinde möge es Furcht, Schrecken und Angst bedeuten.*«[109] Wie bei der Königsweihe hatte der Empfänger der ritterlichen Waffe zudem häufig einen Eid abzulegen, der ihn in die Pflicht nehmen sollte, sich für Frieden, Recht und den Schutz der Kirche einzusetzen. Königliche Ehren und Aufgaben wurden auf diesem Weg sukzessive auf alle Waffenträger ausgedehnt. So konnte in der Mitte des 12. Jahrhunderts der englische Gelehrte Johannes von Salisbury sicher zu Recht behaupten, »*es ist ein ehrwürdiger Brauch, dass jeder, der mit dem Rittergürtel geschmückt wird, an demselben Tag feierlich die Kirche betritt, und indem er das Schwert feierlich auf dem Altar niederlegt, sich mit einem feierlichen Gelübde zum Gehorsam des Altars verpflichtet*«.[110]

Der genaue Ablauf einer Schwertleite, die in den Quellen des 12. Jahrhunderts nun regelmäßig für den höheren Adel und seit der Jahrhundertmitte vereinzelt selbst für Ministeriale belegt ist, konnte von Ort zu Ort und je nach Rang, Zeitumständen und Gelegenheit erheblich variieren. Am Ende des 12. Jahrhunderts war die Schwertleite längst nicht mehr allein dem höchsten Adel vorbehalten. Vielmehr lassen sich regelmäßig sogenannte Massenpromotionen belegen, bei denen größere Gruppen rangniederer Gefolgsleute gemeinsam mit ihrem künftigen Lehens- oder Dienstherren das Schwert empfingen. Zugleich wurde das Schwellenritual zu einer zentralen Festlichkeit ausgebaut, die mit besonderem Prunk und einer hohen Zahl von Gästen begangen wurde – insgesamt 70.000 sollen es 1184 bei der Schwertleite des künftigen Kaisers Heinrich VI. gewesen sein.

Im Verlauf späterer Jahrhunderte war der Eintritt in die Ritterschaft vielfachen Veränderungen unterworfen. Äußerlich wurde der Akt in neue Formen gekleidet, die den besonderen Dienstgedanken des Rittertums auch im weltlichen Teil des Rituals deutlich machten. In der um 1200 verfassten Geschichte der Grafen von Guînes finden wir erstmals ein Element, das im Verlauf der folgenden Jahrhunderte Schule machen sollte: Der Erzbischof von Canterbury habe dem Aspiranten »*als Zeichen des Rittertums das Schwert um die Hüften gebunden. Er hat die Sporen an den Füßen seines Ritters befestigt. Zudem hat er ihm einen Schlag auf den Hals gegeben*«.[111] Das neue Ritual, das der Demut verpflichtet war und zugleich als Ermahnung an die Tugendlehren der Knappenzeit dienen sollte, sorgte zunächst noch für Irritationen. Einen Schlag zu empfangen, ohne ihn vergelten zu dürfen? Der vom Ehrgefühl geprägten Adelsgesellschaft musste dies erst noch vermittelt werden. Im 14. Jahrhundert war es daher allgemein statthafter, den zumeist schmerzhaften Schlag durch ein sanftes Antippen mit der Schwertklinge zu ersetzen. Ein solcher Akt ist 1377 durch Kaiser Karl IV. erstmals nachweisbar, begleitet von dem Sinnspruch: »*Besser Ritter denn Knecht, tue dem Orden Recht, vertrage diesen Schlag und fortan keinen mehr.*«[112]

Allerdings begann das Aufnahmeritual in dieser Zeit bereits seine Anziehungskraft zu verlieren. Oft wartete man auf eine passende Gelegenheit, in der man die Schwertleite mit einem anderen Übergangsritual kombinieren konnte. Infrage kamen Leheninvestituren und Erbeinsetzung ebenso wie Hochzeiten und Bündnisschlüsse. Seit dem 13. Jahrhundert wurde das Schwert daher oft erst nach dem 20. Lebensjahr geleitet. Eine Regel, die das Erreichen des Alters von 21 Jahren für den Ritterschlag vorsah, wie dies häufig zu lesen ist, existierte aber auch im Spätmittelalter an keiner Stelle. Jenseits der dünnen Oberschicht potenter Fürsten fehlte es indes oft genug schlicht an den finanziellen Mitteln, das Ritual mit seinen aufwändigen Feierlichkeiten auch für die jüngeren Söhne eines Ritters zu begehen. Wer auf den Ritterschlag verzichtete, führte den Titel »Edelknecht«, ohne dauerhafte Nachteile für sich und seine Nachkommen in Kauf nehmen zu müssen. »*Nun, lass dir ruhig Ritters Namen verleihen! / Das wird dich sehr viel Geld kosten*«, so argumentiert ein Knappe in dem um 1300 entstandenen Lehrgedicht des Strickers. »*Du sollst es damit genug sein lassen / dass wir Knappen es besser haben / als die ernannten Ritter. / Sie müssen sich der Dinge schämen / die uns nicht zur Schande gereichen. / Sowohl unser Weib als auch die Kinder / die sind ebenso edel wie die ihren: / Die Ritter essen ebenso gut wie wir / und ebensogut pflegen wir zu trinken. / Wer unser Lehen bekommen soll / der wird den Knappennamen nicht entbehren. / Wenn es die Ritter je irgendwo besser haben / dann kostet es sie so viel / dass sie diese Ehre viel teurer kaufen als sie wert ist.*«[113]

Mit dem Ritual der Schwertleite ging selbst für ältere Kandidaten die Ausbildung zum Ritter noch weiter. Im »Tristan« des Gottfried von Straßburg heißt es hierzu: »*Als er vierzehn geworden war, / da holte ihn der Marschall heim / und schlug ihm vor, er solle / durch wiederholtes Reiten, Reisen / die Herrn im Lande kennenlernen*«.[114] Diese »Reise nach der Ritterschaft«, wie sie in späteren Zeiten oft genannt wurde, war die Kür nach dem Pflichtprogramm der ritterlichen Lehrzeit. Sie führte den frisch gebackenen Kämpfer oftmals in weit entfernte Regionen Europas, gar nach Asien und Afrika und an die Grenzen der bekannten Welt.

Auf großer Fahrt

Die Ursprünge ritterlicher Fahrten lassen sich schwer ermitteln. Schon in der Kriegergesellschaft des Frühmittelalters lässt sich eine erstaunliche Mobilität des Adels beobachten. Pilgerfahrten nach Rom, Jerusalem oder Santiago de Compostela, aber auch die Italienzüge der römisch-deutschen Herrscher und schließlich die entstehende Kreuzzugsbewegung boten zahlreiche Möglichkeit für den berittenen Krieger, sich seine Sporen zu verdienen. Oft waren es aber ökonomische Zwänge, die zumal nachgeborene Söhne dazu veranlassten, ihr Glück fern der Heimat zu suchen.

Berühmtes Beispiel ist zweifellos die Nachkommenschaft des normannischen Barons Tankred von Hauteville. Da sein schmaler Lehensbesitz der stolzen Schar seiner zwölf Söhne kaum ein standesgemäßes Auskommen zu bieten vermochte, soll er sie aufgefordert haben, »*dass sie sich außerhalb der Heimat, das, was sie brauchten, mit Kraft und Verstand nähmen*«[115]. Tatsächlich machten sie in weit entfernten Gefilden ihr Glück: Der sechste Sohn, Robert, genannt Guiskard (der Fuchs), stieg zum Herzog von Apulien auf, dem jüngsten Spross und Nachzügler Roger gelang schließlich die Eroberung der muslimisch beherrschten Insel Sizilien. Ein Enkel Tankreds, der nach einem mythischen Riesen benannte Bohemund von Tarent, wurde im Gefolge des 1. Kreuzzugs gar zum Gründer des Fürstentums Antiochia an der syrischen Küste.

Doch waren es nicht allein materielle Motive, die den »fahrenden Ritter« zum gesellschaftlich verbindlichen Modell machten. Es war nicht zuletzt die höfische Dichtung, die anhand zahlreicher Einzelbeispiele das Konzept der *âventiure,* der Abenteuerfahrt, entwarf, der sich jeder würdige Aspirant der Ritterschaft zu unterziehen hatte. Gawein, Erec, Lanzelot und viele andere literarische Helden lieferten das Leitbild, dem es zu folgen galt. Allerdings finden wir erst zu Beginn des 13. Jahrhunderts Belege, dass einzelne Adlige tatsächlich diesem Beispiel gefolgt sind, ja sich bei ihrem Aufbruch dezidiert auf die Vorbildfiguren der Dichtung berufen haben. Bald stellte die Ritterfahrt für den Adel des ausgehenden Mittelalters eine Art Arbeitszeugnis dar, welches ihn für zukünftige Aufgaben empfahl und qualifizierte. Sie legte Zeugnis ab von unschätzbar wertvollen Erfahrungen

➤ Lust auf Abenteuer? Eine Ritterfahrt in fremde Länder gehörte seit dem Spätmittelalter zum Pflichtprogramm vieler junger Ritter (England, um 1340).

Die Venusfahrt des Ulrich von Liechtenstein

Im Jahr 1227 will der österreichische Ritter Ulrich von Liechtenstein sich aufgemacht haben, das Herz einer Dame durch besonders tapfere Rittertaten zu gewinnen. Seine Fahrt trat der wohlhabende Ministeriale dabei in auffälliger Kostümierung an. Dazu lesen wir in seinem um 1255 verfassten Werk, dem »Frauendienst«: *»Zwei braune, große lange Zöpfe trug ich, so lang, dass sie bis weit über meinen Gürtel hingen: Die waren auch mit Perlen in kunstvoller Weise herrlich umwunden. Mein Herz war voller Hochgestimmtheit. Ein Röcklein trug ich, keine Dame hat jemals ein besseres besessen. Ich trug auch ein Hemd, das war glänzend weiß, ebenso lang wie das Röcklein, und daran zwei damenhafte Ärmel.«* [116]

In dieser Verkleidung verkörperte der Held niemand Geringeren als Venus, die Göttin der Liebe selbst. Seinen Aufbruch hatte Ulrich durch zahlreich versandte Briefe angekündigt. In ihnen sind die Regeln seiner Venusfahrt genauestens festgehalten: *»Die vornehme Königin Venus, Göttin der Minne, grüßt alle Ritter, die in Langparten und in Friaul und in Kärnten und in der Steiermark und in Österreich und Böhmen leben, und teilt ihnen mit, dass sie wegen der Liebe zu ihnen reisen will, und ihnen beibringen will, auf welche Weise sie die Liebe edler Damen verdienen und erreichen können. Jedem Ritter, der ihr begegnet und im Kampf eine Lanze gegen sie bricht, gibt sie als Lohn einen goldenen Ring. Diesen Ring soll er der Frau schicken, die ihm die liebste ist. Der Ring hat die Fähigkeit, dass jede Frau, der der Ring gesandt wird, noch schöner wird und ohne Hintergedanken denjenigen liebt, der ihr den Ring geschickt hat. Wenn meine Herrin Frau Venus einen Ritter vom Pferd sticht, soll der sich in alle Himmelsrichtungen für eine Dame verneigen. Sticht aber ein Ritter sie vom Pferd, soll der alle Pferde erhalten, die sie mit sich führt.«* [117]

Ulrich von Liechtenstein bestand diese Probe jedes Mal aufs Glänzendste. 270 Speere will er verstochen, ebenso viele Ringe verteilt haben. Man hat Ulrichs Erzählung in der älteren Forschung nicht selten als albernes Possenspiel, als Symptom der an der Wende zum Spätmittelalter degenerierten Ritterschaft bezeichnet. Ein Rittersmann in Frauenkleidern wollte so gar nicht in das Idealbild eines archaisch-heldenhaften Kriegertums passen. Später hat die germanistische Forschung in den Schilderungen Ulrichs vor allem eine höfische Stilisierung zu erkennen geglaubt, die wenig bis gar nichts mit dem historischen Ulrich von Liechtenstein gemein habe. Eine derartige Bewertung ist für den Historiker kaum befriedigend. Ulrich von Liechtenstein begegnet in der Mehrzahl der Dokumente seiner Zeit keineswegs als der hoffnungslos verlorene Romantiker, der ritterliche Minneclown in Frauenkleidern. Er war vielmehr ein ausgesprochen rühriger Realpolitiker und als Marschall der Steiermark anerkannter Führer der sogenannten Landherren, der Gruppe der mächtigen Ministerialen des Herzogtums. Seine Ritterfahrt und ihre literarische Bearbeitung schweben vor diesem Hintergrund keineswegs im luftleeren Raum poetischer Phantastereien. Die Abfolge der teilweise sehr ausführlich geschilderten Begegnungen mit den insgesamt 270 Turniergegnern liest sich vielmehr wie ein »Who is Who« des Ritteradels des südostdeutschen Raumes. Mit nahezu allen führenden Adligen der Region trat Ulrich in sportlichen Wettkampf, schenkte ihnen Ringe als Zeichen seines Respekts und trennte sich in Freundschaft und gegenseitiger Hochachtung von ihnen. Der »Frauendienst« ist insofern eine Bilanz der ganz eigenen Art. Er umreißt das soziale Kapital des Liechtensteiners, seine Freundschaften und Loyalitäten. Dieses Sozialkapital wog in der Adelsgesellschaft des Mittelalters sehr viel mehr als materieller Besitz und Rechtstitel. Der »Frauendienst« qualifizierte Ulrich von Liechtenstein daher als einen reichen Mann. Zudem belegte die Schrift Ulrichs überragende ritterliche Kompetenz und zeugte nicht zuletzt von seiner schier unerschütterlichen Treue, die er nicht nur seiner Minneherrin zuteilwerden lassen konnte. Als politischer und militärischer Anführer hatte solch ein Mann zweifellos größtes Vertrauen und Loyalität verdient. Minnedienst, Turnierkampf und Ringgeschenk standen als Methaphern für sehr viel konkretere Qualitäten in der Lebenswelt des Ritteradels.

auf kriegerischem und sozialem Gebiet, die ihm auf seinem weiteren Lebensweg von Nutzen sein sollten. Es wundert daher wenig, dass der Aufbruch in die Fremde im Übergang zum Spätmittelalter – wie für heutige Akademiker etwa das berühmte Praktikum – zum unverzichtbaren Bestandteil des Lebenslaufs eines jeden ambitionierten Adligen wurde. Zugleich tritt die Bezeichnung des fahrenden Ritters, englisch »knight errant«, in der Mitte des 14. Jahrhunderts erstmals als Leitbegriff einer klar umrissenen Lebensphase hervor. Aus der Einzelunternehmung wurde ein Modell, ein »must have« für den Eintritt in die Welt des Rittertums.

Beliebtestes Reiseziel war neben den Reichen Europas das Heilige Land. Was zunächst als Wagnis voller Gefahren anmutet, stellt sich bei genauerem Hinsehen oftmals als gut kalkulierbares Tourismusevent dar. Nicht, dass Fernreisen im Mittelalter nicht generell mit einem hohen Risiko für Leib und Leben behaftet gewesen wären. Doch Jerusalemfahrten gehörten für Adel und Bürgertum des Spätmittelalters zu den häufigsten Pilgerreisen überhaupt, und insofern hatte sich insbesondere in Venedig eine regelrechte Tourismusindustrie entwickelt. Der wohlhabende Pilger schloss hier zumeist einen Vertrag mit einem »Patron« genannten Reeder und Reiseunternehmer. Für eine Pauschalsumme wurden Hin- und Rücktransport zu Schiff sowie eine kompetente und sprachkundige Reisebegleitung zu den in muslimischer Hand befindlichen heiligen Stätten gebucht. Der Patron verpflichtete sich zur Entrichtung der erforderlichen Abgaben und Tribute, ausgenommen die für den persönlichen Reisekomfort unerlässlichen Hand- und Schmiergelder. Derer bedurfte es viele, zumal in der Hafenstadt Jaffa bereits zahllose Eselstreiber auf die Pilger warteten. Letztere versuchten die zahlenden Gäste nicht nur gewaltsam auf ihren Esel zu zerren. Nach dem Verlassen der Stadt brachten sie die Tiere auch dazu, ihre Reiter abzuwerfen, und kassierten anschließend Gebühren für die Hilfe beim Wiederaufsteigen. Wer sich weigerte, wurde mit Schlägen traktiert. Stereotyp vermelden die Pilgerberichte schlechte Herbergen und hohe Preise, auch Streitigkeiten und Raufereien mit den Mitreisenden, namentlich den Franzosen, selbst Steinwürfe der einheimischen Muslime blieben nicht aus. Doch sie schildern auch die berührenden Momente am Heiligen Grab und den Stätten der Passion Christi. Souvenirs wie Rosenkränze, Wasser aus dem Jordan oder Marienmilch aus Bethlehem wurden erworben. Als erhebend galt der zeremonielle Ritterschlag am Heiligen Grab, den adlige Pilger sich gegenseitig erteilten. Den Besuchern blieb freilich meist nur wenig Zeit zu ausgedehnten Besichtigungen, denn die Reeder wollten ihre Schiffe nicht allzu lange ungenutzt im Hafen liegen lassen und drängten auf raschen Aufbruch – meist musste das dichte Programm binnen zwei Wochen absolviert werden. Was in den zahlreich erhaltenen Reiseberichten zu lesen ist, erinnert allzu sehr an die schlimmsten Blüten des Massentourismus der Nachkriegszeit. Dennoch kehrten die Pilger zumeist voller Stolz von ihrer Reise zurück, trugen offen den langen Pilgerbart, orientalische Seidenhemden und Reliquienamulette zur Schau und verewigten ihre Erlebnisse in Schrift und Bild: Allzu schnell nämlich wurden sie wieder vom Alltag eingeholt.

Zwischen Kuhstall und Kemenate: Ritter und Bauern

»*Nun* drückt die Ärmlichkeit mich sehr / das bäuerliche Leben schwer«, so stöhnt die Hauptfigur in dem um 1200 entstandenen Gedicht von der Riesenrübe. Es ist ein Mann von vornehmer Abkunft, dem diese Worte in den Mund gelegt wurden. Doch durch harte Schläge des Schicksals verarmt, ist aus dem einstmals reichen Ritter ein bescheidener Bauer geworden, der mühevoll in Eigenarbeit den harten Ackerboden bestellen muss: »*Als mir mein Geld verloren ging / und was an Schätzen ich empfing / da legte ich das Schwert beiseit / des Ritterdienstes Freudigkeit. / Ich halt fürs Schwert, das mir entschwand / die Hacke nun in einer Hand.*«[118]

Das jammervolle Lamento des verarmten Edelmanns enthüllt zunächst den scharfen Kontrast zweier scheinbar grundverschiedener Lebensformen: Der Höhe der ritterlich-höfischen Existenz werden die mühseligen Niederungen des bäuerlichen Wirtschaftens und Arbeitens gegenübergestellt. Doch schöpft die Erzählung ihren Reiz gerade aus der Durchlässigkeit der sozialen Membran. Ein Absinken in die bäuerliche Armut scheint ebenso möglich, wie ein erfolgreiches landwirtschaftliches Unternehmertum den Ausweg aus der Misere eröffnet: Dem Acker des heruntergekommenen Ritters erwächst, nicht ohne Gottes gnädiges Zutun, eine Rübe von wahrhaft gigantischer Größe: »*Sie warf einen so weiten Schatten, dass drunter Platz zwölf Leute hatten / und diese zwölf in ihrer Hut / verbrannte nicht die Sonnenglut.*«[119] Dieses einzigartige Wundergewächs, so viel sei verraten, verschaffte ihm im Verlauf der Geschichte die Gunst des Königs zugleich mit reichen Gütern und Geldgeschenken.

Ritterliche Güterverwaltung

So sehr die gesellschaftliche Distanz zwischen Bauern und Berufskriegern im Verlauf des Hochmittelalters auch gewachsen war, so blieben Ackerbau und Viehzucht doch die Basis des ritterlichen Daseins. Tatsächlich scheint die bisweilen dünne Trennlinie zwischen Rittern und Bauern vornehmlich diejenige zwischen körperlicher Eigenarbeit und unternehmerischer Gewinnabschöpfung gewesen zu sein. Die Gespräche auf den Burgen und Höfen, so bemerkt treffend die Satire des Seifried Helbling am Ende des 13. Jahrhunderts, kreisen daher zumeist nicht etwa um Parzival oder den Artushof, sondern um Fragen der Getreideernte, der Viehpreise oder des Ertrags der Milchkühe.

Anschaulich berichtet uns an der Wende zur Neuzeit der berühmte Reichsritter Ulrich von Hutten über die tagtägliche Vermengung von Ritterleben und Agrarwirtschaft: »*Man hört das Blöken der Schafe, das Brüllen der Rinder, das Hundegebell, das Rufen der Arbeiter auf dem Felde, das Knarren und Rattern von Fuhrwerken und Karren; ja wahrhaftig, auch das Heulen der Wölfe wird im Haus vernehmbar, da der Wald so nahe ist. Der ganze Tag, vom frühen Morgen an, bringt Sorge und Plage, beständige Unruhe und dauernden Betrieb. Die Äcker müssen gepflügt und gegraben werden; man muss eggen, säen, düngen, mähen und dreschen. Es kommt die Ernte und Weinlese. Wenn es dann einmal ein schlechtes Jahr gewesen ist, wie es bei jener Magerkeit häufig geschieht, so tritt furchtbare Not und Bedrängnis ein, bange Unruhe und tiefe Niedergeschlagenheit ergreift alle.*«[120] Diesen Zustand mochte man bedauern wie zwei Generationen zuvor Oswald von Wolkenstein († 1445), der klagend einwarf: »*Wohin ich schau, (…) sehe ich nur Kälber, Geißen, Böcke, Rinder und Leute in Holzschuhen, schwarz, häßlich, rußverschmiert im Winter.*«[121]

Ein um das Jahr 1166 angelegtes Güterverzeichnis der Grafen von Neuburg-Falkenstein gibt einen seltenen Einblick in die Grundlagen ritterlichen Wirtschaftens im Hochmittelalter. Zu einem Drittel enthält es ein sogenanntes Urbar. Der Name leitet sich von dem althochdeutschen Verb *urberan* ab, welches »hervorbringen«, »Ertrag bringen« bedeutet. Es handelt sich also um ein Verzeichnis der landwirtschaftlichen Einkünfte.

Das Urbar im »Falkensteiner Codex«[122] gliedert den Eigenbesitz des Grafen in insgesamt vier räumlich getrennte Verwaltungskomplexe, sogenannte *Ämter*. Diese Ämter darf man sich nicht als geschlossene Territorialeinheiten vorstellen, sie umfassten vielmehr verstreut liegende Gehöfte, Felder und Flächen in einem weiteren räumlichen Umfeld. Das Zentrum eines jeden Amtes bildete jeweils eine Burg. Diesen vier Anlagen nun sind verschiedene Ortschaften zugewiesen, die jeweils bestimmte Abgaben an den als *Propst* oder *Prokurator* bezeichneten Burgverwalter zu entrichten haben. Die vier Hauptkapitel des Urbars nennen in sachlicher Gliederung jeweils drei dieser Abgabenarten: An der Spitze steht die Zahl der zu liefernden Schweine sowie das *minus servicium*, d. h. Lieferungen von Kleinvieh wie Gänse, Hühner, Eier, Gemüse, Getreide und ähnliches. Für das Amt Neuburg beispielsweise belief sich die Summe auf 38 Schweine, von welchen 15 bereits ausgewachsen sein sollten. Als nächste Kategorie begegnet ein »Widderzins«, als drittes eine Abgabe von Käse von den Schwaighöfen, d. h. den voralpinen Viehhöfen des Amtes. Hinzu treten lokal bedingte Spezialabgaben von Wein, Flachs, Eisen oder – speziell an den Fernhandelsstraßen – von Salz.

Wovon lebt ein Ritter?
Der Graf von Falkenstein lässt uns
in sein 1166 angelegtes Güterverzeichnis blicken (Codex Falkensteinensis, hier: Burg Hartmannsberg).

Das Falkensteiner Urbar gewährt dabei auch Einblicke in die Gliederung des grundherrlichen Besitzes: Neben verstreuten Grundstücken, Einzelhöfen und Teilherrschaften über Dörfer begegnen geschlossenere Organisationseinheiten, die gewöhnlich als *villicationes* bezeichnet werden. Eine derartige *Villikation* im Amt Neuburg stellt etwa das Gut Peißenberg dar. Es lieferte dem Grafen jährlich zwei Scheffel Bohnen, Rüben und Öl, zudem jährlich sieben Schweine. Dazu wird ausdrücklich vermerkt, dass dieses Borstenvieh vom Haupthof der Villikation geliefert werden solle, nicht eingerechnet aber diejenigen Schweine, die von den Hufen gegeben werden. Was hat es mit diesen *Hufen* auf sich? Im Zentrum einer Villifikation stand ein Haupt- oder *Fronhof*, ein Agrarbetrieb mit ausgedehntem Acker- und Weideland. Ihm stand ein *villicus,* zu Deutsch ein *Meier* vor. Um diesen Zentralkomplex herum gruppierten sich die einzelnen abhängigen Bauernhöfe, die *Hufen* (lat. *hubae, mansi*) genannt werden. Aus diesem Begriff lässt sich der heute noch so häufige Name *Huber* ableiten, wie der *Häusler* einen Kleinbauern mit weniger als einer halben Hufe bezeichnete. Eine solche Hufe nun war eine im Prinzip unabhängige Wirtschaftseinheit, die ihren Besitzer und dessen Familie versorgen konnte. Doch musste dieser über die reine Eigenwirtschaft hinaus auch Leistungen für den Grundherrn erbringen. Er hatte zu festgelegten Zeiten bei der Bewirtschaftung des zum Fronhof gehörigen Landes zu helfen, sogenannte *Frondienste* zu leisten. Zudem war er seinem Grundherrn zu Abgaben verpflichtet. Diese richteten sich nicht nur nach der Größe und Wirtschaftskraft der Hufe, sondern häufig auch nach dem Rechtsstand des Hufenbauern, der entweder freier oder unfreier Herkunft sein konnte. Zumeist hatte sich auch die Zuordnung seiner Familie zur Grundherrschaft in mehreren historischen Etappen vollzogen und war somit mit individuell verschiedenen Leistungsverpflichtungen behaftet.

Über die genannte Villikation Peißenberg erfahren wir, dass 30 solcher Bauernhufen um den Fronhof herumgruppiert lagen, zudem sei weiteres fruchtbares Rodungsland vorhanden. Über die Abgabeleistung der Hufen erhalten wir konkrete Angaben aus einem um 1170 vorgenommenen Nachtrag zum »Falkensteiner Codex«, in dem die Abgaben einzelner Bauern aufgeschlüsselt werden. Ein gewisser Heinrich etwa schuldete seinem Herrn zwei Schweine – ein Ferkel und eine Sau –, zwei Gänse, sechs Hühner, je einen halben Scheffel Bohnen und Erbsen, ferner je einen Scheffel Rüben und Gewürze, einen Scheffel Weizen, einen Scheffel Roggen und drei Scheffel Hafer. Diese Liste, die sich in mehrfachen Varianten bei anderen Bauern wiederholt, wirkt vom Umfang her beträchtlich. Natürlich lässt sich kaum abschätzen, wie hoch die reale Abgabenquote für den Hof des Bauern Heinrich war, solange wir dessen genaue Größe nicht kennen. An dieser Stelle versagen die meisten grundherrschaftlichen Quellen, sodass wir auf wenig genaue Schätzwerte angewiesen sind. Je nach Region und herrschaftlicher Einbindung darf man aber von einer Wertabschöpfung von 15 bis 30 Prozent ausgehen. Was angesichts heutiger Steuerabgaben von annähernd 50 Prozent des Einkommens noch moderat erscheinen mag, entpuppt sich beim Blick auf die Ertragsquoten mittelalterlicher Agrarwirtschaft allerdings als enorme Belastung.

Hec est vrbs Hademars
perch. Et hec est ad
notatio procurationis
ipsius vrbis.

Sicut volentibus
patefacit comes
Siboto qd' z quan
ti porci deprocura
tione que ptinet ad
urbem hademarspch
sibi adseruicuii p
soluant z quantu sibi
de minori seruicio mi
nistretur:

iii. anseres. xii. pulli. c. oua. Ad uisitatione mod'
De Chessendorf dant duo porci maturi De sewalhen dant z uii maturus
z uiii. alii De okerstorf un porc ualens xxx numos.
De euheringen dant iii. porci maturi. iii. anseres. xii pulli
De turnhusen dant z uii maturus. et viiii alii z v. iii. metrete tritici
aduisitatione itemq z iii. siguli modi' ordei. modi' auene. mo
le gumunus. fabe z pise. iii raparu modi oleru. iii. anseres. vi. pulli
c. oua cuius ademptione olei. z porc duoru annoz. Item meade uilla
de silua que adiacet s dant duo porci uterq duoru annoz.
De Hemmenhouen. iiii. uii maturus. z duo alii modi' fabe z pise
par iii modi' raparu modi' oleru. anseres. iii pulli viiii c. oua cuius
ademptione olei.
De obinge. ii. porci uii xxx numos ualens z alii ii uterq ualens xii
numos. iii anseres. vii pulli c oua.
De erleheim pari censura dant porci z anseres z pulli z oua.
De stephenschirchen dant v porci uii xxx numos ualens z viii alii
uii quisq ualens xii numos. anseres. iii pulli xvi c oua.
De euendenbach ut sup dictu e dant iiii porci uii maturus z ii mino
res iii anseres vi pulli iii fabe z pise mo raparu modi oleru c oua.
cuius ademptione olei.
De chihhinge iii porci maturi dant z aduisitatione v metrete

Erträge mittelalterlicher Landwirtschaft

Je nach Getreideart und Witterung betrug das Verhältnis von Aussaat zu Ernte im Frühmittelalter nicht mehr als 1:2,5. Der Bauer musste einen Gutteil der Kornernte als Saatgut zurücklegen, ihm selbst blieb nur die eineinhalbfache Aussaat zum eigenen Verzehr. Auch durch die verbesserten Agrartechniken des Hoch- und Spätmittelalters, insbesondere durch den schweren Beetpflug und das geregelte System der Dreifelderwirtschaft, ließ sich dem Boden selten mehr als das vierte oder fünfte Korn abgewinnen. Der Ertrag je Flächeneinheit lag demnach bei sechs bis acht Doppelzentnern Weizen pro Hektar, während heute eine Erntemenge von 79 Doppelzentnern erreicht wird. Nicht viel besser war es um die Viehzucht bestellt: Während ein Rind der Römerzeit eine Schulterhöhe von bis zu 1,40 m erreichte, brachten es mittelalterliche Tiere kaum auf mehr als einen Meter. Erst im 19. Jahrhundert stellte sich wieder die römerzeitliche Widerristhöhe ein. Demgemäß betrug die jährliche Milchleistung mittelalterlicher Kühe nur etwa 250 Liter, während sie heute höher als 7000 Liter liegt. Auf dieser Grundlage kann ein Landwirt heute gut 150 Menschen ernähren. Vor hundert Jahren waren es gerade einmal vier Personen, während im Hochmittelalter mehr als 90 Prozent der Erwerbstätigen mit der Nahrungsmittelproduktion beschäftigt waren. Selbst wenn moderne Rechenmodelle für eine Gesamtbilanz hochmittelalterlicher Bauernhöfe mehr oder weniger starke Abweichungen aufweisen, so herrscht über das Gesamtergebnis doch breiter Konsens: Die bäuerliche Wirtschaft

→ Karg und dürftig war das, was den Bauern und manchem verarmten Ritter auf den Tisch kam, denn die mittelalterliche Landwirtschaft warf nur wenig ab (Frankreich, um 1390).

Zwischen Harmonie und Herrengewalt

Dennoch, trotz aller räumlichen Nähe und trotz ähnlich gelagerter wirtschaftlicher Interessen gestaltete sich das Verhältnis zwischen Rittern und Bauern streng hierarchisch. Für die Mehrheit der Bauernschaft des mittelalterlichen Europa waren ihre ritterlichen Zeitgenossen gestrenge Grundherren, die bisweilen als hartherzige Eintreiber von Abgaben und Frondiensten oder schlichtweg als brutale Raubgesellen von sich Reden machten. Die Klagen über gewaltsame Übergriffe adliger Herren und ritterlicher Ministerialen durchziehen die Quellen der Hochphase höfischer Kultur und setzen sich bis ins ausgehende Mittelalter fort. Mit Vernichtung der Ernte, Viehdiebstahl und Einäscherung ganzer Dörfer gingen nicht nur große Kriege einher. Auch in den zahlreichen regionalen Adelsfehden gehörten solche Übergriffe zum üblichen Repertoire ritterlicher Konfliktführung. Selbst in Zeiten des Friedens war die bäuerliche Bevölkerung vor Gewalttaten besonders tyrannischer Herren nur unzureichend geschützt. Der Zisterziensermönch Caesarius von Heisterbach etwa berichtet kurz nach 1200 von einem sächsischen Ritter namens Ludolf, dem einst auf der Straße der Ochsenkarren eines Bauern begegnete. Als durch die Wagenräder seine kostbaren Scharlachgewänder mit Schlamm bespritzt wurden, geriet er darüber in solch maßlose Wut, dass er sein Schwert zog und dem Bauern im Vorüberreiten den Fuß abschlug. Als spiegelnde Strafe Gottes, so fügte Caesarius grimmig hinzu, sei dem brutalen Edelherrn später der Fuß abgefault.

Gewaltexzesse dieser Couleur dürften freilich kaum an der Tagesordnung gewesen sein. Zumal in literarischer Bearbeitung markieren sie weit eher das Extrem als den Alltag in der Beziehung von Rittern und Bauern. Allerdings wäre es genauso verfehlt, ein überwiegend harmonisches Bild vom Miteinander beider Stände zu zeichnen. Zwar wurde den ritterlichen Herren niemals absolute Befehlsgewalt über ihre Untergebenen zugebilligt. Die Abhängigkeit mittelalterlicher Grundholden unterschied sich grundlegend von den Zuständen der antiken Sklaverei. Prägend war hier vielmehr die Leitvorstellung eines Verhältnisses auf Gegenseitigkeit, in dem Rechte und Pflichten beider Seiten einander die Waage hielten. Herren und Hörige sollten sich zum beiderseitigen Nutzen beistehen und erhalten. Besonders prägnant findet sich dieses Leitbild in einem Gebot des »Schwabenspiegels« aus der Mitte des 13. Jahrhunderts formuliert: »*Wir sullen den herrn darumbe dienen, daz sie uns beschirmen. Beschirmen si uns nit, so sind wir inen nicht dienstes schuldig.*«[126] Immer wieder begegnen in den Quellen mild-

→ Unter die Hufe geraten: Statt den Bauern Schutz und Schirm zu sein, erwies sich mancher Adliger als brutaler Unterdrücker (Stundenbuch, um 1450).

tätige Grundherren, die ihren Bauern in Notzeiten mit Geld und Nahrungsmitteln unter die Arme griffen. Nicht selten kooperierten Ritter und Bauern in Fällen äußerer Bedrohung und Übergriffen mächtiger Dritter.

Wo aber die Machtbalancen allzu deutlich zugunsten der Feudalherren verschoben waren, trat rasch ein Zustand ein, wie ihn die altfranzösische Fassung des »Buchs vom Orden des Rittertums« in knappen Worten skizziert: »*Des Ritters Amt ist es, das Land instand zu halten, weil die Leute wegen der Angst, die sie vor den Rittern haben, arbeiten und das Land bebauen, weil sie fürchten, sonst vernichtet zu werden.*«[127] Die blanken Schwerter der ritterlichen Herren vermochten die Bauern tatsächlich oft genug gefügig zu halten. In so manchem Dorf oder Weiler herrschte angsterfüllte Resignation. Ein ebenso anschauliches wie drastisches Beispiel förderte eine seitens des Königs von Frankreich entsandte Untersuchungskommission für den Bezirk Nîmes aus dem Jahr 1247 zutage. Der Report für das Dorf Langlade schildert, wie der Bauer Durand vom königlichen Amtmann und Herrn seines Dorfes bei Tag und Nacht traktiert und gequält worden sei. Wegen seines Versuchs, sich der elenden Lage durch Flucht zu entziehen, wurde er vom Dorfherrn schließlich zur Rede gestellt und in harschem Tonfall angefahren: »›*Es wäre gut, wenn man euch (…) das Maul mit Scheiße stopfen würde, und zwar so sehr, dass ihr nur noch durch euren Arsch atmen könnt.*‹ *Und darauf antwortete ihm Durand:* ›*Das dürft ihr tun, weil ihr der Herr und Amtmann des Dorfes seid*‹. *Darauf nahm der genannte Amtmann Petrus de Alvernis vom Erdboden Dreck auf und schmierte ihn in den Mund des genannten Durand, und zwar auf solche Weise, dass der genannte Durand fast erstickt wäre.*«[128]

Brutalitäten solcher Art konnte die königliche Kommission zumindest zeitweise unterbinden, auch sie repräsentieren folglich nicht den Normalfall im Verhältnis von Herren und Bauern. Doch zeigt der Versuch des Bauern Durand, sich der Bedrückung durch Flucht zu entziehen, nur eine der möglichen Reaktionen der von herrschaftlichen Übergriffen im Einzelfall allzu bedrängten Bauern. Ob von dem im »Schwabenspiegel« fixierten Prinzip der Gehorsamsverweigerung inspiriert oder von schlichter Existenznot getrieben: Immer wieder berichten Quellen vom Widerstand bäuerlicher Bevölkerungskreise. Offene Revolten indes scheiterten zumeist an der Standessolidarität der geistlichen und weltlichen Herrschaftsträger. Aufruhr und Protest ihrer Hörigen wussten sie meist ebenso rasch wie brutal niederzuschlagen. So endete selbst der spektakuläre Freiheitskampf der Stedinger Bauern 1234 auf dem Feld von Altenesch in einer blutigen Niederlage. Lange Zeit hatten sich die Bauerngemeinden an der unteren Weser dem herrschaftlichen Zugriff von Adel und

David gegen Goliath: Bei Altenesch verloren die aufständischen Stedinger Bauern 1234 gegen ein Ritterheer (Sächsische Weltchronik, um 1280).

Amtskirche widersetzt. Selbst nachdem sie öffentlich gebannt und als Ketzer gebrandmarkt worden waren, konnten sich die Stedinger zunächst in erfolgreichen Kämpfen zur Wehr setzen. Dem zahlenmäßig und waffentechnisch überlegenen Ritterheer der vereinten Territorialmächte hatten sie am Ende jedoch nur wenig entgegenzusetzen. Auch wenn sich ihre bäuerlichen Standesgenossen in Dithmarschen und der Schweiz erfolgreicher schlugen: Bis zum großen Bauernkrieg von 1525 vermochte keine der zahlreichen Erhebungen die herrschaftliche Ordnung ernsthaft zu erschüttern. Der populäre Ruf aufständischer Bauern »*Als Adam grub und Eva spann, wo war denn da der Edelmann?*« enthielt sozialen Sprengstoff, erreichte jedoch im Mittelalter niemals revolutionäre Durchschlagskraft.

Vor dem Hintergrund der bedrohlichen Spirale von Gewalt und Gegengewalt erschien es gleichwohl ratsam, Richtlinien für ein verträgliches Miteinander von Rittern und Bauern zu finden. Einen interessanten Einblick in solch einen Verhaltenscodex des Ritteralltags bieten die lehrhaften Ermahnungen des »Ruodlieb«-Romans aus dem 11. Jahrhundert. Folgendes wird dort dem jungen Herrn für seine Ausritte über Land eingeschärft: »*Ist auch der Weg von Schlamm bedeckt / der breit sich durch das Dorf erstreckt / darfst du das Pferd vom Weg nicht leiten / und etwa durch die Saaten reiten.*« Diese Warnung war weniger in der Sorge um das Wohl der Landbevölkerung begründet. Vielmehr zielte sie wenig schmeichelhaft auf den Schutz des Ritters selbst: »*Damit ein Bauer dich nicht fängt / und dich zu stolzer Antwort drängt, dich schlimm behandelt und nicht faul / dir dabei wegnimmt noch den Gaul.*«[129] Spätere Verfügungen zur Erhaltung des Landfriedens schrieben dementsprechend fest, ein Reisender dürfe sein Pferd keinesfalls frei auf fremden Feldern weiden lassen. Als Futter möge nur solches Getreide dienen, das er mit einem Fuß auf dem Weg stehend mit Sichel oder Dolch abschneiden könne.

Verritterte Bauern, verbauerte Ritter

Wenn manch ein Edelherr seine Bauern als »Ackertrappen« verhöhnte, verbarg sich hinter der Maske stolzer Überheblichkeit nicht selten die blanke Angst vor Verlust von Ansehen und Adel. Der Standesdünkel stand vielleicht auch jenem Landadligen schlecht an, dem die »Chronik von Mattsee« das folgende Zitat in den Mund legt: »*Oh Herrgott, niemals werde ich wie du einen Esel besteigen, sondern einfach auf den Bauern reiten, wenn alle Pferde verreckt sind.*«[130] Denn es dürfte ihm schwergefallen sein, einen solchen Anspruch in die Tat umzusetzen. Ein Ritter ohne Pferd war binnen Kurzem kein Ritter mehr! Und die Finanzierung eines Reittiers musste Adel und Ministerialität zunehmend Schwierigkeiten bereiten, denn die Preise für die ritterliche Ausrüstung hatten seit dem Hochmittelalter stark angezogen: Kostete ein gutes Pferd im Bodenseeraum um 1150 noch etwa 5 Mark, so waren es 1290 bereits 20 Mark. Trotz edlen Geblüts und vornehmer Abstammung: Schneller als ihm lieb war, wurde auch der standesstolzeste Ritter als unberittene Ackertrappe verlacht. So betrachtet, befand sich Thomasin von Zerklaere († um 1238) kaum im Unrecht, wenn er reimte: »*Der Bauer wäre gerne Ritter / wo ihm sein Dasein wird zu bitter / Der Ritter wäre lieber Bauer / wenn ihm sein Leben schmeckt zu sauer.*«[131] Doch auch wenn er mit mahnender Stimme eine solche Standesvermischung als Unrecht tadelte: In mancher Bauernstube verhallte sein Rufen ungehört. »*Wer ein Knecht*

ist, will heute Ritter werden. (...) Wir haben das alte Recht verloren!«, so eine weit verbreitete Klage des 13. Jahrhunderts.

Mit dem Zerfall der Grundherrschaften und der Ausweitung städtischer Märkte war in vielen Dörfern eine wohlhabende Oberschicht hervorgetreten. Einige dieser Großbauern maßten sich zusehends adlige Ehrenvorrechte an. Bereits Mitte des 11. Jahrhunderts hören wir von den Meiern des Klosters St. Gallen, dass sie *»begannen, blanke Schilde und Waffen zu führen«* und *»lernten, Hörner mit anderem Klang als die übrigen Bauern zu blasen«*.[132] Nicht nur in der Bewaffnung, auch in Kleidung und Haartracht suchten sich die Emporkömmlinge den Standards ihrer ritterlichen Vorbilder anzugleichen. Die Kleidung der dörflichen Konkurrenz wurde in diesem Kontext zur bevorzugten Zielscheibe bitterster zeitgenössischer Satire. *»Habt ihr je einen Bauern so keck gesehen / wie er es ist? / Einen neuen Gurt, zwei Hände breit / hat sein Schwert. / Überaus vornehm / dünkt er sich wegen seines Wamses / das ist aus vierundzwanzig bunten Stücken zusammengesetzt. / Die Ärmel reichen bis auf die Hand. / Solch ein Gewand / findet man gewöhnlich an Tölpels Hals«*[133], spottete der Minnesänger Neidhart von Reuental im frühen 13. Jahrhundert. Insbesondere die reiche Lockenpracht mancher Dörfler erregte den Argwohn des Adels, galt doch das lange Haar als exklusives Kennzeichen höfischer Gesinnung. So wundert es wenig, wenn der 1244 kodifizierte Bayerische Landfrieden nicht nur ein Verbot von Waffen und Seidenkleidern aussprach, sondern überdies verfügte: *»Die Bauern wie ihre Söhne sollen das Haar bis zu den Ohren abschneiden.«*[134]

In eisernen Fußstapfen: Wege des Ritters

Gesetzesvorschriften wie diese aber vermochten die Hoffart aufstrebender Bauernsöhne ebenso wenig zu zügeln wie die Rügen der Geistlichkeit. Als bewährtes Einfallstor zum Ritterstand erwies sich die Einheirat in eine Herrenfamilie. »*Eines Bauern großes Gut stachelt ihn zum Übermut. Er setzt sich in den Kopf, eine Ritterstochter zu freien. Manch Ritter lebt mit großer Familie in bitterer Armut, der versagt jenem Bauern sein Kind nicht*«, so kommentiert Ende des 13. Jahrhunderts der Dichter Seifried Helbling. Die Ehe mit einer reichen Bauerntochter bot umgekehrt für viele verarmte Ritter einen willkommenen Ausweg aus der materiellen Not: »*Ich sage dir, ob du mir glaubst oder nicht, es gibt solch arme Ritter, dass er sich für materielle Besserstellung als Ehefrau eine Bäuerin nimmt*«[135], so kommentiert der Dichter an anderer Stelle. Das Produkt der ungleichen Verbindungen war ein schillernder Kreis von Personen, die zwischen Ritterleben und Bauerndasein changierten. Oft genug als »Halbritter« und »Adel vom Stadel« verlacht, erlangten sie nur selten die Akzeptanz ihrer hochgeborenen Zeitgenossen. So mancher Dorfbewohner wird daher sehnsüchtig zu den stolzen Burgen hinaufgeblickt haben, wohlwissend, dass diese Sphäre ritterlichen Lebens ihm verwehrt bleiben würde.

Die Mär vom Meier Helmbrecht

Die Gefahren, mit denen das Streben nach einem höheren Stand behaftet war, brachte ein süddeutscher Autor, er nannte sich Wernher der Gärtner, in der zweiten Hälfte des 13. Jahrhunderts in der Versnovelle vom »Meier Helmbrecht« mahnend zu Pergament. Der Bauernsohn Helmbrecht wird von seiner Mutter mit feinen Gewändern und einer überaus prachtvollen Haube ausgestattet. Tauben und Papageien seien von einer entlaufenen Nonne auf Helmbrechts Haube gestickt worden, ebenso die Geschichten von Aeneas, Roland und Dietrich von Bern sowie galante Szenen höfischen Tanzvergnügens – »*schlimm, dass überhaupt jemals ein Bauer/eine solche Kappe hat tragen können/von der es so viel zu berichten gibt*«.[136] Helmbrecht selbst scheint sich dieser Sichtweise anzuschließen, seine Schlussfolgerung daraus ist freilich eine recht eigenwillige. Die prachtvolle Haube entrückt ihn in den eigenen Augen gänzlich der Sphäre niederer bäuerlicher Existenz: »*Jeder, der die prächtige Kappe/auf meinem Kopf sieht/der würde tausend Eide schwören/dass ich niemals/die Ochsen angetrieben hätte*«[137], so verkün-

det er, ganz im Bann seiner prahlerischen Kopfbedeckung stehend. Vergeblich versucht ihm sein Vater die Vorzüge der großbäuerlichen Existenz vor Augen zu stellen. Helmbrecht aber schließt sich einer Bande von Raubsöldnern an, zieht mordend und plündernd durch die Lande. Die eigene Herkunft missachtet er, lebt vielmehr nach dem Motto: »*Los, jage Ritter, los, jage, jag! Stich zu, stich! Schlage drein, schlag zu!*«[138] Sein neues Leben beschreibt er mit den Worten: »*Die Bauern im ganzen Umkreis/erleben alles andere als Freude an mir./Ihre Kinder müssen sich mit Wasserbrei begnügen./Ja, ich tue ihnen noch Schlimmeres an:/Dem drücke ich ein Auge aus/diesen hänge ich in den Rauchfang/diesen werfe ich gefesselt in einen Ameisenhaufen/Jenem ziehe ich mit der Zange/die Haare einzeln aus dem Bart [...] /Der Bauern Gut wird alles mein!*«[139]

Ein solcher Ausbruch aus allen Standesgrenzen kann indes nicht lange gut gehen. In der Tat ist Helmbrechts Karriere als Raubgeselle und Soldritter nur von kurzer Dauer. Der Dichter lässt ihm ob seines Hochmuts und Ungehorsams ein schlimmes Schicksal zuteil werden. Vom Büttel gefasst und verstümmelt, vom Vater verstoßen und von den Nachbarn verlacht, endet sein Leben schließlich durch die Hände seiner eins-

tigen Opfer: »*Wie sie sich so mit Prügeln/kräftig an ihm rächten, schrien sie/›Hüte nun deine Haube, Helmbrecht!‹*«[140] Kein Fingerbreit sei von der Kappe unversehrt geblieben, zerstört wie das Leben ihres Trägers blieb sie am Wegesrand zurück.

Von der Fluchtburg zum Adelssitz

Über 20.000 Burgen sind allein im deutschen Sprachraum nachweisbar. Die Ungleichzeitigkeit in ihrer Entwicklung und in ihren Bauphasen, ihre unterschiedliche geographische und topographische Lage und die stark variierende soziale Stellung ihrer Besitzer machen eine flächendeckende Typologie und einen systematischen Zugriff unmöglich. Dennoch lassen sich auf der Ebene erhaltener Schriftzeugnisse unterschiedliche Konzepte der Burg nachweisen, die jeweils, wenn auch niemals trennscharf, mit bestimmten Tendenzen im archäologischen Grabungshorizont und im modernen Baubefund übereinstimmen. Dies lässt sich an einem Quellenbericht verdeutlichen, der besonders in der älteren Literatur häufig an den Beginn der deutschen Burgenentwicklung gestellt wurde: der »Burgenverordnung« König Heinrichs I.

Es handelt sich dabei nicht um ein königliches Mandat, sondern um einen Ereignisbericht des sächsischen Geschichtsschreibers Widukind von Corvey. Ausführlich schildert dieser um 970 die Maßnahmen des Herrschers gegen die Gefahr, die von den Einfällen des Reitervolks der Ungarn für die Märkte und Flecken seines Reichs ausging. Neben der Rekrutierung einer schlagkräftigen Reitertruppe soll Heinrich I. dabei um das Jahr 926 für die Verteidigung seiner Heimat im Innern Sorge getragen haben. Widukind erzählt: »*Zuerst wählte er unter den bäuerlichen Kriegern jeden neunten*

➤ Im 8. Jh. war sie eine Fluchtburg für die umliegende Bevölkerung. Heute sind von der einst weitläufigen Anlage der »Wittekindsburg« nur noch Reste erhalten.

Mann aus und ließ ihn in einer Burg Wohnsitz nehmen, damit er hier für seine acht Genossen Wohnungen errichte.«[141] Die übrigen acht sollten diesen Burgmann mitversorgen und einen Teil ihrer Ernte in der befestigten Anlage lagern. Auch Gerichtstage und Märkte sollte man von nun an in diesen Befestigungen abhalten.

Die Forschung hat sich – insbesondere in der ersten Hälfte des 20. Jahrhunderts – vergebens bemüht, einen archäologischen Nachweis dieser »Heinrichsburgen« zu erbringen. Von einem flächendeckenden Bauprogramm, ja einem regelrechten Grenzverteidigungssystem kann hier kaum die Rede sein. Dennoch enthüllt der Bericht einiges von den Vorstellungen, die unser Chronist sich in der zweiten Hälfte des 10. Jahrhunderts von der Funktion befestigter Burganlagen machte: Für Widukind bestand ihr Zweck in der Sicherung der gesamten Bevölkerung samt ihres Besitzes in Zeiten der Bedrohung. Er entwarf das Modell von genossenschaftlich betriebenen Fluchtburgen. Diese Vorstellung entsprang durchaus nicht der Phantasie des Chronisten. Einerseits wissen wir, dass sich die ländliche Bevölkerung beim raschen Herannahen der ungarischen Reitertruppen häufig in schwer zugängliche und provisorisch befestigte Waldverhaue zurückzog, also in kleinem Maßstab tatsächlich lokal organisierte Abwehrmaßnahmen ergriff. Andererseits lassen sich bereits aus dem Frühmittelalter nahezu im gesamten deutschen Sprachraum an zentralen Orten Befestigungsanlagen nachweisen, die zum Teil bis in die vorrömische Eisenzeit zurückreichen und auch in den Quellen der Karolingerzeit mitunter als militärische Stützpunkte und Versammlungsplätze aufscheinen. Ein Beispiel für eine solche Burganlage ist die sogenannte Wittekindsburg im Nettetal im heutigen Niedersachsen. Unser Chronist Widukind dürfte diese Anlage gekannt haben, auch wenn ihr Name sich erst in späterer Zeit in Erinnerung an den legendären Sachsenherzog Widukind herausgebildet hat. Sie liegt auf einem spornartigen Ausläufer des Wiehengebirges, der auf drei Seiten steil abfällt und nach Norden und Südwesten durch feuchte Bachniederungen natürliche Sicherheit bietet. Vermutlich in den turbulenten Jahren der Sachsenkriege am Ende des 8. Jahrhunderts errichtet, umschließt die Anlage ein Areal von etwa 16 Hektar. Nur spärliche Siedlungsspuren weisen darauf hin, dass das von Erdwällen und Gräben umgebene Gelände nur in Notzeiten bewohnt wurde. Allerdings hat man die großräumige Burg in der Zeit vom späten 8. bis zum ausgehenden 10. Jahrhundert mehrfach umgestaltet. Dabei entstand die heute noch gut sichtbare, mit rund einem Hektar Innenfläche deutlich kleinere Kernburg mit ihren steinernen Bauten. Die solide Mörtelmauer, ein tief in den Fels geschlagener Spitzgraben und nicht zuletzt die beiden massiv gemauerten Wehrtürme zeugen vom Aufwand eines planmäßig betriebenen Ausbaus.

Mit der Wittekindsburg lässt sich also zunächst der ältere Typus der *Flucht-* oder *Gauburg* fassen. Sie war offenbar nicht ständig bewohnt, jedoch groß genug, um im Kriegsfall der Bevölkerung mehrerer Siedlungen Schutz zu bieten. Mit dem Umbau scheint demgegenüber ein gewandeltes Konzept auf: Die einstige Fluchtburg war nun eine repräsentativer gestaltete und somit vermutlich eine als dauerhafter Herrschaftssitz genutzte Anlage. Derartige frühe Adelssitze werden in der Chronik Widukinds von Corvey denn auch wiederholt erwähnt. Sie spielten in den Kämpfen und Aufständen der ottonischen Zeit immer wieder eine Rolle als befestigte, schwer einzunehmende Stützpunkte. Die Zahl dieser gut ausgebauten Steinburgen des 10. Jahrhunderts war sicherlich begrenzt, und erst in jüngerer Zeit hat ihre Erforschung einen deutlichen Aufschwung erfahren. Befunde aus Sulzbach in der Oberpfalz, dem salischen Limburg oder Klingenburg in der Pfalz haben in den letzten Jahrzehnten ähnliche Ergebnisse zutage gebracht: Diese Anlagen ähneln in Größe und Ausstattung unverkennbar den gleichzeitigen königlichen Pfalzbauten. Diese Spur wird in absehbarer Zukunft seitens der Burgenforschung noch intensiver zu verfolgen sein und womöglich umstürzende Ergebnisse in der bisherigen Burgentypologie zur Folge haben.

Von der Motte zur Turmburg

Bereits wegen seiner großen Zahl und weiterer Verbreitung hat ein anderer seit dem 10. Jahrhundert entstehender Burgentyp größere Aufmerksamkeit auf sich gezogen. Es handelt sich um die *Motte*. Ihr moderner Forschungsname leitet sich von der bereits zeitgenössisch mittelalterlichen Bezeichnung *mota* her. Der deutsche Begriff des »Einmottens« beschreibt recht exakt den Entstehungsvorgang derartiger Anlagen: Zunächst wurde ein kleines Areal mit einem künstlich aufgeschütteten Erdhügel versehen. Auf diesen wurde schließlich ein einfacher, ebenfalls zumeist aus Holz und Fachwerk errichteter Turm mit einer weiteren Palisadenbefestigung gesetzt und bis zu einer bestimmten Höhe durch abermalige Erdaufschüttung »eingemottet«. Die eigentliche Verteidigungsanlage wurde dabei deutlich von den Wirtschafts- und Wohngebäuden abgesetzt und zugleich symbolisch über-

→ Vorsicht, entflammbar! Die Motte des 11. Jh. bestand in erster Linie aus Holz und Erde (Teppich von Bayeux, um 1080).

höht. Radikaler hätte man sich den Bruch mit der Tradition der älteren Fluchtburg kaum vorstellen können: Der neue Burgentypus war nicht mehr dazu konzipiert, größeren Bevölkerungsgruppen Zuflucht zu gewähren. Die Motte ist stattdessen ganz auf ihre Funktion als militärischer Stützpunkt, wenngleich nicht für eine größere Region, reduziert. Längeren Belagerungen und Angriffen vermochte sie kaum wirkungsvoll zu widerstehen. Ihre strategische Effizienz beruhte vielmehr auf der großen Zahl der vorhandenen Anlagen. Die Zahl der im 11. und 12. Jahrhundert in West- und Mitteleuropa errichteten Motten ist – hier spielt auch das beständige Anwachsen archäologischer Nachweise eine Rolle – kaum abzuschätzen. Wie Archäologen vermuten, errichteten etwa die normannischen Eroberer Englands in den zwanzig Jahren zwischen 1066 und 1086 auf der Insel etwa 500 Motten, also durchschnittlich alle zwei Wochen eine.

Die in der englischen Fachliteratur häufig zu findende Angabe, die Männer Wilhelms des Eroberers hätten gleich zu Beginn ihrer Invasion in Dover im Jahr 1066 innerhalb von acht Tagen eine

→ Die Burg Münzenberg in der Wetterau hat gleich zwei Bergfriede, hochaufragende Symbole adligen Selbstbewusstseins.

In eisernen Fußstapfen: Wege des Ritters

solche Burg aus dem Boden gestampft, erweist sich dabei allerdings als Lesefehler: Der Normannenherzog benötigte diese Zeit, um eine gerade eroberte Anlage neu zu befestigen. Allein der Aufwand, den es kostete, den durchschnittlich 50 Meter hohen Erdhügel aufzuschütten, darf nicht unterschätzt werden. Einer realistischen Berechnung zufolge benötigte ein 50 Mann starker Bautrupp hierfür etwa 100 Tage. Kostengünstiger als eine Steinaufmauerung aber war dies allemal, und so ist es erklärlich, dass auf deutschem Boden die Motte noch bis ins 14. Jahrhundert hinein ein beliebter Burgentypus blieb.

Das Aufkommen der Motte hängt direkt mit den sozialen Umwälzungen ihrer Entstehungsperiode zusammen. Für diese Kleinburgen war ein entsprechend großer, militärisch geschulter Personenkreis mit einer ausreichenden wirtschaftlichen Basis vonnöten. In der Tat tauchen im südlichen und westlichen Frankreich zahlreiche kleine Vasallen auf, die im 10. Jahrhundert allmählich den Titel *miles* zu tragen begannen. Im deutschen Raum nahm die eigentliche Konjunktur des Mottenbaus erst im Verlauf des 11. und 12. Jahrhunderts ihren Anfang. Es ist dies genau jener historische Moment, in der sich unterhalb des Adels die große Gruppe der unfreien Ministerialen zu formieren begann: Sie sind es, mit denen die Motten besetzt wurden und mit deren Hilfe die großen Fürsten begannen, die Herrschaft über ihre Territorien flächendeckend zu organisieren.

Indes verspürten auch Ministerialen und Edelfreie mit nur lokal beschränkter Machtausübung zweifelsohne das Bedürfnis nach angemessener Repräsentation. So blieb es nicht bei den einfachen Holzkonstruktionen der Motte. Wer es sich leisten konnte, errichtete einen steinernen Turm und ersetzte die Palisaden durch eine Ringmauer aus Steinquadern. Ein gutes Beispiel dafür ist die Burg Dreieichenhein in der Wetterau. Sie wurde um 1080 von Eberhard von Hagen, einem Ministerialen König Heinrichs IV., errichtet. In der Rekonstruktion der Anlage ist der Typus der Motte, der durch die wesentlich kostspieligere, aber auch repräsentativ höherwertige Steinausführung ersetzt wurde, noch klar erkennbar. Insbesondere in England und Frankreich wurden in diesem Steinbau zahlreiche Wohn- und Wirtschaftsräume zusammengeführt. Daraus entstand ein monumentaler rechteckiger Steinturm, im Fachausdruck *Donjon*. Vergleichbare, meist jedoch kleinere Anlagen lassen sich vor allem in Süddeutschland nachweisen. Wie im Fall der Burg Dreieichenhein bevorzugte man im römisch-deutschen Reich jedoch eine klare funktionale Trennung zwischen Kernburg und Wirtschaftsbereich.

Der Besitzer Dreieichenheins, der unfreie Ministeriale Eberhard, konnte sich den teuren Ausbau seiner Burg wohl leisten, genoss er doch Gunst und Vertrauen seines Königs. Drei Generationen später errichtete seine Familie eine noch weitaus ansehnlichere Wohnstatt. Zu diesem Zweck hatte Eberhards Enkel Konrad im Tausch mit dem Kloster Fulda einen von Wildnis überwucherten und bislang unbesiedelten Berg in der Wetterau nördlich von Frankfurt erworben. Dieser hoch aufragende Basaltkegel war wirtschaftlich kaum nutzbar und lag abseits größerer Siedlungen. Doch war seine damals preiswerte Erwerbung zweifellos zukunftsweisend. Um die Mitte des 12. Jahrhunderts begann Konrads Sohn Kuno dort nämlich mit dem Bau der Burg Münzenberg. Mit der zinnengekrönten und mit Buckelquadern verblendeten Ringmauer, dem weithin sichtbaren Bergfried und der reich gegliederten Außenfassade des Wohnbaus handelt es sich hier um ein typisches Beispiel der adligen Höhenburg des hohen Mittelalters.

Auf der Höhe der Zeit: die Adelsburg des Hochmittelalters

Die Praxis, Burgen auf Berggipfeln und Bergsporen zu errichten, war anfangs freilich noch mit Misstrauen beäugt worden. Voll Abscheu berichtet zum Jahr 1069 auch der sächsische Chronist Bruno, wie König Heinrich IV. begann, »*wüste und von Natur befestigte Berge in einsamen Gegenden zu suchen und Burgen auf ihnen zu bauen*«.[142] Tagelang habe der Herrscher die Wildnis nach geeigneten Plätzen durchstreift. Den Sachsen sei es zunächst als kindisches Spiel erschienen, dass der König so weit abseits der Flüsse und Orte als Bauherr tätig werde. Was sollten an solchen Orten die Burgen zur Verteidigung gegen die Heiden nutzen? Erst als königliche Besatzungen in die Befestigungen einzogen, erkannten die Sachsen ihren wahren Zweck: Sie waren Instrumente zur Durchsetzung der königlichen Herrschaft, schier uneinnehmbar und zur Kontrolle weiterer Gebiete an erhöhten Orten positioniert. Ihre exponierte Lage vermittelte Bewohnern und Betrachtern gleichermaßen das Gefühl der Überlegenheit und des herrschaftlichen Selbstbewusstseins ihrer Besitzer.

Heinrichs IV. Burgen – sie sind im Gegensatz zu den Bauten seines königlichen Namensvetters aus dem 10. Jahrhundert archäologisch gut nachweisbar – übertrafen die Motten und Wohntürme wehrtechnisch bei Weitem. Neben einer geschickten Ausnutzung der natürlichen Lage besaßen sie Bollwerke aus mächtigen Steinquadern. Beibehalten wurde im Wesentlichen die Kombination aus massivem Hauptturm und Ringmauer, die eine effektive Verteidigung zuließ. »*Eine Burg nennt man es, wenn ein Turm mit einer Mauer umgeben ist, sodass sich beide gegenseitig beschirmen*«[143] – so lautet noch im 12. Jahrhundert die Definition der typischen Adelsburg. Anders als bei den engen Motten aber konnte der Mauerring auf den natürlich befestigten Höhenlagen meist weiter gezogen werden und zahlreiche Zweck- und Repräsentationsbauten in sich aufnehmen. So beherbergte die Harzburg Heinrichs IV. nach den Angaben unseres Chronisten Bruno nicht nur »*im Innern königliche Gebäude*«, sondern auch eine solch stattliche Burgkirche, »*dass mancher Bischofssitz mit seiner ganzen Einrichtung kaum dagegen aufkam*«.[144] Die Ausgrabungen auf dieser Anlage haben Bauformen von erstaunlicher Komplexität hervorgebracht, die sich bis ins Spätmittelalter als wegweisend für die Adelsburg in Deutschland erweisen sollten.

Angesichts der Vielzahl unterschiedlicher Gestaltungsformen lässt sich nicht exakt definieren, wie *die* Adelsburg des Hochmittelalters beschaffen war. Ein Blick auf die stets wiederkehrenden Bauelemente lohnt dennoch:

Der schlanke Turm erfüllte vornehmlich militärische Schutzfunktionen. In Abgrenzung vom bewohnbaren Multifunktionsbau des Wohnturmes (Donjon) wird er gemeinhin als *Bergfried* bezeichnet. Oft ist er an die am schwächsten befestigte Seite der Burg gerückt und wird, wie am Beispiel der Ortenburg im Elsass zu sehen, von einer hohen Schildmauer zusätzlich gedeckt, während die Kernburg auf den dahinterliegenden Bergsporn konzentriert ist. Die meisten Bergfriede besitzen in den unteren Geschossen einen meterdicken Mauernmantel und einen deutlich über Bodenniveau gelegenen Eingang. Mit dem Belagerungsgerät hochmittelalterlicher Heere war solch einer wuchtigen

Konstruktion kaum beizukommen. Im Angriffsfall bildete der Bergfried – modern gesprochen – den uneinnehmbaren »panic room« der Burgbewohner. Zwar gab es aus diesem letzten Rückzugsort kein Entkommen mehr, doch ließ sich in den sicheren Mauern des Turms wertvolle Zeit für Verhandlungen oder einen Entsatz der Eingeschlossenen von außen gewinnen. Der Bergfried diente aber noch zu weit mehr als zu Befestigung und Verteidigung. Er war das weithin sichtbare Sinnbild ritterlicher Wehrhaftigkeit und wurde damit zum Symbol adliger Herrschaft schlechthin. Bergfriede wurden daher selbst dort errichtet, wo sie aus wehrtechnischen Gründen wenig Sinn ergaben. Die bereits genannte Burg Münzenberg wartet gar mit gleich zwei hoch aufragenden Türmen auf, die im Abstand von etwa hundert Jahren entstanden. Ein Erbfall war der Auslöser, gut sichtbar neue

→ Aus mehreren Elementen zusammengesetzter Multifunktionsbau. Die Marksburg oberhalb Braubach am Rhein ist heute Sitz der deutschen Burgenvereinigung.

Machtansprüche zu demonstrieren. Selbst Festungsanlagen im anbrechenden Zeitalter der Pulvergeschütze blieben aus ähnlichen Gründen dem Bergfried treu.

Auch die *Ringmauer* erfüllte diese Doppelfunktion aus Wehrhaftigkeit und Statusrepräsentation. Sie formt fast überall ein Polygon mit möglichst wenig Ecken und unter Verzicht auf zurückspringende Winkel. Höhe und Qualität des Mauerwerks sind dabei – anders als beim Trockenmauerwerk des Frühmittelalters oder den Backsteinburgen des Spätmittelalters – bewusst so monumental wie möglich ausgeführt. Nicht selten sind die mächtigen, mit Mörtel verbundenen Steinblöcke wie bereits beim Bergfried als sogenannte Buckelquader ausgearbeitet. Die Mauern mit den nach außen gewölbten Steinblöcken vermittelten dem Betrachter Regelmäßigkeit und Festigkeit zugleich. Auf Basis verbesserter Steinmetz- und Hebetechnologie ließ sich somit eine bereits von Weitem repräsentative Fassade herstellen.

Auf der Suche nach qualitativ differenzierten Bauformen mit erkennbaren politischen Bezügen wird man sicherlich beim Blick auf den *Palas* rascher und in überzeugenderer Weise fündig. Als Beispiel mag erneut die Burganlage Münzenberg dienen, wo der Ministeriale Kuno in den 1160er-Jahren einen dreigeschossigen romanischen Saalbau errichten ließ. Über einem ebenerdigen Wirtschaftstrakt befinden sich im ersten und zweiten Obergeschoss repräsentative Räumlichkeiten. Während das untere Stockwerk nur drei relativ kleine Doppelarkadenfenster zur Hofseite hin aufweist und durch einen Kamin beheizbar war, war das zweite Obergeschoss ein reiner Sommer-Festsaal. Die beiden hier untergebrachten Säle besitzen zur Außenfront hin eine Arkaden-Fensterreihe, die dem Besucher zweifellos eine spektakuläre Fernsicht bot. Doch konnten die Fenster nicht geschlossen werden. Festlichen Komfort boten diese Räume also offenbar nur in den wärmeren Jahreszeiten.

Der Münzenberger Palas orientierte sich unverkennbar an den Bauten aus dem Umfeld des staufischen Königshofs sowie der Reichsfürsten, wie wir sie etwa von der Burg Dankwarderode Herzog Heinrichs des Löwen oder der Wartburg der Landgrafen von Thüringen kennen. Diese Räumlichkeiten konnten reich mit Wandschmuck aus Teppichen oder bunt gemalten Fresken geschmückt sein, wie es am Beispiel der Burg Runkelstein bei Bozen zu sehen ist. Allerdings darf nicht der Eindruck entstehen, derartige Festsäle seien typische Bestandteile der mittelalterlichen Burg. Die meisten Anlagen waren so beengt, dass sie kaum Raum für Flächen boten, die nur zu bestimmten Zeiten genutzt wurden. Vielmehr

➡ Turm und Mauer beschirmen sich gegenseitig. Vollendet umgesetzt findet sich dieses Konzept bei der Ortenburg im Elsass.

muss man von einem mehrgliedrigen Palasbau ausgehen, der über einem Untergeschoss mehrere Wohnräume unterschiedlicher Qualität und Ausführung beherbergte. Neben einem größeren, wohl repräsentativ nutzbaren Zimmer – selten als Rittersaal, zumeist treffender als *herren stube* bezeichnet – befanden sich hier Wohnquartiere verschiedener Größe. Zumeist gab es in diesem Geschoss auch eines oder mehrere beheizbare Gemächer, die nach dem Vorhandensein eines Kamins *Kemenaten* (lat.: *caminata*) genannt wurden. Durch Holzvertäfelungen zusätzlich isoliert, dienten sie nicht nur, wie landläufig angenommen, als Aufenthaltsorte der »Burgfräulein und Ritterdamen«. Unter Kemenate versteht man zumeist generell den Wohnbereich des Palas.

Als letztes Kernelement der hochmittelalterlichen Adelsburg gilt es, die *Kapelle* zu erwähnen, die in sehr unterschiedlichen Ausführungen in das Bauprogramm größerer Anlagen einbezogen ist. Das Spektrum reicht dabei von der einfachen Gebetsnische bis zu mehrschiffigen Kirchenbauten, in denen mehrere Kapläne ihren Dienst versahen. Mit den Geistlichen hatte man nicht nur Seelsorger, sondern schreib- und lesekundige Personen zur ständigen Verfügbarkeit vor Ort.

In eisernen Fußstapfen: Wege des Ritters

Die Adelsburg am Beispiel: das Schlössel bei Klingenmünster

Das »Schlössel« bei Klingenmünster war keine politisch bedeutsame Anlage, ja wir kennen nicht einmal ihren Namen, denn ihre Nutzungsperiode endet bereits im 12. Jahrhundert. Der Burgstall, so der landläufige Name für eine abgegangene Befestigung, liegt am Rande des Pfälzer Waldes oberhalb der Pfalzklinik bei Klingenmünster in Rheinland-Pfalz. Trotz seiner fehlenden historisch-ereignisgeschichtlichen Bedeutung stellt das »Schlössel« eine der am besten erforschten Anlagen Deutschlands dar. Bisher konnten mehrere hunderttausend Knochen, über 58.000 Keramikscherben, über 3300 Eisen- und Buntmetallteile sowie Glas, Bein und andere Materialien geborgen werden.[145] Auch das »Schlössel« geht auf eine weitläufige Wallanlage aus spätkarolingischer Zeit zurück. Im Osten dieser später weiter als Vorburg genutzten Befestigung wurde um 1030 ein einfacher steinerner Turm mit einer zunächst eng anliegenden Ringmauer errichtet. Diese Turmhügelburg schließlich wurde in einer weiteren Bauperiode im zweiten Drittel des 11. Jahrhunderts mit einem weiter gefassten Mauerring

versehen, der nun zahlreiche weitere Gebäude in sich aufnahm: Wir haben es nun mit dem frühen Typus einer Adelsburg zu tun. Ihre weitere Entwicklung verlief nicht ungestört, mehrfach sind Spuren von Brand und Zerstörung zu erkennen – ob durch Unfall oder Fremdeinwirken lässt sich nicht mehr entscheiden. Einem mehrfach veränderten Wiederaufbau folgten bis spätestens zur Mitte des 12. Jahrhunderts die endgültige Zerstörung und Aufgabe des Platzes.

Der alles beherrschende Turm präsentiert sich noch nicht als schlanker Bergfried, sondern als multifunktional nutzbarer Wohnturm. Er bildet ein Viereck von etwa 13 mal 13 Metern bei einer Mauerstärke von etwa 2,5 Metern und dürfte mit vier bis fünf Geschossebenen etwa 20 Meter hoch gewesen sein. Entsprechend betrug seine ungefähre Wohnfläche rund 300 m². Damit ging es nicht allzu beengt auf der Burg zu. Im Keller des Turms lassen sich Vorratsräume und ein Wasserspeicher nachweisen. Auf den oberen Ebenen war es durchaus behaglich: Eines der Geschosse scheint einen repräsentativen und beheizbaren Saal beherbergt zu haben. Ein Mühlespielplan auf einer Fensterbank, Würfel, Fragmente von Trictracspielen und ein »Depot« von abgenutzten Spielsteinresten zeigen, dass innerhalb der Mauern durchaus Raum für Spiel und Freizeit bestand. Auch sonst darf man sich Komfort und Kulturniveau auf dem »Schlössel« nicht allzu spartanisch vorstellen. Tintenhorn und Schreibgriffel zeugen von literater Bildung, eine Pilgermuschel von Fernreisen nach Santiago de Compostela, eine Falkenpfeife von höfischem Jagdvergnügen, kleine Schlüssel von einem gewissen Maß an Privatsphäre. Putzreste mit grünen, violetten oder roten Pigmentspuren deuten darauf hin, dass einige Räume farbig ausgemalt waren. Bemerkenswert ist der Fund von Fragmenten von Fensterglas, das offenbar in einer Werkstätte im Burghof produziert und über die Region hinaus vertrieben wurde. Andernorts behalf man sich zur

Abdichtung der Fenster noch bis ins Spätmittelalter hinein mit auf Rahmen gespannten, teilweise lichtdurchlässigen Pergamentblättern. Geradezu fortschrittlich war auch ein an der Nordseite des Wohnturms hochgezogener Abortschacht, der als Müllschlucker und Toilettenanlage zugleich diente.

Im Wirtschaftshof fanden sich neben dem Ofen der Glaswerkstatt zahlreiche weitere Feuerstellen und Werkstoffreste aus Knochen, Elfenbein und Metall. Daneben befanden sich Stallungen, ein Küchengebäude sowie, und dies ist eine besondere Überraschung, ein gut ausgebautes Badehaus. Es lässt sich als Ständerbau in Fachwerkbauweise rekonstruieren, das über einen kleinen Kamin im Erdgeschoss und eine aufwändigere unterirdische Ofenanlage verfügte. Das Entfernen eines Steinstopfens im Boden ließ heiße Luft nach oben strömen, die durch einen Aufguss auf die Steinplatten des Kanals mit Wasserdampf durchsetzt werden konnte. Es lebte sich offenbar angenehm im »Schlössel«.

Die Spätphase des deutschen Burgenbaus

Nach dem Ende der klassischen Zeit des Burgenbaus im Hochmittelalter lassen sich für die weitere Entwicklung im Wesentlichen zwei Tendenzen ausmachen: Zum einen splitteten sich wehrtechnische Elemente – Bergfried, Ringmauer – und repräsentative Wohn- und Saalbauten weiter auf. Die Trennung in Schloss und Festung, wie sie im 16. Jahrhundert Realität wird, zeichnete sich bereits im 13. Jahrhundert ab. In militärischer Hinsicht lassen sich Einflüsse erkennen, die aus Westeuropa und nicht zuletzt aus dem Bereich der Kreuzfahrerstaaten auch nach Zentraleuropa ausstrahlten. In Palästina galt es, Anlagen zu schaffen, die größere Garnisonen über längere Zeiten aufnehmen und versorgen konnten und in der Lage waren, mit Pionieren und Wurfmaschinen ausgerüsteten Streitmächten zu widerstehen. Von der kleinräumigen Adelsburg des Abendlandes, die vor allem Schutz und Unterbringung einer einzigen Familie sicherzustellen hatte, unterschieden sich diese Großfestungen erheblich. Diese besaßen in einem anspruchsvollen architektonischen Konzept oft mehrere hintereinander gestaffelte, durch regelmäßige Mauertürme gesicherte Verteidigungsringe. Diese Wehrtürme boten mit breiten Plattformen eine Basis zur Aufstellung von Wurfmaschinen, die der

→ Unter mächtiger Balkendecke bietet der Rittersaal der Burg Eltz einen gut beheizbaren Ort zum Verweilen.

Bedrohung durch schweres Belagerungsgerät wirkungsvoll zu begegnen vermochten. Aufgenommen wurden die im Heiligen Land entwickelten Impulse vor allem in Westeuropa, wo in den Großkonflikten zwischen englischer und französischer Krone, aber auch in den Expansionszonen wie Irland und Wales stark garnisionierte Verteidigungsbollwerke zum Einsatz kamen. Im territorial wesentlich kleinteiligeren Reichsgebiet fehlte zumeist eine vergleichbare finanziell und militärisch wirkmächtige Zentralgewalt. Zur Sicherung überschaubarer Herrschaftsbezirke erwies sich die Kleinform der Adelsburg als weitaus tauglicher. Wo dies topographisch möglich und herrschaftlich relevant erschien, konnte sie im Bedarfsfall um mehrere Vorburgen und Funktionstrakte ergänzt und um einen Zwinger oder Außenbollwerke verstärkt werden. Auf diese Weise entstand auf einem Bergrücken oberhalb der Salzach mit der Anlage Burghausen vom 12. bis zum 15. Jahrhundert die mit 1043 Metern längste Burganlage Europas mit ihren sechs aufeinanderfolgenden Innenhöfen.

Der Ausklang: Weg in die Städte

Die archäologischen Befunde der Burggrabung erschüttern das populäre Bild von der kalten und unwirtlichen Ritterburg. Bereits in der Zeit vor 1200 herrschte hier oft ein erstaunlicher Wohnkomfort. Dennoch traten die Schattenseiten des Burgenlebens gerade zum Ausklang des Spätmittelalters immer deutlicher hervor. Unterhalt und Pflege der einst mit großem Aufwand errichteten Gemäuer stellten erhebliche finanzielle Belastungen für den ohnehin meist schuldengeplagten Adel dar. Bereits mit der Erfindung mächtiger Wurfmaschinen wie des 1212 als »Teufelswerk« erwähnten *Tribock*, letztlich aber vor allem durch den Einsatz von Pulvergeschützen seit dem 14. Jahrhundert war der militärische Wert der Anlagen gesunken, die zudem leicht gegen Einzelvorstöße, kaum aber gegen massenhaft anstürmende Landsknechtsverbände zu schützen waren. Noch schwerer wog jetzt aber die räumliche Isolierung der Burgbewohner. Je weniger der magere Ertrag der heimischen Landwirtschaft mit den Gewinnen des florierenden Handels- und Finanzwesens konkurrieren konnte, desto unhaltbarer wurde die Lage auf einsamen Höhenzügen und Bergsporen. In einem Brief des Reichsritters Ulrich von Hutten an den Nürnberger Patrizier Willibald Pirckheimer aus dem Jahr 1518 erfahren wir von einer konkreten Umzugsempfehlung: »*In den Städten könnt ihr nicht nur friedlich, sondern auch bequem leben, wenn ihr es euch vornehmt. Aber glaubst du, dass ich unter meinen Rittern jemals Ruhe finden werde? Und hast du vergessen, welchen Störungen und Aufregungen die Menschen in unserem Stand ausgesetzt sind?*«[146] Seine Burg gewähre ihm zwar Sicherheit, außerhalb des engen Mauerrings sei er jedoch sofort mit Anfeindungen und Fehden konfrontiert. Neben dieser räumlichen Einengung beklagt er die Mühen der Güterverwaltung und resümiert: »*Der einkommende Ertrag ist, gemessen an der aufgewandten Mühe, geringfügig, und man sorgt und plagt sich sehr, dass er zum Leben ausreicht.*«[147] Er habe genug vom Ritterleben auf einsamer Höhe, so schimpft Ulrich von Hutten.

Zwischen Macht und Pracht: Alltag, Fest und Zeitvertreib

Gewiss waren die Burgen des Mittelalters keine rosafarbenen Prinzessinnenschlösser, waren sie doch weniger Luxusdomizile als ausgesprochene Multifunktionsbauten, die auf möglichst kleiner Fläche Verteidigungselemente, Wohnquartiere und Wirtschaftsbauten kombinierten. Doch bedarf das populäre Bild vom Leben in klammem, finsterem Gemäuer gerade für das Hochmittelalter einer Revision. Beheizbare Räume, Spiele und Badestuben selbst auf einer kleinen, unbedeutenden Burg wie Klingenmünster zwingen zu einem differenzierteren Blick auf das Leben der Burgbewohner.

Burg Weißensee: Bühne für Fest und Alltag

Der Mensch des Hoch- und Spätmittelalters kannte im Jahr etwa 100 arbeitsfreie (Feier-)Tage. Neben den 52 Sonntagen gab es etwa ebenso viele kirchliche Festtage, deren genaue Anzahl regional schwankte. Zwar wurden diese Termine, die neben den bedeutenden Hochfesten wie Weihnachten, Ostern oder Pfingsten auch weniger relevante Heiligenfeste umfassten, in sehr unterschiedlicher Weise gelebt und ausgestaltet. Grund zum Feiern boten sie aber allemal, und dies galt ebenso für die zahlreichen weltlichen Feieranlässe, seien es Taufen, Hochzeiten oder Schwertleiten. Das Fest gehörte damit zum regelmäßig wiederkehrenden Lebensrhythmus mittelalterlicher Menschen. Dies galt umso mehr für die Sphäre des Höfischen. Die Grenzen zwischen Fest und Alltag verblassen gerade im Licht poetischer Stilisierung nahezu vollkommen. Das Dasein der höfischen Helden, etwa der Ritter der Tafelrunde des Königs Artus, wird in den Dichtungen der Epoche als immerwährende *hochgezite* geschildert. »*Thüringens Blume, Sommer wie Winter blühet ihr Lob*«, dichtet Walther von der Vogelweide und meint damit seinen Dienstherrn, Landgraf Hermann I. von Thüringen. Das sieht der Dichter durchaus auch kritisch und bezichtigt den Hofherrn indirekt der Verschwendung: »*Der Landgraf ist so gesinnt, daß er mit stolzen Recken seinen Besitz verpraßt / von denen jeder zweifellos ein Berufsfechter sein könnte. / Mir ist seine hohe Lebensart bekannt: / Und kostete eine Ladung guten Weines tausend Pfund / stünde trotzdem keines Ritters Becher leer.*«[148]

Eine exakte Grenze zwischen Fest und Alltag zu ziehen, wäre vor dem Hintergrund einer solch lärmenden Dauergeselligkeit zweifellos verfehlt. Gerade das Beispiel des Hofes des Landgrafen von Thüringen soll einen Bezugspunkt bieten, Fest- und Alltagsgeschehen des mittelalterlichen Rittertums als zwei Seiten der gleichen Medaille zu betrachten. Dazu blicken wir auf der thüringischen Burg Weißensee (Runneburg), einer der mächtigsten Befestigungsanlagen des Landgrafen, etwa 27 Meter tief in einen Brunnen. Genauer gesagt auf das Fundgut, das sich dort in den Sedimentschichten erhalten hat.

Erbaut wurde Weißensee, das dem Typus der hochmittelalterlichen Adelsburg entspricht, in der Mitte des 12. Jahrhunderts. Die Burg war ein ausgeklügelter Wehrbau, auf einem erhöhten Plateau gelegen, von einem bis zu vier Meter tiefen Graben und einer mächtigen Ringmauer umgeben und durch zwei monumentale

➤ Weißensee im Besitz des Landgrafen von Thüringen ist eine repräsentative Burganlage.

Bergfriede gesichert. Mehrmals trotzte die Anlage Belagerungen und hielt selbst Angriffen durch die *Tribock* genannte Wurfmaschine stand, die hier 1212 erstmals eingesetzt wurde. Dennoch war die Burg von Anfang an nicht nur als Schauplatz kriegerischer Ereignisse konzipiert. Von ihrer Bedeutung in Friedenszeiten zeugt der monumentale Saalbau des Palas, der mit seiner aufwändigen Fassaden-gestaltung den Repräsentationsansprüchen der höchsten Reichsfürsten genügte. In vielem gleicht er dem Münzenberger Palas. Auch in Weißensee beherbergte das zweite Obergeschoss einen großen Sommerfestsaal mit einer zur Landseite hin sich öffnenden mehrbogigen Reihe von Arkadenfenstern. Der ursprüngliche Raumeindruck des lichtdurchfluteten, sich nach Süden zur Landschaft hin öff-nenden Raumes muss beeindruckend gewesen sein. Diesem Palas wurde um 1200 ein großzügig angelegter Wohnbau angeschlossen, der vom Keller aus durch eine Steinofen-Luftheizung erwärmt werden konnte. Neben diesem Beleg für gehobene ritterliche Wohnkultur fanden sich weitere Indi-zien höfischer Lebenswelt in der Verfüllung des wenige Meter östlich gelegenen romanischen Brun-nenschachts. Wohl in den 1230er-Jahren war dieser als Wasserreservoir aufgegeben und in der Fol-gezeit als Abortschacht genutzt worden. Archäologische Ausgrabungen förderten darin ein einzigartiges Ensemble qualitätvoller Artefakte aus der Zeit um 1235 zutage. Wegen der speziellen konservatorischen Bedingungen dieses Tiefendepots entpuppte sich der Schacht als Schatzgrube für den modernen Mittelalterforscher.

Alles im Eimer: Wasser und Hygiene

Unter den Fundstücken befinden sich zunächst Objekte aus dem unmittelbaren Zusammenhang der Brunnennutzung. Dazu gehört beispielsweise ein Bottich vom Grund des Brunnens, der ein typisches Schöpfgefäß seiner Zeit darstellt. Seine markant verengte Mündung verhinderte ein allzu starkes Überschwappen des Wassers, wenn er am Seil zu pendeln oder schwanken begann. Ein schwerer Senkstein, der unterhalb des Gefäß-bodens angebracht war, vereinfachte das Eintauchen des sperrigen Bottichs in den mehr als 25 Meter tiefer liegenden Grundwasser-spiegel. Der Verlust eines solchen Eimers scheint freilich keine Seltenheit gewesen zu sein. Im Brunnenschacht fanden sich zahl-reiche Seilreste sowie Spuren etlicher eisenbeschlagener Schöpf-eimer. Wir können förmlich noch die Flüche der Benutzer des Ziehbrunnens über den einstigen Burghof schallen hören.

Die Frage drängt sich auf, wie hoch der Wasserverbrauch auf der Burg überhaupt war. Eine eigene Wasserversorgung war für die Burgbewohner – insbesondere im Belagerungsfall – natürlich überlebensnotwendig. Doch das kühle Nass diente nicht nur als Getränk und gegebenenfalls zur Feuerbekämpfung. Es fand Ein-satz auch bei der Zubereitung von Speisen in der Burgküche und

→ Mit hölzernen Eimern schöpfte man auf der Burg Wasser aus dem Brunnen (Fundstück aus Weißensee, um 1235).

nicht zuletzt im Bereich der Körperhygiene. Auf dem »Schlössel« in Klingenmünster ist nicht nur ein benutzerfreundlicher und geruchsarmer Schachtabort, sondern auch ein Dampfbad belegt. Eine vergleichbare Saunaeinrichtung konnte in Weißensee bislang noch nicht nachgewiesen werden, doch ist auch hier mit einer gehobenen Badekultur der Burgbewohner zu rechnen. Nicht nur die höfische Literatur berichtet von der Notwendigkeit des regelmäßigen Waschens. Mehrfach wurde dem Helden Parzival bei der Ankunft auf einer fremden Burg ein Bad bereitet. Auch die ritterlichen Damen pflegten bisweilen wöchentlich zu baden, und damit weit öfter, als dies aufgrund der körperfeindlichen Ethik seit der Reformationszeit üblich war.

Während man das Dampfbad wie heute auch nackt betrat, bedienten sich die Damen im hölzernen Zuber – man verweilte dort durchwegs alleine – gewöhnlich eines Badehemdes. Das Wasser wurde offenbar häufig mit Blüten bestreut und damit undurchsichtig gemacht. Immer wieder äußern die Helden der Dichtung massives Schamempfinden, wenn Frauen oder Mägde ihnen beim Ankleiden behilflich sein wollten. Parzival etwa schickt die beiden jungen Damen fort, er wollte nicht in ihrer Gegenwart aus dem schützenden Wasser aufsteigen. »*Ich denke mir aber*«, so fügt der Dichter Wolfram an dieser Stelle hinzu, »*sie hätten wohl gerne gesehen, ob bei ihm weiter unten etwas passiert wäre*«.[149]

Das Bad reizte offenbar durchaus die erotische Phantasie, und es gab ganz zweifellos auch schon im Mittelalter Etablissements, die versprachen, derartige Sehnsüchte zu stillen. Die in der populären Literatur und selbst in seriösen Schulbüchern immer wieder abgebildeten Szenarien aus mittelalterlichen Badehäusern aber sind mit Vorsicht zu betrachten, denn die bekannten Darstellungen bezogen sich häufig nicht auf aktuelle Zustände oder dienten der moralischen Kritik an vermeintlichen Zuständen. In ihrem Realitätsbezug für das Mittelalter sind sie daher zu Recht anzuzweifeln.

➤ Im Badehemd trägt eine Magd das Wasser in das Bad, in dem man gewöhnlich bei strikter Trennung der Geschlechter verweilte (Wenzelsbibel, Ende 14. Jh.).

Volle Kanne: Essen und Trinken auf der Burg

Unter den Holzgefäßen, die aus dem Weißenseer Brunnen geborgen wurden, befinden sich aber nicht nur Schöpfeimer, sondern auch eine Daubenkanne, ein aus Tannenholz gefertigtes und mit Weidenruten umschlossenes Gefäß in relativ einfacher Ausführung. Sie gehörte zweifellos zum vielfältig nutzbaren Gebrauchsgut auf der Burg, zumal ähnliche Modelle im bäuerlichen Milieu noch bis in das 20. Jahrhundert hinein Verwendung fanden. Vergleichbare Kannen sind mehrfach in Handschriftenminiaturen des 13. Jahrhunderts als Bestandteil höfischer Bankettszenen abgebildet. Zeugnis von Speis und Trank legen auch zahlreiche andere Funde aus dem Brunnenschacht ab: neben großen Mengen an Tierknochen und Scherben ein stilvoll gedrechselter Kerzenständer sowie etwa 130 verzierte Schalen und Teller aus Holz. Sie heben sich kaum von vergleichbaren Fundstücken aus dem städtischen Umfeld ab, lassen sich jedoch deutlich von den schriftlich bezeugten Servicen aus Edelmetallen unterscheiden. Es handelt sich um das einfache Tafelgeschirr der Burgbewohner, das die häufig geäußerte These widerlegt, das Mittelalter hätte sich statt des Tellers großer Scheiben altbackenen Fladenbrotes bedient. Neben diesem Alltagsgeschirr gibt es im Fundkomplex einige Objekte, die unmittelbar auf den Reichtum und erlesenen Geschmack ihrer einstigen Besitzer verweisen. Dazu gehört ein Kannengefäß, das auf höchstem handwerklichen Niveau mit nur 4 Millimetern Wandstärke aus einem Stück gedrechselt wurde. Der durch eine Vierteldrehung fixierbare Deckel ist mit einem Ringgriff versehen.

In eisernen Fußstapfen: Wege des Ritters

Das relativ schlichte Ensemble von Gebrauchsgut entsprach der Zusammensetzung und dem sozialen Niveau der meisten Burgbewohner. In ruhigen Zeiten beherbergten die Mauern Weißensees eine kleine Besatzung aus ritterlichen Ministerialen mit ihren Familien und zahlreichem Gesinde. Für das Jahr 1242 etwa sind acht dieser landgräflichen Dienstleute urkundlich erwähnt. Gedrechselte Holzteller und Daubenkannen mochten dieser Gruppe zweifellos genügen. Doch zeigen die Miniaturen der gefundenen Gebrauchsgegenstände, dass diese durchaus auch dem Anspruch hochrangiger Tafelgäste entsprachen. Dies mochte selbst dann zutreffen, wenn in unregelmäßigen Abständen der Landgraf persönlich nach Weißensee geritten kam. Zu diesen besonderen Gelegenheiten erfuhr der engere Kreis der Burgbewohner eine beträchtliche Erweiterung. Der Landesherr reiste gewöhnlich mit einem vielhundertköpfigen Gefolge an. Für einen Aufenthalt des Jahres 1225 sind allein sieben Grafen an der Seite des Landgrafen Ludwig IV. und seiner Brüder belegt. An solch einem Tag wurde die Burg schlagartig zu einem höchst vornehmen Ort höfischer Tischkultur.

Mit den Funden aus dem Brunnenschacht wurden bereits mehrere von insgesamt 13 Ingredienzen genannt, die der gelehrte Franziskanermönch Bartholomäus Anglicus um die Mitte des 13. Jahrhunderts als Teile einer gelungenen höfischen Mahlzeit aufzählt. Dazu gehört eine geräumige Lokalität, die der Weißenseer Palasbau zweifellos bot. Ferner hatte ein reichlich mit Geschirr gedeckter Tisch vorhanden zu sein. Hinzu trat die Menge und Abwechslung der Weine – zumindest auf größere Mengen an Schankgut lässt sich aus einer fünf Liter fassenden Ringgriffkanne schließen. Der gefundene Kerzenständer zeugt von der Menge an Lichtern zur Beleuchtung, zu denen unser Autor erklärend bemerkt: »*Im Finstern zu speisen ist unangemessen und auch der Insekten wegen gefähr-lich, und deshalb werden Kerzen auf die Leuchter gesteckt und die Laternen und die Lampen wie es notwendig erscheint angezündet.*«[150] Schließlich fordert Bartholomäus Anglicus noch die Präsenz von geschulten Musikern, denn *»ohne Fiedel oder Laute pflegen die Mähler bei edlen Leuten nicht gefeiert zu werden«.*[151] Auch hierfür findet sich ein Beleg in den archäologischen Funden aus Weißensee. In der Sockelverfüllung eines Steinhauses nahe dem östlichen Bergfried hat sich ein unscheinbares, aus einem Knochen geschnitztes Objekt gefunden, das als Steg eines Saiteninstruments, wohl einer Laute, identifiziert werden kann.

Bartholomäus Anglicus behandelt sodann das Essen selbst, die Vielfalt der Gerichte und ihre geschmackvolle Zubereitung. Weitere Empfehlungen gelten Ort, Termin und Dauer der Mahlzeit. Es sollte Zeit genug sein, damit die

→ Praktische Alltagshelfer: Solche schlichten Holzteller und Daubenkannen fanden nicht nur auf Burgen, sondern auch im bäuerlichen Milieu Einsatz (Fundstück aus Weißensee, um 1235).

Speisen nicht in Eile heruntergeschlungen werden müssten. Ferner empfahl der Autor ein ausgedehntes Verdauungsschläfchen. Doch auch Verhaltensregeln für die Dienerschaft und nicht zuletzt den Gastgeber selbst befand er für entscheidende Zutaten eines perfekten Dinners: Unanständig sei es etwa, den Gästen einen finanziellen Beitrag zum Fest abzuverlangen. Dem Hausherrn wurde ferner auferlegt, er solle stets ein heiteres Gesicht zeigen, *»denn ein Gastmahl ist nichts wert, wenn des Gastgebers Antlitz finster drein blickt«*.[152]

»*Speise und Trank zu Früh- und Nachtmählern haben ihre bestimmte Ordnung und Regel*«[153], so belehrt Bartholomäus Anglicus seine Leserschaft über das festliche Speisen auf adligem Niveau. Die höfische Tafel avancierte zum Gesamtkunstwerk, komponiert aus einer wohlkalkulierten Abfolge symbolischer Zeichen und Gesten. Der Franziskanerbruder schildert den exakten Ablauf eines gelungenen Mahls, wie wir ihn an zahlreichen anderen Quellentexten in ähnlicher Weise nachvollziehen können: Zunächst gelte es, Tische und Sessel in geeigneter Weise zu arrangieren. Bereits dies war ein schwieriges Unterfangen, denn die Sitzordnung hatte nach Möglichkeit den Rang der geladenen Gäste widerzuspiegeln. Nicht selten geriet die ehrenvolle Platzierung aller Anwesenden zum Balanceakt. Streitigkeiten um den Vorrang des rechten Sitzes sind im Mittelalter folglich immer wieder belegt. *»Wer unten, in der Mitte und oben / Gäste recht zu setzen weiß, den soll man loben«*[154], so eine noch heute gültige Sentenz des Mittelalters.

Waren die beweglichen Tische – meist auf zwei Böcke gesetzte Platten – «aufgeschlagen« und mit Tischtüchern versehen, so mussten sie mit den Mitteln der Zeit gedeckt werden. Mittelalterliche Buchmalereien zeigen zumeist eine nur spärlich gedeckte Tafel: Die Gabel war als Essbesteck im Mittelalter ungebräuchlich. Wegen ihrer an den diabolischen Dreizack erinnernden Form war sie weithin verpönt. Obgleich bereits im 11. Jahrhundert als Hilfsmittel zum Vorlegen der Speisen bekannt, wurde die Gabel noch von Martin Luther und seinen Zeitgenossen als Werkzeug des Teufels geschmäht. Erst mit dem Aufkommen der breiten Mühlradkrägen in der höfischen Mode vermochte sie sich als Hilfsmittel zur Verlängerung des Armes durchzusetzen. Im Mittelalter hingegen wurden die Speisen wie in vielen anderen Kulturen bis heute üblich vornehmlich mit den ersten drei Fingern der rechten Hand aufgenommen. Das vorhandene Besteck war nicht einer bestimmten Person zugeordnet. Becher und Löffel wurden oftmals paarweise miteinander geteilt. Auf Messer konnte dort verzichtet werden, wo ein Vorschneider den Braten in mundgerechte Happen zerlegte. Erst gegen Ende des Mittelalters erweiterte sich der Fundus an Tafelgerät sichtlich. Am Ende des Essens wurde wie vor Beginn der Mahlzeit Waschwasser zum Säubern der Hände gereicht. Wer dem höherrangigen Tafelgenossen bei einem solchen Waschgang behilflich war, durfte und konnte ihm im wahrsten Sinne des Wortes »das Wasser reichen«. Zu guter Letzt, so heißt es erneut bei Bartholomäus Anglicus, wird die Tafel buchstäblich aufgehoben: *»Nach Beendigung des Frühmahls werden die Tischtücher mit den Überbleibseln abgehoben und die Tische von den Schragen gehoben.«*[155]

Biberbraten und Igeleintopf

Einen Blick wollen wir nach dem Ambiente noch auf den Inhalt der Schüsseln und Teller riskieren. Die gehobene Kochkunst des Mittelalters hatte dem Genießer weit mehr als Brei, Brot und Braten zu bieten. In kulinarischer Hinsicht herrschte in den Burgküchen keineswegs ein dunkles Zeitalter. Gewiss standen ihr die Früchte der Neuen Welt, Mais, Kartoffeln, Tomaten und Kakao nicht zur Verfügung. Rohrzucker und Reis waren teure Importwaren. Aus dem Vorhandenen ließ sich dennoch eine eindrucksvolle Fülle von Gerichten kreieren, wobei die Nahrungsmittelpalette nicht zuletzt durch die fast restlose Verwertung aller Teile des geschlachteten Viehs erweitert wurde und heute aus vielerlei Gründen »unmodern« gewordene Kleintiere verzehrt wurden: Auf dem Speiseplan standen Singvögel wie Spatzen und Schwalben, aber auch Pfau, Schwan und Reiher. Gleichfalls wanderten Bär, Eichhörnchen, Murmeltier und Igel in die höfischen Mägen. Hildegard von Bingen (†1179) hielt letzteren ebenso wie das Schwein für unrein, aber richtig zubereitet doch für wesentlich

➤ Besser essen: Je exotischer die Speisen und Gewürze, desto angesehener der Gastgeber. In den Burgküchen wurde daher mit viel Aufwand und Phantasie geschmort und gebrutzelt (Luttrell Psalter, um 1340).

bekömmlicher als das Borstenvieh: »*Wenn ein Mensch, der in guter körperlicher Verfassung ist, den Igel essen will, so soll er ihn wie einen Hasen im Wasser kochen, Zimt und Bertram und Pimpernell zu gleichen Teilen pulverisieren und diese Pulver miteinander in Wein erwärmen. Wenn der Igel gekocht und aus dem Topf genommen ist, gieße er diesen Wein mit dem Pulver darüber, wie man Pfeffer über das Fleisch zu geben pflegt. So esse er ihn, dann schadet er ihm nicht, sondern macht ihn stark und erhält seine Gesundheit.*«[156] Etwas skeptischer stand die Äbtissin dem Verzehr von Biberfleisch gegenüber. Damit wich sie vom Speisezettel vieler Klöster ihrer Zeit ab. Denn der Biber war wegen seiner amphibischen Lebensweise und seines geschuppten Schwanzes begehrt, aufgrund derer er in der zeitgenössischen Lebensmittelkunde nicht etwa als Fleisch, sondern als Fisch geführt wurde. So wurden Biberschwänze an den etwa 120 Fastentagen im Jahr zur geschätzten Zukost und erfreuten sich nicht nur in den Klöstern großer Beliebtheit.

Geradezu zu einem Charakteristikum mittelalterlicher Esskultur wurde die Gepflogenheit, Speisen durch eine Vielzahl exotischer Gewürze und Färbemittel ihres natürlichen Geschmacks und Aussehens zu berauben. »*Was du uns gibst, das würze wohl, dass uns werde Hitze (...). Mach, dass der Mund uns wie eine Apotheke schmecke*«[157], forderte der Minnesänger Steinmar in der zweiten Hälfte des 13. Jahrhunderts. Zumindest an Festtagen kamen beachtliche Mengen der luxuriösen Importgewürze zum Einsatz, und dies, obgleich ein Pfund Safran den Gegenwert eines Pferdes besaß und ein Pfund Pfeffer immerhin mit 10 Metzen Hafer aufgewogen wurde. Die Ursache für dieses übertriebene Konsumverhalten ist wie so häufig in dem Bedürfnis nach angemessener Statusrepräsentation zu suchen. Masse und Exotik der Gewürze sprachen eben für den sozialen Rang des Gastgebers.

Ganz ähnlich wirkte sich das Repräsentationsbedürfnis auf Art und Vielfalt der dargebotenen Gerichte aus. Mittelalterliche Festmähler bestanden aus einer Vielzahl von Gängen, die jeweils aus mehreren Gerichten unterschiedlichster Art komponiert waren. Hier entfaltete die Kunst der Küchenmeister ihre höchste Blüte: Die seit dem Spätmittelalter in beachtlicher Fülle überlieferten Kochbücher präsentieren kulinarische Raritäten wie etwa Fische, die zu Teilen gleichzeitig gebraten, gekocht und gebacken wurden. An anderer Stelle finden sich sogar Anweisungen, wie man aus einem mit Branntwein getränkten Schweinekopf mittels Zeitzünder im rechten Moment Flammen schlagen lassen kann.

Ein schapel klar auf meinem Haar

Nicht jeder am Hof des thüringischen Landgrafen vermochte den Höhenflügen festlicher Kochkunst in gleicher Weise etwas abzugewinnen. Zumindest eine Person, die in der Zeit unseres Brunnenfundes auf der thüringischen Burg Weißensee nachweisbar ist, pflegte kritische Distanz zur herrschaftlichen Küche. Es war dies keine geringere als die Landgräfin und Heilige Elisabeth von Thüringen († 1231). Aus den im Jahr 1235 niedergeschriebenen Zeugenaussagen ihrer Dienerinnen erfahren wir, dass Elisabeth am Tisch ihres Gatten all jenes verschmähte, was durch die Amtsträger des Landesherrn unrechtmäßig erworben war: »*Wurden aber Gerichte aus erpressten Abgaben aufgetragen, dann brach sie vor den Rittern und Herren oft das Brot, zerteilte die Speisen und reichte sie hin und her, um so den Anschein zu erwecken, als esse sie.«*[158] Ebenso skeptisch begegnete Elisabeth dem Kleiderluxus der höfischen Gesellschaft. Sie selbst habe, wo immer es ihr möglich war, einfache Kleider aus Wolle getragen und diese Demut auch ihrer Umgebung eifrig nahegelegt: *»Wie ein Prediger«*, so bezeugte die Vertraute Isentrud nach dem Tod der Heiligen, habe sie zu den adligen Damen ihrer Umgebung gesprochen. Im Mittelpunkt dieser Unterweisungen stand das höfische Gewand ihrer hochgestellten Gesprächspartnerinnen: *»Wenn sie diese nicht dazu bringen konnte, mehrere Eitelkeiten aufzugeben – wie beispielsweise Tänze und allzu eng anliegende Ärmel oder seidene, in die Haare eingeflochtene Zierbänder, sonstigen Haarschmuck oder andere Überflüssigkeiten –, dann legte sie ihnen nahe, wenigstens auf eines dieser weltlichen Dinge zu verzichten. Dann schickte sie ihnen anständige, den guten Sitten entsprechende Ärmel.«*[159] Ist es ein Zufall, dass sich unter den Funden aus dem Weißenseer Brunnen auch eines der hier so bitter gescholtenen Accessoires höfischer Mode findet? Während Ärmel aus Seide oder pflanzlichen Textilfasern im feuchten Sediment des Schachtes keinerlei Überlieferungschance besaßen, sind immerhin einige Objekte aus Leder erhalten geblieben. Neben einem Paar kunstvoll verzierter Schuhe fand sich ein 40 Zentimeter langes Lederband, das mit insgesamt 48 filigranen Ausläufern in Form einer herrschaftlichen Lilienkrone gestaltet ist. Als Haarkranz oder *Schapel* begegnen vergleichbare Bänder in der mittelhochdeutschen Dichtung ebenso wie auf zeitgenössischen Fresken, Skulpturen und Miniaturen. Der Schapel war ausschließlich Attribut unver-

heirateter Jungfrauen, und es wundert daher kaum, dass das Weißenseer Lederband mit seiner geringen Länge wohl nur auf dem Kopf eines Kindes denkbar ist. Die handwerkliche Qualität seiner Verarbeitung weist es allerdings nicht als ein billig imitiertes Prinzessinnenspielzeug, sondern als ernst zu nehmendes, festliches Statussymbol eines adligen Mädchens aus.

Galten Anmut und Eleganz als angestammtes Merkmal des Adels, so war die Kleidung das angemessene Mittel, dies zum Ausdruck zu bringen. Erst das Zusammenspiel von körperlicher Schönheit und prachtvoller Gewandung definierte das Idealbild des höfischen Menschen: *»Sein Leib und seine Kleidung stimmten herrlich zu einan-*

Spieglein, Spieglein: Die höfische Dame legte Wert auf ihr Äußeres (Dame und Magd beim Frisieren, Luttrell Psalter, um 1330). (links) Kein Kinderspielzeug: *Schapel* in hochwertiger Verarbeitung schmückten die Köpfe adliger Mädchen (Fundstück aus Weißensee, um 1235). (rechts)

Eng, körperbetont, mit weiten Ärmeln und langen Schleppen versehen waren die Kleider der höfischen Mode um 1200 (Aldersbacher Codex, Anfang 13. Jh.).

GRAMMATICA

PRISCIANVS

In eisernen Fußstapfen: Wege des Ritters

der und sie zusammen bildeten den ritterlichen Mann«, so heißt es bei Gottfried von Straßburg über das Erscheinungsbild seiner Titelfigur Tristan. *»Seine Kleider und seine Figur, die lassen an ihm den echten Mann erkennen«*, schwärmten die Damen des königlichen Hofes über das gefällige Auftreten des jugendlichen Helden. Und auch die exquisite Garderobe der jungen Isolde verfehlte ihre Wirkung nicht: *»Beide zusammen, Gestalt und Gewand, haben niemals ein lebendiges Bild schöner hervorgebracht als dieses.«*[160]

Wie aber musste ein Kleid beschaffen sein, um auf dem Laufsteg der höfischen Schönheitskonkurrenz Bestand zu haben? Bis ins Detail genaue Schilderungen aktueller Modetrends gehörten nicht nur zum Standardrepertoire der höfischen Dichter. Mit Argusaugen verfolgten auch die geistlichen Modekritiker im 12. und 13. Jahrhundert die Extravaganzen ihrer Epoche, um sie in Wort und Bild als Teufelswerk zu brandmarken. Präzise erfassten sie dabei die modischen Innovationen ihrer Zeit. Diese unterschieden sich radikal von den sackartigen Gewandformen früherer Tage, die den Körper vornehmlich mit unbeschnittenen Tuchbahnen zu verhüllen trachteten. Die neuen Schnitte setzten nun ganz auf die Betonung der weiblichen Formen, wie auf einer Abbildung der Allegorie der »Grammatik« aus einem Aldersbacher Codex um 1200 zu sehen ist. Zunächst fällt die enge Schnürung des taillierten Gewandes ins Auge, das die Umrisslinien des Oberkörpers bis auf die Rippenkonturen hervortreten lässt. Scharf kontrastiert wird diese feminin-schlanke Silhouette durch die in extremer Trompetenform herabhängenden Ärmel sowie die weite, faltenreiche Schleppe des Gewandes. Gerade Details wie das lange Schleppkleid, in denen Frauen *»gleichsam wie Schlangen«*[161] einherschritten, zogen immer wieder Spott und Satire sittenstrenger Modekritiker auf sich. So berichtete etwa ein Mönch seinem Mitbruder über das Prunkgewand einer Dame: *»Auf der überlangen Schleppe ihres Kleides sah ich eine große Anzahl von Teufeln sitzen. Sie waren klein wie Haselmäuse und schwarz wie die Mohren, sie vollführten ein lautes Gelächter und klatschten in die Hände und sprangen wie die Fische im Netz zappelnd umher. Denn wahrlich: Die Putzsucht der Frauen ist ein Netz des Teufels.«*[162]

Gänzlich anders erschließt sich das Idealbild höfischer Ästhetik freilich in den Gewandschilderungen zeitgenössischer Dichter: *»Die Schöne trug ein Hemd aus Seide auf ihrem Körper, wie nie einer Frau ein Kleidungsstück gepasst hat, sodass man ihre weiße Haut – die war wie eine blühende Pflanze – hindurchscheinen sah«*[163], besang der Dichter Konrad von Würzburg († 1287) das fein gewebte Unterkleid einer Dame.

Allein schon der Gedanke an solch ein filigran gearbeitetes Seidenhemd beflügelte die Phantasie des Publikums und ließ die Dichter zu immer neuen Metaphern greifen: *»Lichter noch als Spiegelglas«*[164] nennt Konrad von Würzburg das durchscheinende Gewebe eines solchen Untergewandes, und sein Zeitgenosse Ulrich von dem Türlin erwähnt ein Hemd von solcher Feinheit, dass es trotz seiner 40 Ellen Stoff mit einer Hand zu umschließen war. Der »heimeliche«, an den Leib »getwengete« Schnitt komplettierte den erotisierenden Effekt eines solchen Kleidchens: *»Ihr Körper war dazu geschaffen, Liebeslüste zu erregen. Ihr saht nicht einmal bei einer Ameise eine derart schmale Taille«*[165], so wusste Wolfram von Eschenbach zu schwärmen. Freilich offenbarte sich der sinnliche Reiz solcher Kleidungsstücke nicht jedem beliebigen Betrachter. Über dem Hemd saß gewöhnlich ein fließendes Oberkleid (*Rock*, *Cotte*). Durch weite Halsausschnitte und Armlöcher gestattete dieses Gewandstück freilich diskrete Blicke auf das Darunter. Der halbkreisförmige Schultermantel eignete sich gleichfalls für das subtile Spiel von Verhüllung und Zurschaustellung: »Zuweilen schwang sie den Mantel ein wenig auf: Wer sehen konnte, was darunter war, der schaute ins Paradies«[166], heißt es abermals bei Wolfram von Eschenbach.

Auch der maskuline Körper erhielt durch die höfische Mode eine neue Kontur. Vieles davon mag heute ungewohnt anmuten: Der hochmittelalterliche Mann zeigte Bein! An den Beinen und deren Bekleidung manifestierte sich männliche Schönheit in höchstem Maße: Die Beinkleider mussten wie »angeleimt« sitzen und die Anmut der wohlgeformten Glieder hervortreten lassen: »Wie gerade gewachsen sind seine kaiserlichen Beine«[167], seufzten die Hofdamen im »Tristan«-Roman Gottfrieds von Straßburg über einen jungen Helden. Was uns heute als »Helden in Strumpfhosen« erscheint, waren in Wahrheit die Mannequins des Mittelalters.

➤ In der geselligen Atmosphäre des Hofes fanden nicht nur immer neue Moden, sondern auch immer neue Formen der Unterhaltung Einzug (Rosenroman, nach 1340).

In eisernen Fußstapfen: Wege des Ritters

Vielleicht kann das gerade im Wirkungskreis der heiligen Elisabeth von Thüringen wirksame Gedankengut geistlicher Modekritiker dafür verantwortlich gemacht werden, dass Stücke von hohem Repräsentationswert um das Jahr ihrer Heiligsprechung herum in den Brunnenschacht gelangten. Geschah dies gar inspiriert durch das Vorbild der Heiligen selbst, von der wir in ihrer Lebensbeschreibung lesen, dass sie bereits als Mädchen das Tragen geschmückter Kronen zurückgewiesen habe? Methodisch sind solche Spekulationen kaum haltbar, sie sind aber zumindest historisch ansprechend. Dies umso mehr, als weitere Objekte offenbar mit Absicht in den Brunnenschacht geworfen wurden, die ohne Zweifel gleichfalls den Zorn der Heiligen erregt haben müssen.

Spiel und Unterhaltung

Dies betrifft etwa eine Tasche aus Ziegenleder. Anstößig war weniger ihre durchaus modische Form als vielmehr ihr Inhalt. Sie enthielt nicht nur zwanzig Silbermünzen, sondern auch vier kleine Knochenwürfel. Derartige Würfel sind seit der Antike bekannt und erfreuten sich im hohen Mittelalter ausgesprochener Beliebtheit. Verwendet wurden sie für zahlreiche einfache Hasardspiele, aber auch für taktische Varianten in Kombination mit Spielbrettern. Eine solche Spielform ist bis heute gebräuchlich und gehörte auch zum Fundgut des »Schlössels« in Klingenmünster, nämlich Fragmente eines Trictracspiels: Es handelt sich um ein Spielbrett, das im Deutschen den Namen *Wurfzabel* trägt, im Englischen *Backgammon* heißt und auch nach ähnlichen Regeln wie die moderne Version gespielt wurde. Von der Verbreitung dieses Spieles in ritterlichen Kreisen zeugt nicht zuletzt, dass auch Graf Siboto von Falkenstein in seinem Besitzverzeichnis drei Wurfzabelbretter aufführte.

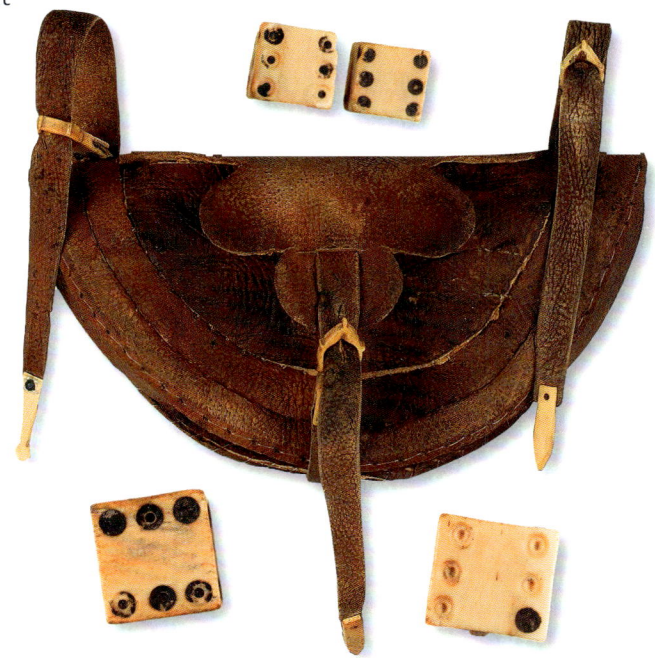

Dem Wurfzabel haftete freilich etwas Anrüchiges an. »*Der Teufel schuf das Würfelspiel / damit er so der Seelen viel / auf diese Weis gewinnen will*«[168], so reimte um 1240 der Spruchdichter Reinmar von Zweter. Da beim Würfeln nicht selten hohe Einsätze an Geld und Sachgütern auf den Tisch gelegt wurden, galt dieses Spiel als Ursache für Geiz, Neid, Lüge und Zank – als Quell der Sünde also. Spielschulden konnten im 13. Jahrhundert

➜ In dieser Ledertasche verwahrte ihr Besitzer zuletzt vier Knochenwürfel und 20 Hohlpfennige (Fundstück aus Weißensee, um 1235).

➡ Bereits das Mittelalter kannte frühe Formen von Backgammon (Augustinerlatrine in Freiburg, nach 1278).

durchaus zum Politikum werden. Maria, die Gattin Kaiser Ottos IV., sei eine »*aleatrix publica*«, eine notorische Würfelspielerin gewesen. Da sie ihre finanziellen Verluste nicht zu begleichen vermochte, sei sie im Jahr 1213 aus der Stadt Köln hinausgeworfen worden – mitsamt ihrem Gatten, der damit seine wichtigste Operationsbasis am Niederrhein verlor.

Auch in der Burg Weißensee waren hohe Schulden bestens bekannt. In unmittelbarer Nähe zur Ledertasche fanden sich Fragmente eines gleichfalls aus Knochen gefertigten »Kerbholzes«, das als Verzeichnis der unbezahlten Schulden seines unglücklichen Besitzers gedient haben mag. Seine Funktion lässt sich rasch erklären: Auf einem Stöckchen wurde der Schuldenstand durch Einkerbungen markiert. Anschließend wurde es der Länge nach gespalten, sodass Schuldner und Gläubiger je eine gleiche Hälfte in Besitz nehmen konnten. Dadurch war eine gegenseitige Kontrolle möglich und eine nachträgliche Manipulation ausgeschlossen. Sie wäre spätestens dann aufgefallen, wenn zum vereinbarten Zahlungstermin die beiden Teilstücke wieder zusammengefügt wurden und nicht mehr zueinandergepasst hätten.

Geldsorgen hatte der Besitzer der gefundenen Ledertasche wohl allerdings nicht, denn die 20 Hohlpfennige darin hätten für den Erwerb von einem guten Dutzend Hühner leicht ausgereicht. Wusste er von den Gesetzen Kaiser Friedrichs II. gegen notorische Würfelspieler oder hatte er vernommen, dass König Ludwig IX. von Frankreich gerade sogar die Herstellung von Würfeln mit Strafe belegt hatte? Vielleicht war es wiederum das Vorbild der Heiligen Elisabeth, die sich zwar in ihrer Jugend maßvoll dem Glücksspiel hingegeben hatte, doch selbst da schon zur Aufgabe selbstsüchtigen Gewinnstrebens gemahnt haben soll: »*Hatte sie beim Spiel beste Aussicht zu gewinnen, so sagte sie: ›jetzt, beim Gewinnen, möchte ich aus Liebe zu Gott aufhören.‹*«[169] Waren es diese Worte, welche Geldgewinn und Würfel gemeinsam in den Brunnenschacht beförderten? Wiederum soll es bei dieser Spekulation bleiben.

Die Welt des Ritters en miniature: das königliche Spiel

Neben zwei hölzernen Kugeln, die möglicherweise einer älteren Form des heute noch populären Boule-Spiels dienten, fand man im Brunnenschacht auf Weißensee auch vier Schachfiguren. Gerade für den ritterlichen Adel galt das Schachspiel als lehrreich und standesgemäß. In der höfischen Literatur des Hochmittelalters wird es oftmals das »edle«, das »ritterliche« oder gar das »königliche Spiel« genannt. Häufig sind es bedeutende Herrscherpersönlichkeiten, die dem vornehmen Zeitvertreib frönen: »Sein Antlitz war glückselig, es leuchteten seine Augen hell wie der Morgenstern«, so schilderte das »Rolandslied« den im Spiel vollkommen versunkenen Kaiser Karl den Großen[170]. Den sozialen Eliten mochte das im 9. Jahrhundert über Persien, Byzanz und Spanien in den lateinischen Westen gelangte Schachspiel als vortreffliches Übungsfeld ihrer Fähigkeiten als Feldherr und Herrscher erscheinen. Der ursprünglich aus dem arabischen Raum stammende Figurensatz erhielt im europäischen Kontext jedoch einige signifikante Umdeutungen. Die Figuren aus Weißensee sind in ihrer Formgebung dem orientalischen Vorbild verpflichtet, waren jedoch vermutlich bereits im westlich-lateinischen Sinne mit neuen Namen belegt. An anderen Figuren aus derselben Zeit lässt sich die Neudeutung deutlich erkennen: Aus dem arabisch-persischen Kamel entstand der Turm, der Elefant wurde zum Läufer oder Bischof. Eine Geschlechtsumwandlung erlitt gar die zentrale Figur des Feldherrn oder Wesirs, der sich als Dame oder Königin auf den Schachbrettern Westeuropas wiederfand. Die militärische Spielformation des Orients mutierte dabei zum Abbild der abendländischen Feudalgesellschaft, das Schachbrett wurde vom Schlachtfeld in eine Bühne höfischer Geselligkeit verwandelt.

Die besondere Wertschätzung des Spiels als Statussymbol des Adels erscheint daher wohlbegründet: Zur Aneignung von Regelwerk und Spieltechnik waren vor allem Zeit und Muße erforderlich, die den Angehörigen arbeitender Schichten kaum zur Verfügung standen. Zudem wurde vom geübten Spieler ein hohes Maß an Disziplin und Konzentration erwartet. Vorausschauende Planung hatte impulsives Handeln zu ersetzen, Selbstkontrolle als zentraler Wert konnte hier erprobt werden. Doch mehr noch: Im Mikrokosmos des Schachbretts spiegelte sich die ganze Welt des mittelalterlichen Rittertums. Es simulierte die Begegnung von Bauern, Rittern, Klerikern und Königen, setzt dem Sozialverhalten klare Regeln und stellt dem Regelgewandten Sieg, Ruhm und Ehre in Aussicht. Es wundert daher wenig, wenn kirchliche Morallehrer seit dem 13. Jahrhundert anhand des Schachspiels ihre Lehren erläuterten. Der Dominikaner Jacobus de Cessolis, dem das Spiel seine englische Bezeichnung »chess« verdankt, riet etwa dem Bauern, mühselig Schritt für Schritt sein Leben zu bestreiten, damit er am Ende seines Weges wie bei der »Umwandlung« des Schachs in eine höhere Daseinsebene aufrücken könne. Den Rösselsprung des Springers (englisch: knight) sah er hingegen als typisches Verhalten seiner ritterlichen Zeitgenossen an: immer zwei Schritte auf dem rechten Weg, dann – als Resultat der weltverhafteten Lebensweise – ein Seitensprung.

Kasperle und Blindekuh: Gesellschaftsspiele

Neben den Denk- und Geschicklichkeitsspielen kannte die höfische Gesellschaft auch Wettbewerbe, die eine direkte Interaktion mehrerer Teilnehmer voraussetzten. Eine phantastische Zusammenstellung solcher Gesellschaftsspiele findet sich in den Randminiaturen des heute in Oxford aufbewahrten, um 1335 abgeschlossenen Codex des französischsprachigen »Romance de Alexander«, einer Übersetzung eines spätantiken Textes. Die vor allem am unteren Blattrand abgebildeten Freizeitaktivitäten umfassen Stelzenlaufen, Schaukeln oder Kreiseltreiben. Erkennbar sind zudem Schach-, Mühle und Würfelspiele, bei welchen mancher Teilnehmer offenbar sein letztes Hemd als Einsatz gab. Ein pittoreskes Detail zeigt eine der vielleicht frühesten Abbildungen eines Puppentheaters mit der Frühform unseres Kasperls, einen Narren mit einer großen Keule nämlich, der es hier allerdings noch nicht mit einem Krokodil zu tun bekam.

Andere Gesellschaftsspiele wurden mit auffälliger Häufigkeit abgebildet: Es handelt sich zum einen um eine Spielart des Blindekuh-Spiels. Offenbar unverheiratete junge Menschen – die offen getragenen Haare der Damen geben darüber Aufschluss – führen jeweils eine *Gugel* genannte Kapuze mit sich. Einem Mitspieler ist diese Gugel umgekehrt über die Augen gezogen, die anderen haben sie am Ende zusammengeknotet und damit in ein Schlaginstrument verwandelt. Beim Spiel ging es darum, die Person, welche den Blinden mit der Gugel geschlagen hatte, zutreffend zu identifizieren.

Wer korrekt erkannt worden war, musste den Platz des Blinden einnehmen. Damit ähnelt das Spiel in bemerkenswerter Weise einer weiteren populären Gruppenaktivität, die im Deutschen als das »Spiel der warmen Hand« bezeichnet wird. Auf verschiedenen Abbildungen lassen sich die Grundzüge des Spielablaufs erkennen: Ein Mitspieler barg den Kopf im Schoß – in anderen Varianten zwischen Rock und Unterkleid – einer Mitspielerin (dargestellt finden sich in dieser Position fast ausschließlich Damen). Eine Hand hält er auf dem Rücken. Die anderen Spielgenossen schlagen ihm auf die offene Handfläche, und er muss ihren Namen richtig erraten. Es ist nachvollziehbar, weshalb dieses Spiel sich in einer Gesellschaft, die sich in Bezug auf Körperkontakte bemerkenswert zurückhaltend gab, solch großer Beliebtheit erfreute.

Spruchdichter, Minnesänger, Spielleute

Doch nicht nur die populären Gruppenaktivitäten sorgten für Kurzweil. Insbesondere bei festlichen Anlässen gehörten die Auftritte von Akrobaten und Gauklern zum beliebten Unterhaltungsprogramm der vergnügungssüchtigen Hofgesellschaft. Besonders geschätzt waren die Künste der Spruchdichter und Minnesänger. Der berühmteste unter ihnen ist kein Geringerer als Walther von der Vogelweide.

→ Jux und Dollerei: Zum Zeitvertreib am Hof gehörten auch Gesellschaftsspiele wie Blindekuh (Romance de Alexander, um 1335).

In eisernen Fußstapfen: Wege des Ritters

Die lange und bewegte Laufbahn des um 1170 geborenen Sängers führte ihn vom Hof des Herzogs von Österreich ins Umfeld der Landgrafen von Thüringen, der Markgrafen von Meißen, der Erzbischöfe von Köln, an die Höfe der römisch-deutschen Herrscher Philipp von Schwaben, Otto IV. und schließlich Friedrich II. Dabei wandte er sich mehr als einmal enttäuscht und voll bitteren Spotts von einem wenig großzügigen Gönner ab: »*Wäre seine Hand so gebefreudig wie sein Körper lang, er wäre ein Ausbund der Tugend*«[171], so dichtete er über den hochgewachsenen Welfen Otto IV. Doch gemessen an seiner Freigebigkeit sei der stolze Kaiser nicht größer als ein Zwerg. Walther, der nach eigener Auskunft sehr viel mehr dem Minnesang zuneigte, befriedigte mit derartigen Spottstrophen aber nicht primär eigene Rachegelüste, er folgte vielmehr den politischen Interessen seiner jeweiligen Dienstherren. Sein Beruf bedeutete, so die gängige mittelalterliche Formel, *guot* für Ehre zu nehmen, also um des Gewinns wegen Lob zu singen. »*Das alte Sprichwort sagt: Wes Brot man essen will, des Lob soll man auch singen und nach seiner Pfeife tanzen*«[172], so bemerkte der unter dem Namen »der tugendhafte Schreiber« bekannte Spruchdichter Heinrich, ein Zeitgenosse Walthers.

Neben der politischen oder didaktischen Spruchdichtung waren es vor allem die Minnestrophen, welche bei festlichen Gelegenheiten großen Zuspruch fanden. »*Du wusstest die vreude der ganzen höfischen Gesellschaft zu mehren*«[173], sang Walther von der Vogelweide über sein verehrtes künstlerisches Vorbild Reinmar den Alten, während dieser selbst nicht eben bescheiden von sich behauptete: »*Ich habe hunderttausend Herzen aus Kummer erlöst. Wahrlich, ich war ein Tröster der ganzen Hofgesellschaft.*«[174]

Neben den musikalisch unterlegten Lyrikvorträgen lassen sich zahlreiche andere Formen der öffentlich gelesenen Unterhaltungsliteratur belegen. Eigentümlich, aber offenbar durchaus nicht ungewöhnlich erscheint es, wenn einzelne Herren sich bei festlichen Gelegenheiten ihren Stammbaum vorlesen ließen. Beliebter aber waren sicherlich die Vorträge alter und neuer Geschichten aus der Welt der ritterlichen Helden und ihrer Kämpfe und höfischen Liebesabenteuer.

Man hat ausgerechnet, dass sich etwa 1000 Verse in einer Stunde in angemessenem Tempo vortragen lassen. Für den gesamten »Parzival« Wolframs von Eschenbach wäre demnach ein 24-stündiger Vortragsmarathon anzusetzen gewesen, der selbst dem gemeinhin erstaunlich geduldigen Publikum des Hochmittelalters nicht zuzumuten war. Anzunehmen ist hingegen, dass der Dichter seinen Vortrag in mehrere Einheiten unterteilte. »*Alle, die hören wollen, wie es weitergeht, ob Frau oder Mann, die werden es nicht bereuen. Aber die, die es nicht hören wollen, bitte ich, sich weiter nach hinten zu setzen*«[175], so heißt es in einem Abschnitt der Dichtung. Es handelte sich offenbar um eine Fortsetzungsgeschichte, die, in wohldosierten Häppchen serviert, beim Hofpublikum großen Appetit nach mehr erregte. Darunter gab es offenkundig besonders euphorische Bewunderer, die sich – auch finanziell – für einen raschen Fortgang der Geschichte engagierten und selbst vor kriminellen Machenschaften nicht zurückschreckten, wenn es darum ging, einen Blick in das unvollendete Werk zu erhaschen. So wissen wir etwa über die »Eneite« des Heinrich von Veldeke († 1190-1200), dass sein Autor im Auftrag der Gräfin von Kleve mit der Übersetzung der französischsprachigen Vorlage begonnen hatte. Das noch in Arbeit befindliche Manuskript aber hatte sich die Gräfin »*zum Lesen und Betrachten*«[176] von ihm geborgt und es schließlich einer Hofdame zur Aufbewahrung anvertraut. Aus deren Besitz aber wurde das Werk 1175 entwendet. *»Deswegen wurde die Gräfin sehr zornig auf den Grafen Heinrich, der das Buch wegnahm und in seine Heimat Thüringen schaffen ließ«*[177], so berichtet der Dichter. Dieser Diebstahl entpuppte sich für Heinrich von Veldeke jedoch langfristig als Glücksfall, denn neun Jahre später tauchte die Handschrift am Hof der Landgrafen von Thüringen wieder auf, und diese beauftragten ihn, bei guter Bezahlung sein Werk zu vollenden.

Wie moderne Bestseller-Autoren musste ein derart in der Adelsgesellschaft etablierter Ependichter kaum um seinen Unterhalt fürchten. Die Lebenssituation vieler seiner fahrenden Sängerkollegen war da weitaus prekärer. Spielleute und Unterhaltungskünstler standen trotz aller Kurzweil, die ihre Auftritte mit sich brachten, weithin am Rande der Gesellschaft. Auch ihre rechtliche Stellung verlieh ihrer Existenz nur geringe Sicherheit. Walther von der Vogelweide etwa beklagt sich nicht nur wiederholt über nicht eingehaltene Versprechen auf materielle Zuwendungen, sondern schildert auch, wie ihm der Thüringer Ritter Gerhard Atze – den er später als goldene Katze verunglimpfen sollte – ungestraft sein Pferd erschossen habe. Im einzigen historischen Lebenszeugnis des prominenten Poeten, einer Reiserechnung des Passauer Bischofs Wolfger von Erla, kommt Walther allerdings mit der Gabe von fünf Schillingen für den Kauf eines neuen Pelzmantels noch vergleichsweise gut davon. Der mildtätige Bischof gab kleinere Geldbeträge und Sachbeihilfen auch an andere Vaganten aus. Darunter befinden sich Büßer ebenso wie Blinde, Dickleibige, mittellose Studenten oder als *»lodderpfaffi«* benannte arme Kleriker. Daneben nennt die Reiserechnung zahlreiche *ioculatores, histriones* und *mimi,* also Spaßmacher, Gaukler und Schausteller, aber auch *gigari* (Geiger), *cantores* (Sänger) und sogar einen ganzen als *»puellae cantantes«* bezeichneten Mädchenchor.

Das zwischen 1220 und 1235, also noch zu Lebzeiten Walthers von der Vogelweide angefertigte Rechtsbuch des »Sachsenspiegels« beschreibt die Rechtsstellung der Spielleute als ambivalent. Eine Miniatur darin zeigt einen Spielmann, mit goldener Fiedel und Fiedelbogen, zweifarbigem Rock, Beinlingen und Schnabelschuhen gekennzeichnet, zwischen zwei weiteren zwielichtigen Gestalten vor dem Stuhl eines Richters und einem Schwurzeugen stehend. Hinter ihm ein mit Faustschild und Schwert markierter Lohnkämpfer, vor ihm – das erbeu-

In eisernen Fußstapfen: Wege des Ritters

tete Kleidungsstück auf den Rücken gebunden – ein notorischer Dieb. Alle drei haben dem erläuternden Text zufolge als rechtlos, das heißt als nicht gerichts- und geschäftsfähig zu gelten. Dennoch, so ist im selben Rechtsbuch zu lesen, sei der Spielmann nicht mit den beiden abgebildeten Halunken auf eine Stufe zu stellen. Er sei nämlich nicht automatisch »*Standesgenosse eines Räubers oder Diebes*«, sodass man ihm im Beweisverfahren nicht zumuten könne, gegen einen bezahlten Lohnkämpfer anzutreten. Auch könne er heiraten und ehelichen und damit rechtsfähige Kinder zeugen. Im Fall eines gewalttätigen Vorgehens oder gar der Ermordung eines Spielmanns wird dessen volle Schutzlosigkeit jedoch deutlich: »*Spillute, den gibet man zu buse den schaten eins mannes*«[178], so heißt es im »Sachsenspiegel«. Konkret bedeutete dies, dass der Täter dem Geschädigten oder seinen Hinterbliebenen keinen finanziellen Ausgleich zahlen musste, sondern seine Ehrenstrafe lediglich darin bestand, dass die klagende Partei öffentlich seinem Schatten einen Schlag verpassen durfte. Immerhin sieht der Sachsenspiegel gleich im folgenden Passus vor, dass die Vergewaltigung einer Spielfrau in gleicher Weise wie die Notzucht an einer ehrbaren Freien mit dem Tod zu strafen sei.

Die höfische Gesellschaft sollten solche Themen nicht belasten, denn Gewalt und Blutvergießen hatten vor der Kulisse immerwährender Heiterkeit keinen Platz. Akzeptiert war sie alleine im reglementierten Rahmen sportlichen Kräftemessens, im höfischen Turnier.

myree. et regarde la merueil
use de sa bealte. il dist senz +
ute que ce est la merueille
le myreor de toutes les dames

celui fait uicolent. aist est des
cbrs errant. de cestui sen uoit
len bien garder. na cbr en ceste
place tant fort. ne tant preur

Hauen und Stechen:
das höfische Turnier

»Großes *Getöse und großer Lärm. / Alle strebten, sich gut zu schlagen. / Dort hättet ihr hören können / wie so viele Lanzen splittern, dass die Bruchstücke / die zu Boden fielen und dort durcheinander lagen / die Pferde beim Angriff behinderten«.*[179]

Wir befinden uns mit dieser Quellenpassage mitten im Getümmel eines Großereignisses der ritterlichen Welt. Der Text entführt uns auf ein Feld, auf dem sich heute das Disneyland Resort Paris befindet. Im 12. Jahrhundert hat die Aura dieses Ortes sicherlich ebenso wie heute die Augen der jungen Knappen und angehenden Hoffräulein zum Leuchten gebracht: Es war das Feld von Lagny, gelegen am südlichen Marneufer. Hier boten die erhöhten Uferklippen des Flusses einen idealen Aussichtspunkt auf das weitläufige Tal, in dem sich im November 1179 an die 3000 Ritter tummelten. Da nämlich fand die vielleicht größte Turnierveranstaltung des Mittel-alters statt, ausgerichtet vom frisch gekrönten französischen König Philipp II. August. Anwesend waren bei dieser Gelegenheit zahlreiche Magnaten, allen voran an der Spitze von 560 Rittern der junge Prinz Heinrich der Jüngere Plantagenet, zudem der Bruder des schottischen Königs, der Herzog von Burgund, der mächtige Graf Philipp von Flandern sowie achtzehn weitere Grafen.

Doch auch weniger ranghohe Ritter waren angereist, darunter der Engländer William Marshal. Er war der Mann des Tages und der wohl erfolgreichste Turnierkämpfer seiner Epoche. Als er auf dem Totenbett lag und aufgefordert wurde, seine Sünden zu bereuen und das, was er in seinem Leben seinen Mitmenschen geraubt hatte, zurückzugeben, antwortete er, das sei unmöglich, *»denn ich habe [im Turnier] fünfhundert Ritter gefangen, denen ich die Waffen und Pferde und die ganze Rüstung abgenommen habe«.*[180]

Das Massenturnier

Detailliert wird das Turniergeschehen in Lagny-sur-Marne 1179 in William Marshals um 1219 verfasster Lebensbeschreibung geschildert. Nach einer namentlichen Auflistung von 80 prominenten Turnierteilnehmern fährt der Autor fort: »*Ich will meine Geschichte nicht weiter in die Länge ziehen: Sie bewaffneten sich, traten in den Kampf ein und taten, wofür sie gekommen waren. Dort konnte gesehen werden, wie Banner entrollt wurden, so viele und verschiedene, dass niemand sie vollständig zu zählen oder im Einzelnen zu beschreiben vermag. Das ganze Schlachtfeld war von ihnen überzogen, die Ebene so erfüllt, dass keine Spanne Boden mehr sichtbar war. Eine Schar spornte die Pferde an, um die andere zu treffen.*«[181]

Was sich auf dem Turnierfeld an der Marne abspielte, war alles andere als ein sorgsam regulierter Einzelkampf innerhalb abgesteckter Schranken und Tribünen. Es war ein massives Aufeinanderprallen gepanzerter Reiterformationen. Von der zweiten, gleichzeitig – aber weitaus seltener – belegten Turnierform, dem *Buhurt*, unterschied sich diese Disziplin grundlegend. Während der Buhurt ganz oder zumindest teilweise auf den Gebrauch von Waffen und Rüstungen verzichtete, traten die Ritter beim Massenturnier in vollständiger Kampfausstattung an. Und in der Tat – so das eingängige Urteil des Germanisten Joachim Bumke: »*Von einer Reiterschlacht unterschied sich das Turnier hauptsächlich dadurch, dass zu der Veranstaltung eingeladen wurde, dass man die Bedingungen verabredete und dass für jede Partei ein Schutzbezirk abgesteckt wurde, wo man vor dem Gegner sicher war.*«[182]

Mit diesen drei Elementen: Einladung, Regelwerk und Schutzbereich sind tatsächlich drei zentrale Komponenten des hochmittelalterlichen Kampfspiels angesprochen. Das Turnier unterschied sich aber vor allen Dingen dadurch von der Ritterschlacht, dass es dezidiert als »friedliches« Sportereignis betrachtet wurde, in dem dosierte Gewalt nur in einem von beiden Seiten vereinbarten Rahmen zulässig war.

➤ Zwei Formen des Turniers: Der Buhurt (oben) wurde ohne Waffeneinsatz ausgetragen, während das Massenturnier (unten) der Reiterschlacht ähnelte (Breviario d'amore, Ende 13. Jh.).

Die Anfänge des Turniersports

Spielerische Simulationen bewaffneter Zusammenstöße lassen sich bereits für die Kriegergesellschaft des frühen Mittelalters nachweisen. Was der Chronist Nithard zum Jahr 841 berichtet, entspricht im Wesentlichen bereits dem Reglement späterer Ritterturniere. Dort heißt es über einen Wettkampf zwischen den fränkischen Königen Ludwig und Karl, der vermutlich zwischen Worms und Mainz anzusiedeln ist: »*Sie kamen auf einem zum Schauspiel geeigneten Platze zusammen, und während ringsumher das Volk sich scharte, stürzten sich zuerst von beiden Seiten eine gleiche Anzahl von Sachsen, Basken, Austrasiern und Bretonen, wie wenn sie zusammen kämpfen wollten, in schnellem Galopp aufeinander; darauf wandten die einen sich um und suchten, mit den Schilden sich deckend, scheinbar vor den nachsetzenden Gegnern zu ihren Gefährten sich zu retten, dann aber versuchten sie umgekehrt wiederum ihre Verfolger in die Flucht zu schlagen.*« Dass es sich bei diesem Spektakel um eine sportlich-faire Veranstaltung handelte, belegt die abschließende Bemerkung des Chronisten, dass trotz der Vielzahl der Teilnehmer aus unterschiedlichen Volksstämmen es keiner gewagt habe, »*einem anderen eine Wunde zu schlagen oder ein Scheltwort zu sagen*«.[183]

Wenn also erste Anfänge des Turnierwesens durchaus in den Grenzsaum des ostfränkischen Reichs des 9. Jahrhunderts zurückverfolgt werden können, so galt doch bei den meisten Zeitgenossen des Hochmittelalters Frankreich als das Mutterland des Turniers. Der französische Adlige Geoffroy de Preuilly wird dabei anlässlich seines Todes im Jahr 1066 explizit als Initiator der ersten Turnierspiele genannt – wenn auch erst in einem zwischen 1200 und 1220 entstandenen Text. Mag es sich dabei auch um eine lokale Tradition gehandelt haben, so waren sich doch englische und deutsche Autoren noch im 13. Jahrhundert einig, dass es sich bei dem Turnier um ein »more Francorum« (»nach

→ Im dichten Reiterverband prallten die gegnerischen Formationen wie im ernsthaften Kampf aufeinander (Herrad von Landsberg, Hortus Deliciarum, 4. Viertel 12. Jh.).

Brauch der Franzosen«) ausgetragenes Spiel handle, etwas, das »*man in Vrankrîche pflegt*«. Insbesondere im nordfranzösischen Raum setzt im ausgehenden 11. Jahrhundert eine stetig dichter werdende Kette von Belegen ein. Im Reich finden wir einen ersten Hinweis auf Turnierveranstaltungen in den vor 1158 verfassten »Gesta Friderici« des Otto von Freising, wo von einem »*nunmehr für gewöhnlich turneimentum*«[184] genannten Kampfspiel die Rede ist, das die Stauferbrüder Friedrich und Konrad 1127 vor den Mauern Würzburgs veranstaltet hätten. Der Chronist, der seine Studienjahre in Paris verbracht hatte, führt dabei auffälligerweise ein Wort mit französischer Wurzel in seine Erzählung ein, und es ist durchaus anzunehmen, dass mit dem Begriff auch die Form des neuen Kampfspiels Mitte des 12. Jahrhunderts nach Osten gewandert ist. Erst für das Jahr 1245 vermeldet der Fortsetzer der Chronik des Cosmas von Prag, sei der »*ludus tornamentorum*«, das Turnier also, in Böhmen eingeführt worden.

Im vergleichsweise zentralistisch regierten England hingegen verhinderte die Skepsis des Königtums lange Zeit die Ausbreitung des Turnierwesens. Allein in den Tagen der sogenannten Anarchie, der Zeit der Thronkämpfe um 1150, habe das Turnier, »*als die öffentliche Ordnung gänzlich erschüttert war*«, kurzzeitig auf der Insel Fuß gefasst, so berichtet uns, wenngleich aus der Rückschau eines Jahrhunderts, der Mönch Matthäus Paris. Junge Ritter, die aus »*Liebe zum Waffenruhm*« an Turnieren hätten teilnehmen wollen, hätten ansonsten auf den Kontinent übersetzen müssen. Erst König Richard Löwenherz habe die Turniere zeitweise in seinem Reich wieder zugelassen und zwar, »*damit sie durch dieses festliche Vorspiel der Kriege die Kunst und die Ausübung des wahren Krieges erlernten, und damit die Franzosen nicht mehr die englischen Ritter als ungeschickt und weniger erfahren schelten sollten*«.[185] Doch da die Teilnahme an solchen Veranstaltungen mit einer hohen Steuertaxe versehen war und weitere Verbotsperioden folgten, blieb der Norden Frankreichs auch im 13. Jahrhundert unangefochten das Herzland des Turniersports.

Ort, Einladung und Aufstellung

Insgesamt sechzehn Turnierplätze sind für die letzten Jahrzehnte des 12. Jahrhunderts aus der Lebensbeschreibung des William Marshal überliefert, und alle lassen sich im Norden Frankreichs, vor allem westlich der Krondomäne um Paris verorten. Das muss nicht heißen, dass es in derselben Periode nicht andernorts auch Ritterspiele gegeben hat. Für das Jahr 1184 beispielsweise wird von einem geplanten Großturnier bei Ingelheim berichtet. Auch im Süden Frankreichs gab es zur gleichen Zeit überregional bedeutende Veranstaltungen. Doch nicht nur die Engländer zogen die Turnierplätze Nordfrankreichs vor. Der Einzugsbereich des Kernlandes des Turniers reichte von Niederlothringen und Flandern über die Normandie und die Bretagne bis nach Burgund. Verantwortlich für die hohe Dichte und offenkundige Attraktivität dieses Raumes war weniger das französische Königtum, das sich bei der Ausrichtung derartiger Veranstaltungen bemerkenswert zurückhielt. Zahlungskräftige und begeisterte Sponsoren fand der Turniersport vielmehr in den großen Baronen der Region: »*Alle zwei Wochen turnierte man an diesem oder jenem Ort*«[186], so lesen wir in der Lebensbeschreibung

William Marshals. Die Schauplätze der Turnierveranstaltungen waren mehrere hundert Hektar große Areale, die meist von natürlichen Gegebenheiten gut begrenzt waren. Nicht selten handelte es sich um ein Tal, dessen angrenzende Höhenzüge einen guten Aussichtspunkt für zahlreich sich einfindende Zuschauer boten. Besonders die höfischen Epen erwähnen zudem immer wieder künstliche Tribünen und Gerüste, auf denen das Publikum und insbesondere die Damen aus geringer Distanz dem Sportgeschehen zu folgen vermochten.

Die Einladung zu einer solchen Turnierveranstaltung erfolgte relativ kurzfristig, häufig nicht mehr als zwei Wochen vor dem Termin des Ereignisses. Verbreitet wurde sie einerseits durch Mundpropaganda auf der jeweils zurückliegenden Veranstaltung. Zum anderen ergingen Einladungsschreiben an befreundete Herren und Barone. Matthäus Paris († 1259) hat uns ein solches Schriftstück für das Jahr 1215 überliefert, dessen Empfänger dringend darum ersucht wird, »*dass Ihr zu besagtem Turnier mit Pferden und Waffen so vorbereitet kommt, dass Ihr Ehre davon habt. Wer das beste da verrichtet, der erhält einen Bären, den eine Dame zum Turnier schickt*«.[187] Wirkungsvoller als derartige Dokumente war in der schriftarmen Laiengesellschaft des Mittelalters jedoch der Einsatz mündlicher Nachrichtenträger. Hier kamen erstmals Spezialisten ins Spiel, die den gesamten Turnierverlauf durch Fachwissen, Kommentare und Reklamerufe begleiten sollten: die *Herolde*. Im 12. Jahrhundert darf man sich hierunter noch keine fest umrissene Berufsgruppe vorstellen. Es handelte sich vielmehr um »Ausrufer« aus sozial sehr unterschiedlichen Schichten, zu denen auch zahlreiche Angehörige des fahrenden Volkes zählten. Doch auch bedeutende adlige Persönlichkeiten wie der Troubadour Bertran de Born waren sich nicht zu schade, Verse für den Veranstalter eines prestigeträchtigen Ritterspiels zu schmieden. »*Der Graf hat in Eile durch Ramon-Luc d'Esparron bei mir anfragen lassen, für ihn ein Lied nach der Art zu dichten, durch das an die tausend Schilde verbeult, mit dessen Hilfe Helme, Harnische, Kettenhemde und Waffenröcke zerstört und zerbrochen werden*«, so leitete er seine kunstvolle Komposition ein, die auf den Refrain endete: »*Ein jeder Mann nehme seine Waffen auf, denn er wird in Toulouse erwartet.*«[188] Den Teilnehmern aus der Gascogne versprach das Lied nicht nur die Anwesenheit vieler prominenter und geübter Turnierteilnehmer, sondern auch leichte Beute: »*Sobald sie eingetroffen sind, um über die Felder in das Turnier zu sprengen, werden die Catalanen und Aragonesen oft und mit wenig Anstrengung fallen. Denn sie werden kaum in der Lage sein, sich im Sattel zu halten, mit solch dichten Hieben werden wir sie dort überziehen.*«[189]

➡ Die Herolde luden zum Turnier und kommentierten live das Kampfgeschehen (Livre des turnois, um 1490).

➤ Mannschaftssport: Oftmals reisten die Ritter schon im Team unter ihren Bannern zum Turnierort
(Livre des turnois, um 1490).

Das Zitat zeigt, dass die Mannschaften offenbar nach der Herkunft der Teilnehmer aufgestellt wurden. Auch wenn die problematische historische Begriffsbildung des Wortes »Nation« es schwer macht, für das 12. Jahrhundert von »Nationalmannschaften« zu sprechen, so trifft dieser Ausdruck doch ziemlich genau die Gegebenheiten auf den Turnierfeldern des hohen Mittelalters.

In der Regel fanden sich die Neuankömmlinge auf dem Turnierfeld bereits in größeren Gruppen ein. Dies konnten eingespielte Turnierteams oder Ritterbanner von sechs, zehn oder fünfzehn Köpfen sein. Meist aber reisten die großen Barone mit einer zu mehreren Dutzend, wenn nicht gar Hunderten zählenden Rittermannschaft an. Diese herrschaftlich und persönlich eng miteinander verschweißten Teams wurden vor Ort einer der beiden Seiten zugeordnet: Als vor dem Turnier von Komarzi die Regeln diskutiert wurden »*wie wir hier turnieren sollen*«, war man sich rasch einig: »*Wie sonst als Land gegen Land?*«[190]. Dabei ergaben sich häufig wiederkehrende Konstellationen, die nicht selten politischen Bündnisstrukturen folgten, die aber durchbrochen werden konnten, wenn dadurch eine Mannschaft das Übergewicht zu erlangen drohte. Unabhängig angereiste Kämpfer wählten selbst die bevorzugte Seite, wobei sie sich sehr darum bemüht zeigten, keinesfalls gegen den eigenen Lehns- oder Landesherrn antreten zu müssen. Natürlich waren persönliche, freundschaftliche Kontakte zwischen den Seiten niemals auszuschließen. Unser Turnierheld William Marshal besaß beispielsweise in Lagny-sur-Marne einen zuverlässigen Partner auf der Gegenseite, mit dem er vertragsgemäß den Turniergewinn teilte. Es ist durchaus anzunehmen, dass auf diesem Wege Interna bis hin zur gegnerischen Teamstrategie an das Ohr des Marschalls gelangten.

Hauen und Stechen: das höfische Turnier

Solche Informationen waren für William von unschätzbarem Wert, repräsentierte er doch weit mehr als einen gewöhnlichen Turnierteilnehmer. Wenn wir die Turnierteams mit Nationalmannschaften vergleichen, so war William Marshal Teammanager und Mannschaftskapitän zugleich. Er stand operativ an der Spitze der normannischen Equipe. »Besitzer« dieses Clubs aber war Prinz Heinrich Plantagenet, der Sohn König Heinrichs II. von England. Dieser verfügte über umfassende Geldmittel und den Willen, diese in glanzvolle Erfolge auf den Turnierfeldern Frankreichs zu investieren. Die Engländer waren bis dato in sportlicher Hinsicht wenig angesehen. Anfangs, in den Jahren 1175/76, erlitt die Mannschaft des Prinzen daher immer wieder herbe Niederlagen und galt als leichte Beute für ihre Angstgegner aus der französischen Krondomäne. Doch dank der Bemühungen William Marshals und der Finanzkraft seines Sponsors gelang es schließlich, dem bisherigen Favoriten seine Rolle streitig zu machen. William rekrutierte seine Kämpferelite dabei keineswegs nur aus den angevinischen Territorien, sondern versammelte unter den englischen Fahnen die besten Ritter, die das damalige Westeuropa zu bieten hatte. *»Ohne zu feilschen«*, so heißt es in seiner Lebensbeschreibung, warb er *»die tüchtigsten Ritter aus Frankreich, Flandern und der Champagne«*.[191] Diese multinationale Formation umfasste 1179 bei Lagny etwa 200 Köpfe, die zugleich die Kerntruppe der insgesamt um die 1500 Ritter starken Turnierpartei darstellte. Gewaltige Geldsummen hatte Prinz Heinrich zu diesem Zweck aufgewendet. Jedem seiner Turnierritter bezahlte er die Summe von 20 Schilling und zwar von dem Moment an, in dem sie das Haus verließen, um zur englisch-normannischen Mannschaft zu stoßen. Insgesamt ergaben sich dadurch Ausgaben von 200 Pfund Sterling pro Saisontag. Zum Vergleich: Dies entsprach dem Jahreseinkommen eines mittleren Grundherren oder der Jahressteuer der Grafschaft Worcester an die englische Krone. Doch diese Investitionen brachten dem jungen, gut aussehenden Prinzen, der bald als »Blüte des höfischen Rittertums« verehrt wurde, eine kontinuierliche Serie von Erfolgen, die seine Popularität weit über diejenige aller Magnaten seiner Epoche zu steigern vermochte.

Siegerpreis und Beute

Doch nicht nur für den Sponsor, der sich übrigens in eigener Person wacker auf dem Turnierfeld schlug, galt es, persönliches Ansehen zu erringen. Wurde das Turnier bisher vor allem als Mannschaftssport beschrieben, so war es mindestens im selben Grade eine Einzeldisziplin. Zwar basierte der Erfolg stets auf der engen Kooperation der Mitglieder einer Turnierpartei. Doch zu den Siegern konnte sich gewöhnlich nur derjenige zählen, dessen individuelle Erfolge ihn über andere emporhoben. Bei fast allen Turnieren erfahren wir von einer Art Einzelwertung, einem Turnierpreis für den besten Kämpfer. Dieser bestand nicht, wie in den höfischen Epen häufig wiederkehrend, in der Hand einer Prinzessin oder reichen Erbin. Vielmehr waren es häufig kleine, symbolische Sachpreise von geringem materiellen Wert – Tiere wie Falken, Bären oder Pferde. Doch spielten die Damen durchaus eine Rolle, denn gemeinsam mit den Sponsoren und Initiatoren des Turniers waren meist sie es, die über die Leistungen der Turnierteilnehmer zu urteilen hatten. Aus der Lebensbeschreibung des William Marshal erfahren wir etwa, dass er 1178 in Pleurs gerade damit beschäftigt war, seinen durch Schläge verbeulten Helm mittels Hammer und Zangen vom Haupt zu lösen, als ihn die Nachricht von seinem Turniersieg erreichte. Übergeben wurde ihm sein Gewinn, ein Hecht von enormer Größe, durch eine, wie es heißt, »*einflussreiche und mächtige Dame, die versessen war auf ritterliche Taten*«.[192]

Attraktiver als die Einzelwertung war für die meisten Turnierteilnehmer jedoch die Aussicht auf persönliche Bereicherung durch Beutestücke. Sie waren das eigentliche Ziel des Turniersports. Wem es nämlich gelang, einen Gegner kampfunfähig zu machen und gefangen zu nehmen, dem winkte ein immenser materieller Profit: Er erhielt die komplette Kampfausrüstung des Gegners. Bisweilen wurden zusätzlich hohe Lösegelder für die gefangenen

→ Von der Tribüne aus verfolgten die Damen das Geschehen auf dem Turnierplatz und überreichten dem Sieger kleine Sachpreise (franz. Buchmalerei, spät. 15. Jh.).

Ritter veranschlagt. Aber selbst wenn es nicht gelang, des Gegners persönlich habhaft zu werden, stellte doch allein dessen Streitross eine lohnende Beute dar. Für William Marshal, der als vierter Sohn eines nicht allzu wohlhabenden englischen Adligen weder über Land und Lehen noch über Geldeinkünfte verfügen konnte, stellte diese Praxis ein bedeutendes Karrieresprungbrett dar. Zu seinem ersten Turnier hatte er auf einem einfachen Klepper reiten müssen, da er sein Schlachtross kurz zuvor bei einem Gefecht eingebüßt hatte und ihm die Geldmittel für einen angemessenen Ersatz fehlten. Doch schlug er sich derart gut, dass sein Biograph am Ende resümieren konnte: »*Nur bis zu diesem Tag war der Marschall ein armer Mann, da es ihm an Besitz und Pferden gebrach. Nun aber hatte er durch Gottes Gnade viereinhalb schöne Schlachtrösser. Er besaß außerdem Pack- und Reitpferd, edle Saumtiere und Rüstungen.*«[193]

Wie William versuchten viele angehende Ritter – die meisten Turnierteilnehmer waren Junggesellen mit geringer Besitzgrundlage – im sportlichen Wettkampf ihr Glück zu machen. Das gerade für Anfänger unproportional hohe Risiko, die Ausrüstung an den Gegner zu verlieren, bedeutete jedoch nicht selten den finanziellen Ruin und hohe Verschuldung. Immerhin ließ William Marshal als gefeierter Turnierchampion nicht selten Gnade walten und erließ, nicht zuletzt vielleicht aus eigener biographischer Erfahrung, seinen Gefangenen die Ablösesumme für Rüstung und Pferd. Auch waren die großen Magnaten oftmals bereit, ihren Gefolgsleuten den finanziellen Verlust während eines Turniers auszugleichen, wie dies der junge Prinz Heinrich regelmäßig tat.

Vorspiel und Turnierbeginn

Zu Beginn des großen Spektakels bezogen beide Turnierparteien eine im Gelände abgesteckte Basis. Dieser Bezirk galt als »sicher«, d.h. frei von Kampfhandlungen. Er diente erschöpften Kämpfern als Zufluchtsort, beherbergte ein Reservoir an Ersatzpferden und Waffen, wurde aber auch zur Sicherung von Beutepferden und Gefangenen genutzt. Vor dem eigentlichen Turnier fand zwischen den Lagern meist eine Reihe von Einzelkämpfen und Herausforderungen zwischen besonders wagemutigen Jungrittern statt. Diese *Vesperie* konnte auch ein Schau- und Paradereiten umfassen und sollte Publikum und Teilnehmer auf den Hauptkampf einstimmen. Dieser begann gewöhnlich, sobald sich eine Seite dazu bereit fühlte und in geschlossener Formation den Sicherheitsbezirk verließ. Immer wieder hören wir die Ermahnungen der Anführer: »Haltet euch zusammen, das ist gut für Euch«.[194] oder »Nun macht den Anlauf nicht zu lange«.[195] Erst wenn sich die Gruppen auf kurze Distanz gegenüberstanden, gaben die Ritter ihren Pferden die Sporen. Was sich nun abspielte, kopierte ziemlich exakt die Auftaktstrategie einer mittelalterlichen Reiterschlacht: Mit gewaltigem Krachen prallten die eng geschlossenen Reiterverbände mit einer Geschwindigkeit von etwa 60 km/h aufeinander.

➤ Kurz vor dem Lanzenstoß: In geschlossener Formation stürmen die Scharen gegeneinander (Prosatristan, Dijon, um 1450).

Gelang es, die wankenden Reihen zu durchbrechen, so galt es, in einer schnellen Kehrtwende den Gegner im Rücken und an den Flanken zu fassen. In einem Turnierbericht des Ulrich von Liechtenstein († 1275) heißt es dazu: *»Da nahm ich wieder einen Speer in meine Hand; nun stapfte gegen uns die Schar des Herrn Hadmar, da kamen wir zusammen, wie gegen Feinde; ich nahm mein Ross mit den Sporen und trieb es auf Herrn Hadmars Schar, so, dass ich meinen Speer wohl verstach, mit Gewalt brach ich durch die Schar hindurch, und die Meinen ritten geordnet nach mir. Als wir die Schar durchritten hatten, erholte sich männlich Herr Hadmar. Bei der Umkehr fing er mir drei gute Ritter ab, das war ritterlich getan, doch umringten* wir ihn, da sprengte ihm zu Hilfe sein Bruder Herr Heinrich herbei, sie ritten schöne in uns herein, da hörte man der Speere Krachen, und als wir wichen und von den Feinden Not litten, kam uns zu Hilfe Herr Wolfker von Gors mit den Seinen, der Hochgemuth sich befleißigte, dass sein Anritt schön würde, er durchbrach mit Wucht die Formation, was Herrn Hadmar Ungemach gab.«[196]

In einigen Fällen brachte der Frontalangriff nicht das gewünschte Ergebnis. *»Da war das Turnier wie eine Wand zum Stillstand gekommen«*, so heißt es treffend um 1200 im »Lanzelet«-Roman.[197] In seltenen Fällen musste das Turnier bei solch einem Patt ergebnislos abgebrochen werden. Es gab durchaus Strategien, die der Dynamik des Kampfgeschehens neuen Auftrieb gaben. Insbesondere der Flankenangriff bisher zurückgehaltener Reserven brachte Unordnung in die gegnerischen Reihen. Besonders geschickte Turnierkapitäne, allen voran Graf Philipp I. von Flandern, hielten sich über längere Zeit zurück, um dann mit frischen Kräften die gegnerische Formation zu sprengen.

Ritter ohne Hirn?
Vom Wert
der Freigebigkeit

»Das Turnier war ein Fest. Es endete wie alle Feste in der sorglosen Verschwendung von Reichtümern«, so konstatierte der französische Mittelalter-Historiker Georges Duby über den Ausklang ritterlicher Kampfspiele am Ende des 12. Jahrhunderts. William Marshal, dem »Besten aller Ritter«, lastet er dabei einen nicht geringen Anteil an dieser Konsumorgie an. *»Indem er mit großer Geste die Säcke mit dem eben erst erworbenen Geld auf den Tisch warf«*, habe er das mühsam verdiente Vermögen hemmungslos der Verschwendung anheimgegeben. Er habe es an Ruhmsänger ebenso vergeudet wie an weniger glückliche Mitstreiter, habe gefangene Gegner unentgeltlich in die Freiheit entlassen und überall von seinem Großmut von sich Reden gemacht. Duby stellt dies mit offensichtlichem Unverständnis für seinen Helden fest, dessen *»Gehirn anscheinend zu klein war, um die seiner Natur gemäße Entfaltung der körperlichen Kraft durch überflüssige Gedankengänge einzuengen«*.[198]

Weniger die Polemik als vielmehr die Ratlosigkeit des Biographen muss allerdings Widerspruch provozieren. War William Marshal tatsächlich jener verritterte Vollidiot, als den Duby ihn dem heutigen Leser darstellt? Oder folgte sein Handeln einer eigenen, eben mittelalterlichen Logik? Tatsächlich scheint der Begriff der Verschwendung kaum angebracht, sobald man sich vom engen Denken bürgerlicher Ökonomie verabschiedet, der Dubys Urteil so offensichtlich verhaftet ist. Denn was hätte William Marshal mit all den Pferden, mit all dem erbeuteten Gut seiner Turniersiege anfangen sollen? Eine stattliche Summe behielt er in seinem Beutel, doch für den Rest fehlte es an sicheren Bankhäusern oder gar Investmentfonds. William Marshal investierte daher in den einzigen Bereich, der in seiner Epoche sicher und langfristig profitabel war: in seinen Ruf als ehrenwerter Ritter und in sein soziales Netzwerk, seine persönlichen Freundschafts- und Loyalitätsbindungen. Genau diese Ressourcen halfen William, als er sich in den 1180er-Jahren mit seinem Sponsor Prinz Heinrich überwarf. Die mächtigsten Magnaten Frankreichs buhlten um seine Gunst und boten ihm gigantische Summen, damit William in ihren Dienst trete. Wenn er am Ende seiner Turnierlaufbahn auch eingestehen musste, er sei *»ein armer Junggeselle, der nicht einmal ein kleines Stückchen Land besitzt«*,[199] so war er doch keineswegs mittellos, denn er profitierte von dem »sozialen Kapital«, das er angehäuft hatte. Ansehen und Freundschaften trugen ihn weiter empor und machten ihn über eine Heirat zunächst zu einem der führenden Landbesitzer Englands und schließlich – von 1216 bis 1219 – für drei Jahre gar zum Regenten des Angevinischen Reiches. Was heute als Verschwendung erscheint, war aus Sicht des mittelalterlichen Menschen eine sichere Investition.

Damit war die zweite, für die Einzelkämpfer kritische Phase des Turniers eröffnet: Wandte sich eine Partei zur Flucht, so zerfielen die Kampfformationen in zahlreiche kleinere Trupps und es begann die große Jagd nach Gefangenen und Beutepferden. Die übliche Strategie dazu war, dem gegnerischen Reiter die Zügel zu entreißen, damit er die Kontrolle über sein Pferd verlor. Zusätzlich deckte man seinen Helm mit einer dichten Folge von Hieben ein, sodass ihm die Sinne schwanden und er in einen Dämmerzustand wehrloser Bewusstlosigkeit hinüberglitt. Besonders kritisch wurde es, wenn dem Kämpfer hierbei der Helm vom Kopf gerissen wurde. Der Turnierkämpfer habe zu beweisen, so propagierte es der Dichter Heinrich von Laon, dass er im dichtesten Gedränge des Turniers »*einen Helm zu tragen vermag, der trotz des Mangels an Luft darin den Schlägen und Hieben, die darauf niederprasseln, stand halten kann, so sicher, als trüge er eine Mütze aus Stoff. Denn ein Mann in einer solchen Lage ist eingehüllt in den eigenen Schweiß und sein Blut, und das nenne ich das hohe Bad der Ehren*«.[200]

Der Wettkampf endete in der Mehrheit der Fälle, wenn die besiegte Seite sich endgültig in ihren Schutzbezirk flüchtete oder sich die Dämmerung über das Turnierfeld senkte. Die Ausrufer und Herolde, die als Livekommentatoren bereits auf dem Kampffeld anwesend waren, verbreiteten nun die Nachrichten der tapfersten Taten. Während die Kampfrichter tagten, wurde zwischen den Parteien um Beutestücke und Lösegelder geschachert, es wurden Regelverstöße und unritterliches Verhalten reklamiert, aber auch herzlich über gelungene Schelmenstreiche gelacht. Schließlich aber wurde ausgelassen gefeiert.

Gefahren des Turnierkampfes und Aufstieg des Einzelstechens

Der Massenkampf war eine Kontaktsportart, die ein hohes Verletzungsrisiko mit sich brachte. Platzwunden und Blutergüsse gehörten zweifellos zu den gewöhnlichen Begleiterscheinungen. Wohl ist in den Quellen immer wieder von schweren Verwundungen, ja gar tödlichem Ausgang bei einzelnen Kombattanten zu lesen. Diese »Todesfolgen« waren aber keineswegs die Regel, sie werden zumeist als bedauerliche Unfälle mit spektakulärem Seltenheitswert dargestellt. Oft wurde ein Turnier nach solch einem Unglück abgebrochen, nur selten blieb es bei einem lakonischen »the games must go on«. Selbst wenn wir von einer erheblichen Dunkelziffer ausgehen, so sei daran erinnert, dass auch moderne Sportarten mit erheblichen Gefahren für Leib und Leben verbunden sind, ohne dass sie deshalb gleich als unzumutbare Risiken eingestellt oder verboten worden wären. Die achtzig verunglückten Fahrer der 60-jährigen Formel-1-Geschichte haben die Faszination für den Rausch der Geschwindigkeit nicht zu brechen vermocht.

Mancher Unfall beim Turnier erweist sich bei näherem Hinsehen als getarntes Attentat, wie etwa der Tod des Ernaut de Montigny im englischen Walden 1252. Sein Gegner nämlich, so stellte sich bei der Bergung der Leiche heraus, hatte ihn absichtlich mit einer scharfen Lanzenspitze attackiert, die exakt zwischen Helm und Halsberge die Kehle des Kämpfers durchdrungen hatte. Der

Mörder hatte ein klares Motiv, denn Ernaut hatte ihm bei einem früheren Turnier das Bein gebrochen. In anderen Fällen handelte es sich um echte Unfälle. Einer davon traf 1241 ausgerechnet Earl Gilbert, den dritten Sohn William Marshals. In der Chronik des Matthäus Paris ist dieses Ereignis ausführlich beschrieben und überdies ins Bild gesetzt worden. Er war, offenbar erfüllt von dem Wunsch, es seinem berühmten Vater gleich zu tun, auf einem übermäßig heißblütigen Pferd zu einem Turnierkampf bei Hertford angetreten. Seine Gefolgsleute hatten ihn auf der Jagd nach Beute im Stich gelassen, als er mit einem Mal die Kontrolle über sein Streitross verlor. Weiter heißt es bei Matthäus: »*Der Earl hatte zu reichlich gegessen und war geblendet durch Hitze, Staub und Schweiß, während sein schwerer Helm ihm hart auf den Kopf drückte. Weder er noch irgendjemand anders vermochte sein Pferd zu zügeln. Indem er von dem durchgehenden Ross davongetragen wurde, begann der Earl im Sattel zu wanken und kippte schließlich in einem Ohnmachtsanfall vom Pferd. Mit dem Fuß nach wie vor in einem Steigbügel gefangen, wurde sein Körper über das Feld gezogen. So wurde sein Leib zerschmettert, mit gebrochenen Rippen und Abschürfungen.*«[201]

Mit dem Tod auf dem Turnierfeld war eine für die Zeitgenossen noch sehr viel ernstere Gefahr verbunden, nämlich der Verlust des Seelenheils. Schon bald warnte die Kirche die turnierbegeisterte Ritterschaft vor dem ewigen Tod in den Flammen der Hölle. Im ausgelassenen Treiben sah sie eine sündenbeladene Abkehr vom ritterlichen Schutzauftrag und insbesondere der Verpflichtung zum Kampf gegen die Heiden. »*Jene abscheulichen Turniere und Festlichkeiten aber, zu denen Ritter nach Verabredung sich zu treffen pflegen und wo sie zur Zurschaustellung ihrer Kräfte und tollkühnen Dreistigkeit miteinander kämpfen, wobei oft tödliche Gefahren für Körper und Seele entstehen, untersagen wir gänzlich*«[202], so hieß es 1130 erstmals im Kanon einer päpstlichen Synode, die den im Turnierkampf

Gefallenen generell ein christliches Begräbnis verweigerte. Es bedurfte oft beharrlicher Anstrengungen und erheblicher Summen der Hinterbliebenen, um einen Dispens zu erlangen.

Die zahlreichen Verbote konnten die adlige Turnierleidenschaft jedoch kaum wirkungsvoll dämpfen. Ohne Effekt blieben sie dennoch nicht. Denn im Bestreben, dem allgemeinen Turnierverbot zu entrinnen, entwickelten sich neue Formen des ritterlichen Kampfsports. Es wurde bereits erwähnt, dass im Vorfeld der großen Massenturniere sehr häufig der Einzelkampf zweier Ritter vor dem versammelten Publikum zelebriert wurde. Diese Form des Lanzenstechens, mit Fachausdruck *Tjost* genannt, hatte den offensichtlichen Vorteil, dass die Einzelleistung der Wettkämpfer dabei deutlicher zum Ausdruck kam als im Gewühl des in Staubwolken gehüllten Massenkampfs. Außerdem war der Tjost eben schon vom Namen her kein Turnier und daher vom Kirchenbann ausgenommen.

Zunächst lässt sich die neue Turnierform wiederholt unter dem Namen »Tafelrunde« fassen. Im Heldenlied »Sone de Nansay« wird das Reglement eines solchen Schaukampfs ausführlich vorgestellt. Inmitten eines größeren Areals, so lesen wir in dem Text, war ein Zelt aufgestellt, das als das Zelt der Königin der Tafelrunde bezeichnet wird. Hundert Schilde, die Wappenzeichen der Ritter der

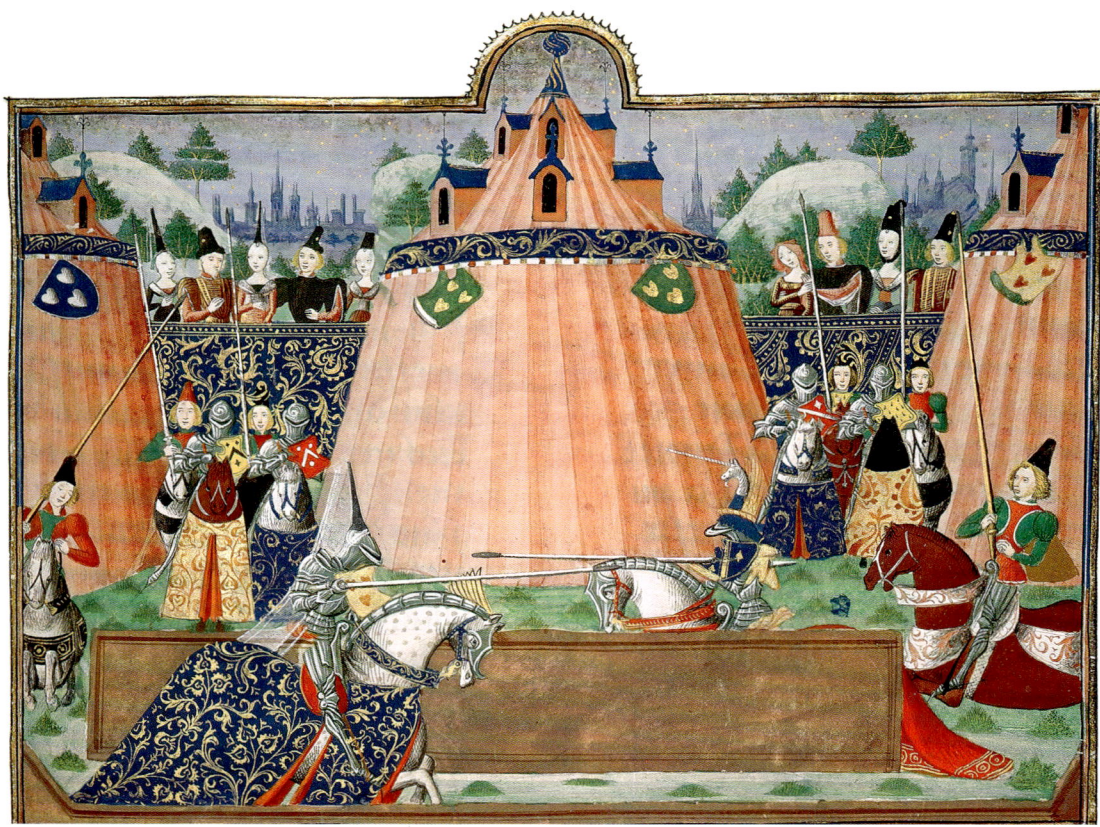

→ Der Tjost, das Lanzenstechen zwischen zwei Rittern, erlebte seine Blüte im Spätmittelalter. Auch in St. Inglevert traten Ritter 1390 im Zweikampf gegeneinander an (Meister des Harley-Froissart, um 1470).

In eisernen Fußstapfen: Wege des Ritters

Tafelrunde, waren dort angebracht. Zunächst formierte sich eine ähnlich große Mannschaft von Herausforderern. Vom Rand aus verfolgten sodann die Zuschauer und Kampfrichter, wie die Herausforderer nun der Reihe nach jeweils einen Schild der Tafelrunde berührten und seinen Träger damit zum Zweikampf aufriefen. Zwei Tage lang wurde auf diese Weise im K.o.-System turniert, bis unter den verbleibenden Teilnehmern der Gesamtsieger gekürt werden konnte.

»Entschärfung« des Turniers

Die Idee der »Tafelrunde« bot hier allenfalls den feierlichen Rahmen eines sportlichen Wettbewerbs, und es ist bezeichnend, dass Einzelstechen auch ohne dieses Beiwerk gegenüber dem älteren Massenturnier an Bedeutung gewannen. Unter dem Einfluss der kirchlichen Turnierverbote und der zunehmenden institutionellen Verfestigung spätmittelalterlicher Herrschaft lässt sich auch an anderen Punkten das Bemühen erkennen, das Turniergeschehen zu befrieden. Bereits um die Mitte des 13. Jahrhunderts mehren sich auch die Stimmen höfischer Dichter gegen die vermeintlich zunehmende Gewaltsamkeit der Turnierkämpfe. »*Früher war Turnieren ritterlich. Heute ist es rinderlich, wütig, todbringend, prahlerisch. Mordmesser, Mordkolben, geschliffene Äxte, um zu töten: so sieht heute das Turnier aus. Davon werden einer schönen Dame die Augen rot und das Herz kalt, wenn sie ihren lieben Mann da in mörderischer Gefahr weiß*«[203], so reimt der Spruchdichter Reinmar von Zweter († nach 1248). Vermutlich erfasst er damit weniger eine tatsächliche Zunahme von Gewalt als vielmehr eine gesteigerte Sensibilisierung für Regelverstöße und die damit verbundene Verletzungsgefahr auf dem Turnierfeld.

Etwa um die gleiche Zeit ist immer häufiger vom Einsatz abgestumpfter und mit »Turnierkrönlein« versehener Lanzen zu lesen. Vorher ist eine solch klare Trennung von Sport- und Kriegsgerät nicht nachzuweisen. In den 1292 erlassenen Turnierstatuten des englischen Königs Edward I. heißt es überdies ausdrücklich: »*Kein Ritter oder Knappe, der zum Turnier kommt, soll ein spitzes Schwert oder spitzes Messer und weder Streithammer noch Schwert mit scharfer Klinge während der Veranstaltung tragen.*«[204] Wer eines Verstoßes gegen diese Vorschrift überführt wurde, wurde mit dem Verlust von Pferd und Waffen sowie einer bis zu dreijährigen Haftstrafe bedroht. Weiterhin sollte auch niemand außer den Turnierrittern den Gegner vom Pferd ziehen dürfen, Zuschauer hatten ohne Dolche oder Knüppel zu erscheinen, Waffenknechten war das Mitführen eigener Messer, Schwerter oder Lanzen bei schwerer Strafe untersagt. Der englische König selbst hatte durchaus Grund zu dieser Hervorhebung des sportlichen Charakters, denn er hatte sich im Laufe seines Regiments von einem begeisterten Fürsprecher zu einem Gegner des traditionellen Massenturniers gewandelt. Grund dafür wird nicht zuletzt das in der Chronistik zum Jahr 1274 als »Kleine Schlacht von Charlon« bezeichnete desaströse Turnier der Engländer gegen Ritter aus Burgund gewesen sein. In der Hitze des Gefechts waren die im Sicherheitsbezirk stationierten Fußtruppen ausgerückt und hatten ihrerseits die englischen Lanzenträger und Bogenschützen zum blutigen Eingreifen provoziert.

Da durch die Mediatisierung kleinerer Grafschaften durch die französische Krone zudem auch die Zahl der Sponsoren dahinschwand, endete bald darauf die glanzvolle Ära des Massenturniers im Westen Europas. In Nordfrankreich geschah dies bereits gegen Ende des 14. Jahrhunderts. Das letzte Massenturnier in England wurde 1342 veranstaltet, in Flandern findet sich der finale Beleg für das Jahr 1379, während der Mannschaftssport unter den Rittern des Reichs noch bis ins 16. Jahrhundert mit einem in mehrere Regionalligen unterteilten Meisterschaftssystem weiter gepflegt wurde.

Renaissance des Turniers im 15. Jahrhundert

Wenn Teile der Forschung mit dem Ausklang des Massenkampfs zugleich ein schleichendes Ende der ritterlichen Turniere insgesamt postulieren, so befinden sie sich damit im Unrecht. Speziell seit der Mitte des 15. Jahrhunderts gewann der Turniersport in deutschen Landen unversehens erneut an Konjunktur. Grund war nicht zuletzt ein verstärktes Standesbewusstsein des niederen Adels, der seine wirtschaftliche und soziale Vorrangstellung zunehmend infrage gestellt sah und sich als Reaktion darauf auf das »alte« ritterliche Selbstverständnis besann. Ergebnis war das Entstehen zahlreicher Adelsgesellschaften, die sich erneut den althergebrachten Ritterspielen widmeten. Dabei wurde die Teilnahme am Turnier, das ausdrücklich als »Sieb des Adels« bezeichnet wurde, dezidiert als exklusives Vorrecht des Adels betrachtet. Wer an solch einem Ereignis teilnehmen wollte, der musste seine ritterliche Abkunft präzise und überzeugend, zumeist bis in die vierte Generation, nachweisen.

Gehörte das Turnier des 15. und 16. Jahrhunderts auch zum langen Schwanengesang des untergehenden adligen Rittertums, so wurde es doch von den Beteiligten mit ungeheurem Eifer und großer Leidenschaft betrieben. Von Seiten der Kirche waren die alten Turnierverbote längst außer

→ An der Wende zur Neuzeit war aus dem Turnier ein überreglementierter Sport mit spezieller Ausrüstung geworden (Turnier Buch, 16. Jh.).

Geltung gesetzt worden, und auch Beschränkungen durch die höchste Reichsgewalt wusste man trefflich zu ignorieren. Der junge König Maximilian I. (1459–1519) unterlief etwa das ihm von seinem Vater Friedrich III. auferlegte Verbot, indem er »*contrefayt des kaisers handgeschrift*«[205] – also zum Unterschriftenfälscher wurde. Grund für Friedrichs Ablehnung des Turnierwesens war übrigens vornehmlich die Gefährdung, die insbesondere das von Maximilian praktizierte »scharfe Gestech« mit sich brachte. Allerdings hatte sich in der zweiten Hälfte des 15. Jahrhunderts auch die Rüstung des Turnierritters stetig verbessert. Ihre Brustplatte wurde auf der linken, dem Lanzenstoß zugewandten Seite massiv verstärkt. Als Aufleger für die bis zu 10 Kilogramm schwere Stechstange war sie zudem mit einem Rüsthaken versehen, der im Rasthaken auf der Rückseite ein Gegenstück fand. Einen zusätzlichen Schutz für Bauch und Schenkel bildete zudem der Sattel im Hohen Zeug, der die untere Körperpartie des Reiters fest umschloss und auf diese Weise das Beinzeug der Plattenharnische entbehrlich machte. Den Schutz von Kopf und Augen übernahm der schwere Stechhelm mit überragender Kinnplatte. Er gewährleistete die Sicht auf den Gegner beim Anritt. Kurz vor dem Aufprall jedoch wurde der Kopf nach oben genommen und so ein Eindringen von Lanzensplittern verhindert.

Die Turnierspiele um die Wende zur Neuzeit folgten einer Unzahl möglicher Regelvarianten, die hier unmöglich vollständig wiederzugeben sind. Mal wurden nach Aufprallbereich und Wirkung des Treffers Haltungsnoten verteilt, mal eine bestimmte Zone im Schild anvisiert, dann wieder allein der Stoß vom Pferd als Turniererfolg anerkannt. Wie sehr sich das Stechen des späten Mittelalters schließlich zur stark regulierten Sportart gewandelt hatte, belegt etwa eine Szene von der Landshuter Hochzeit des Jahres 1475. Am frühen Nachmittag hatten dort der bayerische Herzog Christoph und ein polnischer Hochzeitsgast ein Gestech verabredet. Doch bevor der Wettkampf vor großem Publikum begann, galt es zunächst, die Regelkonformität der Turnierausrüstung zu überprüfen. »*Sie stiegen auf der Bahn ab und untersuchten einander, ob einer von ihnen bei dem andern einen (unerlaubten) Vorteil fände*«, so heißt es im Bericht des Hans Oringen. »*Darüber wurde es völlig Nacht, sodass sie an diesem Tag ohne Rennen blieben und von der Bahn abzogen.*«[206] Am folgenden Tag wurde die Untersuchung erneut begonnen, und schließlich entdeckte man beim Polen ein breites Stück Leder unter dem Sattel, das ihm offenbar eine erhöhte Sitzposition verschaffen sollte. Als nach Stunden das Stechen dann doch geritten wurde, erwies sich Herzog Christoph nach wenigen Sekunden bereits als Sieger.

Verwüsten und
Belagern:
der Ritter im Kampf

»Sohn, *wenn das Glück es dir gestatten sollte, dass du die Zeit der Liebe erlebest, dass die Güte der Frauen dir Freude gibt, so kann dir niemals besseres geschehen in dieser Welt abgesehen vom Kampf.«*[207]

Abrupt holen uns diese Verse des um 1220 verfassten Lehrgedichts »Der Winsbeke« aus dem rosa Himmel höfischer Ritterliebe zurück auf den Boden des blutigen Waffenhandwerks. Der Ritter war in erster Linie ein Krieger, sein Geschäft die mehr oder weniger edle Kunst des Totschlagens. In aller Herren Länder als »ganzer Kerl« würde nur derjenige gelten, so lässt sich eine kritische Stimme in der Mitte des 12. Jahrhunderts vernehmen, von dem man sagen könne: *»Der hat schon etliche erschlagen!«*[208]

Ob die Helden des »Nibelungenliedes« knietief im Blut wateten oder die Recken Roland und Oliver die vermeintlichen Heiden zu Hunderten niedermähten: Krieg war mit all seiner Brutalität Vorbild, fester Bestandteil, ja geradezu das Ziel ritterlicher Existenz.

Allerdings war Krieg nicht gleich Krieg. Je nach Schauplatz, Zielsetzung und Gegner waren Strategie und Taktik der Kriegsführung gänzlich andere.

Höfisches Spiel und blutiger Ernst

Die ausführliche Abhandlung des Turniersports vor dem Blick auf die militärischen Leistungen des Rittertums ist durchaus sinnvoll. Kampftaktik und vor allem die waffentechnische Entwicklung des ritterlichen Kämpfers in der Schlacht orientierten sich in hohem Maße an den Usancen des sportlichen Wettkampfs. Zum Vergleich: Unser Vorzeigeritter William Marshal muss, so ist aus seinen Aufzeichnungen zu schließen, in seiner Jugend an gut 60 Turnierveranstaltungen beteiligt gewesen sein. Dem stehen nur sechs überlieferte Gefechtssituationen, sei es in Form kleinerer Scharmützel oder großer Feldschlachten, gegenüber. Selbst wenn es im gleichen Zeitraum vermutlich weniger turniererfahrene, dafür häufiger in militärische Operationen verwickelte Ritter gab, wird man davon ausgehen können, dass ritterliche Kampftechniken insgesamt weitaus häufiger auf dem Turnierfeld als in der Schlacht angewendet wurden. Das hier Gelernte ließ sich im Kampf sicherlich gut anwenden.

»Wie im Turnier«, so heißt es in den Quellen, wurden sorgsam eingeübte Manöver auch auf dem Schlachtfeld erfolgreich umgesetzt. Die vielfältigen Entlehnungen vom Turniergeschehen in Taktik und Ablauf einer Ritterschlacht zeigen sich in der Lebensbeschreibung des William Marshal in der Schilderung des bedeutenden Gefechts von Lincoln. In der Zeit, in der unser nunmehr knapp siebzigjähriger Turnierheld die Regentschaft für den noch unmündigen König Heinrich III. von England übernahm, hatte er mit einer französischen Invasion der Insel fertig zu werden. Die siegreiche Schlacht von Lincoln 1217 stellt in diesem Zusammenhang tatsächlich einen der kritischsten Momente der englischen Geschichte dar. Es handelte sich um keine reine Ritterschlacht auf offenem Terrain, gefochten wurde innerhalb der Stadtmauern zwischen Häusern, in Gassen und auf Marktplätzen. Beteiligt waren neben etwa 1000 Panzerreitern zudem größere Kontingente an Fußvolk. Dennoch entspricht die Beschreibung der Schlacht in vielen Passagen den früheren Turnierschilderungen des Autors. Dies gilt nicht zuletzt für die Ziele der ritterlichen Kampfteilnehmer. Es ging im Wesentlichen darum,

➤ Die Schlacht von Lincoln 1217 kostete wenige Ritter (unten: Tod des Grafen von Perche), doch zahlreiche Fußkämpfer das Leben (Chronik des Matthäus Paris, um 1250).

den standesgleichen Gegner gefangen zu setzen. Als William Marshal, so wird berichtet, persönlich bis zum feindlichen Kommandanten, einem ihm familiär verbundenen Grafen von Perche, vorgedrungen war und dessen Pferd am Zügel packte, kam es zu einem Unglück. Die Lanze eines übereifrigen Kämpfers glitt an der Helmglocke des Grafen ab, ein Splitter bohrte sich durch den Sehschlitz ins Auge des feindlichen Anführers. Dieser Unfall wurde als solcher von allen Beteiligten tief bedauert. Ansonsten kostete die Schlacht unter den Rittern angeblich nur drei Tote, insgesamt 300 Panzerreiter wurden demgegenüber als Gefangene weggeführt. William Marshal hat diese Kriegsgefangenen keineswegs in Ketten legen, sondern wie am Abend nach einem erfolgreichen Turniertag auf seine Kosten reichlich bewirten lassen. Dem französischen Kronprinzen Ludwig, der nach einem Seesieg der Engländer ohne Flottenhilfe auf der Insel militärisch hoffnungslos isoliert war, gestattete er nicht nur den Abzug, sondern gab ihm auch in eigener Person das Geleit bis zur Küste. Ein ritterlicher Sieg für einen ritterlichen Kämpfer! Allerdings verschweigt die Quelle, dass William Marshal sich an den Besitzungen des gefallenen Grafen durchaus bereichert hat. Nur am Rande erwähnt sie auch die zahlreichen im Gefecht gebliebenen Fußkämpfer und notiert ohne rechtes Bedauern, dass viele von ihnen auf der Flucht von der Landbevölkerung gefangen und erschlagen wurden.

Damit sind bereits einige Grundlinien der ritterlichen Kriegsführung des Hoch- und Spätmittelalters skizziert, namentlich die Unterscheidung in Ritter und Nichtritter, die Betonung ritterlicher Ehrenhaftigkeit einerseits und die Brutalität gegenüber Schwächeren andererseits.

Es ist kaum möglich, einen irgendwie vollständigen Eindruck von der Realität ritterlicher Kämpfe zu vermitteln, nicht zuletzt, weil die Schriften mittelalterlicher Autoren nur ausnahmsweise geeignet sind, aus der Perspektive der Opfer einen Eindruck von den vielfachen Schrecken des Szenarios zu geben. Um zumindest nicht durch Zeitensprünge ein unscharfes und verwackeltes Bild zu zeichnen, sollen alleine Kriegshandlungen in der zweiten Hälfte des 12. Jahrhunderts beispielhaft skizziert werden.

Ritter gegen Ritter: die Tübinger Fehde (1164–1166)

Alles begann mit einer Maßnahme der Friedenssicherung. Der schwäbische Pfalzgraf Hugo von Tübingen ließ einige Ministeriale in seiner Grafschaft aufgreifen und wegen Straßenraubes verurteilen. Der Grund, weshalb sich hieraus eine verheerende Fehde entspann, aber war folgender: Unter den Festgenommenen befanden sich sowohl ritterliche Dienstleute Hugos als auch solche des Herzogs Welf VI. Der Pfalzgraf aber ließ die eigenen Leute ungeschoren, nur die fremden Ministerialen mussten hängen. Welf VI. drang daraufhin auf Genugtuung und erhielt zunächst eine entgegenkommende Antwort. Einige Zeit später aber, im Jahr 1164, erneuerte sein Sohn, Welf VII., die Klage, und nun war der Pfalzgraf nicht erneut zum Nachgeben bereit. Was nun geschah, ist zweifellos typisch für den Beginn militärisch geführter Konflikte des Mittelalters. In der »Historia Welforum«, der im Kloster Weingarten verfassten Familienchronik der Welfen, lesen wir dazu folgenden lapidaren Satz: *»Welf aber stellte seinen Freunden, Verwandten und Getreuen den ihm widerfahrenen Schimpf vor und brachte alle dazu, ihm freudigen Herzens Hilfe zu leisten.«*[209]

Hinter dieser formelhaften Aussage verbirgt sich die grundlegende Notwendigkeit, vor dem Ausbruch von Gewalttätigkeiten militärisch fähige Fehdehelfer anzuwerben. Die Betroffenen waren auch und gerade im Mittelalter nicht in der Lage, die Waffen aus purer Willkür gegen andere zu richten, gar eigenmächtig einen Eroberungszug aus dem reinen Argument der Stärke heraus zu führen. Sie mussten vielmehr ihr Vorgehen innerhalb ihres Netzwerkes aus sozialen Beziehungen argumentativ begründen und damit andere dazu motivieren, sich selbst dem Risiko der Kriegsführung auszusetzen. Dies gelang naturgemäß am leichtesten im Kreise der eigenen Verwandten und politischen Bündnispartner. Doch auch die Vasallen, hier unter dem Begriff der Getreuen (lat.: *fideles*) genannt, mussten von der Notwendigkeit des Waffenganges überzeugt werden. Die Pflicht zur Hilfeleistung beschränkte sich auf Verteidigung von Hab und Gut sowie Ansehen und Ehre. Selbst die unfreie Ministerialität stand für einen Offensivkrieg nicht ohne Weiteres zur Verfügung. Im etwa zeitgleich abgefassten Kölner Dienstrecht endete ihre bewaffnete Einsatzpflicht gewöhnlich an den Grenzen des erzbischöflichen Territoriums. Für nach außen gerichtete Feldzüge war eine freiwillige, mit Geldzahlungen vergütete Leistung erforderlich.

Im Fall der Tübinger Fehde war Welf VII. offenbar überaus überzeugend. Weniger der Rechtsbruch selbst als vielmehr Hugos offene Weigerung, das Geschehene durch angemessene Genugtuung zu vergelten, dürfte dafür ausschlaggebend gewesen sein. Recht besaß man in dieser Zeit nicht als unveränderliches Privileg, man realisierte es. Eine offene und unvergoltene Rechts- und Ehrverletzung beeinträchtigte ganz grundlegend die Herrschaftsstellung des Betroffenen, ein einmaliges Zeichen von Schwäche konnte geradezu als Einladung für weitere Übergriffe betrachtet werden. Kurz: Die Bedrohung für Welf wurde als real anerkannt und drei Bischöfe, ein Herzog, zwei Markgrafen und ein gutes Dutzend Grafen eilten ihm zu Hilfe. Immerhin 2200 Panzerreiter zählte das Aufgebot dieser Koalition. Der Pfalzgraf von Tübingen setzte hingegen seine Hoffnung auf Herzog Friedrich von Schwaben, den Neffen Kaiser Friedrich Barbarossas. Gemeinsam führten sie ein um nur wenig schwächeres Aufgebot ins Feld. Am Abend des 5. September 1164 lagen sich die Heere kampfbereit gegenüber. Doch eine Schlacht war dadurch noch lange nicht wahrscheinlich. Denn, so berichtet die »Historia Welforum«, »*die ganze Nacht brachten einige im Gebet, andere mit angelegentlichem Unterhandeln über die zu leistende Genugtuung und den Abschluss eines Vergleiches zu.*«[210] Damit ist eine gängige Praxis angesprochen, die in der Mehrheit der Fälle zum Erfolg führte. Die aufgebotenen Kriegsscharen dienten vornehmlich als Drohkulissen, deren Ziel es war, die Dringlichkeit eines vertraglichen Ausgleichs deutlich zu machen. Wie bei jeder Strategie der Abschreckung kann jedoch das labile Gleichgewicht der Bedrohung bereits aus geringfügigem Anlass zur Eskalation führen: »*Einige der unseren [gemeint ist die Seite Welfs] nämlich brechen unüberlegt und das Ende nicht bedenkend ohne Wissen der übrigen, welche den Tag in Ruhe hinbringen wollten, um die sechste Stunde aus dem Lager hervor und werden mit einigen von den Feinden (...) handgemein. Es entsteht also Lärm im Lager, die unsrigen springen auf, greifen zu den Waffen und jeder sucht den anderen, wie er kann, zuvorzukommen.*«[211] In großer Unordnung stürmten die welfischen Truppen gegen den Feind, der sich auf günstigem Grund zum Gefecht stellte. Weiter heißt es in der Chronik: »*Gleichwohl wurde von jenen, welche zum Schlagen gekommen waren, zwei Stunden lang aufs tapferste gestritten. Dennoch ist mit Ausnahme eines einzigen auf keiner Seite jemand gefallen, da alle durch ihre Rüstungen so geschützt waren, dass sie viel leichter gefangengenommen als getötet werden konnten.*«[212] Pfalzgraf Hugo konnte 900 Ritter gefangen nehmen, Welf VII. selbst entkam mit knapper Not auf seine Burg Achalm. Erst jetzt schritt der Kaiser ein. Friedrich Barbarossa, der auf seinem Italienzug Frieden im Reich und vor allem Unterstützung seitens seiner welfischen Verwandten benötigte, zwang den Pfalzgrafen zur unentgeltlichen Herausgabe der Gefangenen. In einem zweiten Schritt nötigte er ihn 1166 zur Unterwerfung und Anerkennung seiner Schuld gegenüber Welf VII.

Das Gebot der Schonung

Die Ritterschlacht von Tübingen kostete kaum Menschenleben, dafür zahlreiche Gefangene. Offenbar war dies das eigentliche Ziel der Kombattanten, die alle aus der weiteren Region Schwabens stammten. Vermutlich waren die Streitenden zum großen Teil verwandtschaftlich und lehensrechtlich miteinander verbunden. Der Streit unter Nachbarn und Genossen aber wurde mit reduzierter Härte geführt, und die stählernen Rüstungen waren offenbar in der Lage, der dosierten Gewaltsamkeit eines solchen Kampfs weitgehend standzuhalten. Tatsächlich ist das Gefecht von Tübingen nur eine von vielen ritterlichen Feldschlachten, über die uns ähnliche Schilderungen vorliegen. Etwa zur gleichen Zeit berichtet der Mönch Ordericus Vitalis über ein Gefecht zwischen englischen und

Von Hollywood lernen: Taktik der Reiterschlacht

Die dominierende Kampftaktik des Reiterverbandes war der frontale Lanzenangriff. Wie ein solcher vonstattenging, lässt sich im wohl größten filmischen Experiment erahnen, das je dazu unternommen wurde. Immerhin 250 Reiter wurden eingesetzt, um den Angriff der Reiter von Rohan im dritten Teil der monumentalen Verfilmung der »Herr der Ringe«-Trilogie in Szene zu setzen. Auch wenn die Ausrüstung der Kämpfer an Vorbilder aus dem 9. Jahrhundert angelehnt ist, die Orks als ihre Gegner aus Sicht des Ritters allenfalls dem Zerrbild des mittelalterlichen Fußsoldaten entsprechen und des Königs Rede vor der Schlacht sich inhaltlich aus Quellen der Völkerwanderungszeit und aus der »Älteren Edda« speist: Das Ergebnis der Inszenierung ist zweifellos beeindruckend und es ist darin durchaus Zutreffendes zu finden. Während Ritterfilme das Gefecht irrtümlich meist in einer

Vielzahl von Einzelkämpfen darstellen, war die dichte Formation zwingend für einen erfolgreichen Reiterangriff und wurde so lange wie möglich aufrecht erhalten. Die These, die Ritter eines Haufens hätten etwa 1,5 Meter Abstand voneinander gehalten, nicht zuletzt um einen Zusammenprall der Pferde zu vermeiden, widerspricht allen zeitgenössischen Quellen, heißt es doch bei manchen mittelalterlichen Autoren, ein Apfel oder gar ein Handschuh hätte nicht zwischen die geschlossenen Reihen der Ritter gepasst. Historisch kaum haltbar ist jedoch die im Film zu sehende halbkreisförmige Gesamtformation der Angreifer: Mittelalterliche Heere traten meist in einer Schlachtordnung an, deren Länge sich in drei Flügel gliederte. In der Tiefe wiederum waren diese jeweils eigenständig agierenden Einheiten in zwei oder drei *Treffen* gestaffelt, jedes davon zwei bis drei Glieder tief, wobei die Breite von der Beschaffenheit des Schlachtfelds und der zur Verfügung stehenden Mannschaft abhing. Diese Schlachtordnung gestattete durchaus ein flexibles Taktieren der einzelnen Verbände, zu deren besonders erfolgreichen Finessen die Scheinflucht

und das Eingreifen versteckter Reserven zählten. Erstere besiegelte den Untergang des letzten Staufers Konradin im Jahr 1268 bei Tagliacozzo, letztere zehn Jahre später den Sieg Rudolfs von Habsburg auf dem Marchfeld, um nur zwei prominente Beispiele zu nennen.

In den Quellen gut überliefert ist die Tradition der Schlachtrufe. Die Truppen des Reichs hatten traditionell das Wort »Rom!« auf den Lippen, die Franzosen riefen oftmals »Montjoie Saint Denis!«. In anderen Fällen wurden Psalmen gesungen, auch der Klang von Hörnern vor Schlachtbeginn ist regelmäßig erwähnt. Allerdings kann der dargestellte langgestreckte Galopp auf den Gegner zu keine wissenschaftliche Zustimmung finden. Zwar war ein rascher Vormarsch zur Vermeidung von Verlusten durch feindlichen Beschuss sinnvoll. Doch bestand die Gefahr, beim Anritt die Formation aufzulösen. Grundlegend war daher eine koordinierte Annäherung und die nochmalige Ordnung der Schlachtreihen in kurzer Distanz vor dem Gegner. 30 Schritte nennen neuzeitliche Kriegshandbücher im Zeitalter des Maschinengewehrs noch als ideal für eine forcierte Kavallerieattacke.

französischen Truppen folgendes: »*Man hat mir erzählt, dass bei diesem Treffen der beiden Könige fast neunhundert Ritter teilgenommen haben, aber nur drei den Tod fanden. Die Ritter waren nämlich an allen Seiten mit Eisen geschützt, und wegen ihrer Gottesfurcht und aus alter Verbundenheit gemeinsamer Waffenbruderschaft schonten sie sich gegenseitig. Und sie waren nicht so sehr darauf bedacht, die Flüchtenden zu töten, als vielmehr gefangen zu nehmen und zu schonen. Christliche Kämpfer dürsten nicht nach dem Blut ihres Mitbruders, sondern freuen sich über einen rechtmäßigen Sieg, den sie mit der Hilfe Gottes und zur Sicherheit der Gläubigen errungen haben.*«[213]*

Es ist an dieser Stelle nochmals darauf hinzuweisen, dass dieses Gebot der Schonung meist nur im Hinblick auf die ritterlichen Kriegsgegner Beachtung fand, während sich die Fußkämpfer aus niederem Stand gerade im Fall einer Niederlage ungeschützt den Schwertern ihrer Gegner ausgesetzt sahen. So berichten die Annalen des Lampert von Hersfeld über die vernichtende Niederlage der aufständischen Sachsen gegen die Truppen König Heinrichs IV. bei Homburg an der Unstrut im Jahr 1075: »*Die Fürsten und Edlen Sachsens entkommen alle lebend und unversehrt bis auf zwei von mittlerem Range, da ihnen die Schnelligkeit ihrer Rosse trefflich zustatten kam. Gegen das gemeine Fußvolk aber, das während des Zusammentreffens der Reiter noch im Lager zurückgeblieben war, raste die Wildheit der Feinde so sehr über alles Maß und alle Schranken, dass sie, aller christlichen Schonung vergessend, mordeten, als ob sie Vieh, nicht Menschen vor sich hätten.*«[214]

Die Standesgenossen konnten hingegen insbesondere im Rahmen der Fehden, die ja primär der Rechtswahrung und nur selten der Vernichtung des Gegners dienten, auf weitgehende Schonung hoffen. Den für uns heute skurrilsten, bereits für die Zeitgenossen offenbar sehr unterhaltsamen Fall einer solchen ritterlichen Gesinnung bietet eine Anekdote über König Rudolf von Habsburg († 1291) aus der Feder des Chronisten Matthias von Neuenburg. Rudolf sei es einige Jahre vor seiner Königswahl gelungen, den verfeindeten Ritter Jakob Mülner mit bewaffneten Knechten in einem

➤ Viehherden und Gefangene werden weggetrieben: Plündern und Verwüsten gehörte zum Standardrepertoire ritterlicher Kriegsführung (Morgan Bible, um 1240).

Hohlweg zu stellen. Da diesem die Fluchtwege abgeschnitten waren, griff er zu einer überraschenden List: Er ließ die Waffen fallen, stieg vom Pferd, zog seine Hose herunter und kniete sich auf den Weg, als wolle er dort seine Notdurft verrichten. Als Rudolf und seine Männer heranstürmten, bat er unter Berufung auf den gemeinsamen Stand, ihn nicht in dieser unwürdigen Situation zu erschlagen, sondern ihm solange Frieden zu gewähren, bis er die Hose wieder hochgezogen habe. Als Rudolf dies zugestand, weigerte sich Jakob Mülner strikt, seine Hose jemals wieder über sein Hinterteil zu ziehen, und verharrte in dieser Stellung, bis sein Gegner fluchend weiterzog.

Eine allgemeingültige und verbindlich eingehaltene Norm gab es indes nicht. Gerade in militärischer Bedrängnis wurden die ritterlichen Gegner mitunter ebenso wie die Fußkämpfer ohne Ansehen der Person niedergemacht. Eine solche Szene ereignete sich etwa während der Schlacht von Azincourt 1415, als der englische König Heinrich V. seinen Truppen befahl, die über die Maßen angewachsene Zahl französischer Gefangener brutal zu reduzieren. Für ein Fortbestehen eines ritterlichen Kriegerethos spricht es, dass die adligen Gefolgsleute des Königs diesen Befehl als ungehörig zurückwiesen. Die unromantische Realität des Krieges wird jedoch darin deutlich, dass die englischen Bogenschützen hier weniger Skrupel zeigten und das blutige Werk sogleich begannen.

Disziplin der Verbände war stets oberstes Gebot bei militärischen Unternehmungen. Hier offenbarten die mittelalterlichen Rittertruppen allerdings oft genug empfindliche Schwächen. Immer wieder waren es Beutelust und individuelle Ruhmbegierde, die zu Alleingängen einzelner Kämpfer und Abteilungen führten. Ein gutes Beispiel ist der Anmarsch Kaiser Friedrich Barbarossas auf die rebellische Stadt Mailand im August des Jahres 1158. Ein kleines Vorauskommando unter Führung des kaiserlichen Marschalls machte sich auf die Suche nach geeigneten Lagerplätzen. Dem Spähtrupp aber schloss sich ohne Wissen des Feldherrn eine größere Anzahl von Rittern des Heeres an, an ihrer Spitze der ostbayerische Graf Eckbert von Pütten. Über den Grund dieses eigenmächtigen Vorstoßes notierte der Freisinger Chronist Rahewin, die kampfhungrigen Panzerreiter seien *»von übler Ruhmbegierde geleitet«* gewesen. Jeder habe sich nur danach gesehnt, *»im Wettstreit um die Tüchtigkeit dem anderen überlegen zu sein«.*[215] Bestimmend wirkte in dieser Situation offenbar der übersteigerte Drang, sich in der Konkurrenz mit den *commilitones,* den Mitrittern, zu bewähren und dabei die individuelle Kampfkraft nachdrücklich unter Beweis zu stellen. Proben kriegerischer Leistungsfähigkeit wurden in der labilen Rangordnung der Adelsgesellschaft generell für geeignet erachtet, persönliches Ansehen und soziale Geltung zu steigern.

Die Bewährungsprobe des Grafen Eckbert von Pütten und seiner Schar endete hingegen in einem Desaster: Unversehens mit einer Übermacht Mailänder Reiter konfrontiert, sahen sich die Kaiserlichen rasch in die Defensive gedrängt. Im dichten Kampfgetümmel fand der Graf mit mehreren Gefährten den Tod, die anderen mussten trotz heftiger Gegenwehr schließlich das Feld räumen. Den überlebenden Heimkehrern jedoch schlug der heftige Zorn Friedrich Barbarossas entgegen: Disziplin und Gehorsam seien die Grundpfeiler des Kriegsglücks. Die militärischen Tugenden missachtend, hätten sie sich ohne Gesamtkoordination in den Kampf gestürzt. Den solchermaßen Gescholtenen machte man anschließend zur Devise *»dass sie das gegenwärtige Vergehen durch künftige Tüchtigkeit wieder gutmachen sollen«.*[216]

Bemerkenswert an dieser Episode ist nicht nur, dass Friedrich Barbarossa am Ende auf Strafen verzichtete, sondern dass er den ruhmsüchtigen Rittern für die Zukunft genau jenes Streben nach Tapferkeit auferlegte, das letztlich die Ursache ihrer Disziplinlosigkeit gewesen war. Auch muss erstaunen, dass die Chronisten einmütig und unverhohlen Sympathie für die Leistung des – so heißt es – »allertapfersten Grafen« und der übrigen »großen Männer« hatten: Ihr Unternehmen sei nicht nach seinem fatalen Ausgang zu beurteilen, so gibt unser Chronist Rahewin zu bedenken, sondern danach, »was beabsichtigt war«.[217] Offenbar blieb die Forderung nach einem persönlichen Befähigungsnachweis als Grundmaxime ritterlichen Handels auch bei einem negativen Ausgang des Unternehmens unverrückbar in Geltung.

Ritter gegen Stadtmauern

Die Italienzüge Friedrich Barbarossas zeigen aber noch eine ganz andere Seite der ritterlichen Kriegsführung. Haben wir bisher Feldschlachten zwischen Standesgleichen betrachtet, so waren die Ritter des Reichs in Italien mit einem militärisch und sozial gänzlich andersartig gruppierten Gegner konfrontiert. Sicherlich konnten die lombardischen Städte größere Verbände von Panzerreitern ins Feld führen. Doch diese Truppen rekrutierten sich aus der ökonomisch potenten Oberschicht der Städte und wurden von deutscher Seite kaum als gleichwertig anerkannt. Die Lombarden scheuten sich nicht, so klagt Bischof Otto von Freising, der Onkel Barbarossas, »Jünglinge niederen Standes oder Arbeiter verächtlicher, auch mechanischer Gewerbe, welche andere Völker von den edleren und freieren Tätigkeiten wie eine Pest fernhalten, den Gürtel der Ritterschaft zu verleihen«.[218] Die Ritterschaft der Kommunen war den nordalpinen Berufsrittern sicherlich kriegstechnisch nicht gleichwertig, wenn auch nicht hoffnungslos unterlegen, wie die Niederlage des Eckbert von Pütten ausreichend vor Augen geführt haben sollte. Bedeutender als im Reichsheer war seitens der Städte der Einsatz größerer Kontingente von Fußkämpfern. In der Schlacht von Legnano 1176 war es das Fußvolk, das die Panzerreiter des Kaisers lange genug beschäftigte, bis die bereits geschlagenen Mailänder Rittertruppen sich neu formiert hatten und erfolgreich zum Angriff übergehen konnten.

Doch erwies sich der Wert der unberittenen Milizen weniger in der offensiven Operation als vielmehr im Zuge der zahlreich stattfindenden Belagerungen. Die Italienzüge Friedrich Barbarossas stellten im Wesentlichen einen Krieg gegen befestigte Städte dar, sodass hier dem Einsatz der Rittertruppen enge Grenzen gezogen waren.

Die erste Maßnahme des Reichsheeres bei der Annäherung an eine feindliche Stadt bestand zumeist in einer systematischen Zerstörung der wirtschaftlichen Grundlagen des Gegners: Dörfer wurden niedergebrannt, Viehherden weggetrieben, Obstbäume gefällt und selbst Weinstöcke durch die marodierenden Truppen ausgerissen. Die militärische Entscheidung jedoch war erst durch die Unterwerfung der Städte selbst zu erzwingen, und hier erwiesen sich die schweren Panzerreiter als wenig effektives Instrument in der Hand des Heerführers. Der Ablauf der Bezwingung einer befestigten Stadt lässt sich am besten am Beispiel der Siedlung Crema veranschaulichen, die Barbarossa

→ Ohne die Hilfe von Belagerungsgerät waren Stadtmauern kaum zu bezwingen (Herrad von Landsberg, Hortus deliciarum, 4. Viertel 12. Jh.).

von Juli 1159 bis Januar 1160 belagerte. Eigentlich handelte es sich um eine eher kleine Stadt. Heute hat Crema etwa 33.000 Einwohner, im 12. Jahrhundert dürften es kaum ein Zehntel davon gewesen sein. Trotzdem hatte die Ansiedlung dank ihrer strategisch günstigen Lage inmitten eines von Wasserläufen durchzogenen Sumpfgebiets bereits 1132 dem Angriff eines Reichsheeres widerstanden. Auch hatte sie Hilfe aus Mailand erhalten: Wenige Reiter, aber immerhin 400 Fußkämpfer hatten die Reihen der Belagerten verstärkt. Friedrich Barbarossa schien es daher ausgeschlossen, die Stadt im Sturm zu nehmen. Er setzte in dieser Situation auf die technischen Mittel seiner Epoche: »*Es kam jemand aus Jerusalem zum Kaiser, der mit den Kreuzfahrern durch seine Belagerungsgeräte viele Burgen der Araber zerstört hatte. Er versprach, einen mit Rittern bemannten Turm, den er aus Holz konstruieren werde, mitten vor der Stadt aufzustellen.*«[219] Dieser Turm verfügte, so unser Chronist Vinzenz von Prag weiter, über insgesamt sechs Stockwerke, deren unterstes mit einer Brücke versehen war, die, auf die Mauer herabgelassen, einer Rittergruppe den Sturm auf die Stadt ermöglichen sollte. Die oberen Stockwerke waren jeweils mit Bogenschützen bemannt. Die Strategie der Belagerung Cremas zielte darauf ab, zunächst den wassergefüllten Stadtgraben aufzufüllen und anschließend den auf geglätteten und mit Seife eingeschmierten Baumstämmen beweglichen Belagerungsturm auf zuvor planiertem Terrain an die Mauer heranzuführen. Dass das immerhin 3000 Panzerreiter umfassende Reichsheer nur über eine einzige dieser Kriegsmaschinen verfügte, belegt das hohe Risiko dieses Vorgehens.

Um sicher bis zu Wassergraben und Mauer vordringen und die notwendigen Erdarbeiten durchführen zu können, schützten sich die Angreifer durch bewegliche Schutzdächer. Diese *Katzen* waren gegen Brandangriffe der Belagerten mit ungegerbten Häuten oder mit Schindeln bedeckt. Teilweise dienten sie auch als Basis für eigens angeworbene Bergbauspezialisten, welche die Mauern der belagerten Stadt unterminieren und dadurch zum Einsturz bringen sollten. Gedeckt wurden die laufenden Arbeiten durch den Einsatz von Bogenschützen sowie die Konstruktion größerer Wurfmaschinen. Es handelte sich 1159 noch vorzugsweise um *Zugbliden*, die durch die Muskelkraft der am kürzeren Ende des Schleuderbalkens zerrenden Mannschaft bedient wurden. Wurde der Hebel noch zusätzlich mit Gewichten versehen, konnten damit etwa 90 Kilogramm schwere Gesteinsbrocken über eine Entfernung von 120 Metern geschleudert werden.

Gerade für die riskanten Verrichtungen bei den Belagerungsarbeiten bediente sich der kaiserliche Feldherr auch zahlreicher nicht-ritterlicher Helfer. Mehrfach erwähnt wird die Gruppe der *Arnoldssöhne*, offenbar Angehörige der Unterschichten der verbündeten Kommunen. Diese schlecht ausgerüsteten Kämpfer hatten offenbar wenig zu verlieren und begaben sich gegen geringen Sold bereitwillig auch in die Reichweite der gegnerischen Schützen. Allerdings arbeiteten auch adlige Ritter selbst unter der Katze, die durch mehrfache Ausfälle und Brandangriffe der Belagerten gefährdet war. Selbst der Kaiser geriet bei solch einem Angriff einmal in akute Lebensgefahr.

Derartige Szenen zeigen, dass die Belagerung für die beteiligten Ritter eine mühevolle und frustrierende Angelegenheit war. Anders als in der Hitze der Ruhm und Ehre verheißenden Feldschlacht wurden sie durch lange Wartezeiten zermürbt und sahen sich von Gegnern bedroht, die in Herkunft und Kampfesweise keineswegs dem Bild eines ritterlichen Standesgenossen entsprachen.

➡ Unter dem Schutz von »Katzen« versuchten Belagerer, bis zu den Fundamenten der Stadtmauern zu graben (Weltchronik des Otto von Freising, um 1240).

In eisernen Fußstapfen: Wege des Ritters

Erbittert rangen beide Kriegsparteien um jeden kleinen Vorteil, und es kam dabei auf beiden Seiten immer wieder zu Grausamkeiten und Übergriffen. Ein Graf von Urach, der den Angriff der Reichstruppen über die Brücke des Belagerungsturmes angeführt hatte, wurde bei seiner Gefangennahme nicht nur grausam verstümmelt. Er wurde offenbar auch skalpiert und sein Haarschopf von einem Belagerten gar als Helmschmuck missbraucht. Derartig ehrenrührige Behandlung ritterlicher Kombattanten wurde von Seiten Barbarossas ein ums andere Mal mit gleicher Härte vergolten. Mehrfach, so weiß sein Chronist Rahewin zu erzählen, habe er Gefangene vor den Mauern aufknüpfen lassen, ja man habe gar mit den abgeschlagenen Köpfen wie mit Bällen gespielt.

In der Tat lässt sich zwischen den Parteien eine eskalierende Spirale der Grausamkeit beobachten. Da die politische Gesamtlage einen raschen Erfolg umso dringlicher machte, nahm die Härte der Kämpfe fortwährend zu. Um den entscheidenden Angriff des Belagerungsturmes zu decken, ließ Barbarossa schließlich sogar gefangene Gegner außen an den Turm binden. Die belagerten Crematen konnten indes keine Rücksicht auf die eigenen Leute nehmen: »*Die Empörer beschossen, was auch bei den Heiden unbekannt und schrecklich zu sagen ist, darum nicht weniger mit zahlreichen Würfen den Turm, und es rührte sie weder die Gemeinschaft des Blutes und des natürlichen Bandes, noch Erbarmen mit der Jugend.*«[220]

Dieses Lamento Rahewins wirkt angesichts der kaiserlichen Maßnahme geradezu scheinheilig. Es verdeutlicht einmal mehr, dass Krieg alles andere als ein Spiel nach verlässlichen Regeln war und dass die Mittel der Gewalt durch einen ritterlichen Kriegsethos allenfalls zeitweise gebremst, niemals aber ausgeschlossen wurden. Der Krieg kannte, wie bis heute sprichwörtlich, keine Freunde und Verwandten – er überwand Standesschranken ebenso spielend wie Blutsbande und moralische Bedenken.

Am Ende zeigte Friedrich Barbarossa Großmut gegenüber den Besiegten. Als sein finaler Sturmangriff auf Crema gescheitert war, sah er sich – eher durch politischen Druck als durch ritterliche Gesinnung – veranlasst, eine Verhandlungslösung anzustreben. Den Einwohnern von Crema wurde das Leben geschenkt, ihre Stadt aber wurde dem Erdboden gleichgemacht.

Dies repräsentiert in der Tat den Ausgang der meisten mittelalterlichen Belagerungen: Die Grausamkeit des Kampfes und der großmütige Verzicht auf Rache an den Besiegten stellen zwei Seiten einer Kriegsführung dar, die das lobende Attribut »ritterlich« allenfalls in einem sehr abgeschwächten Sinne verdient hat.

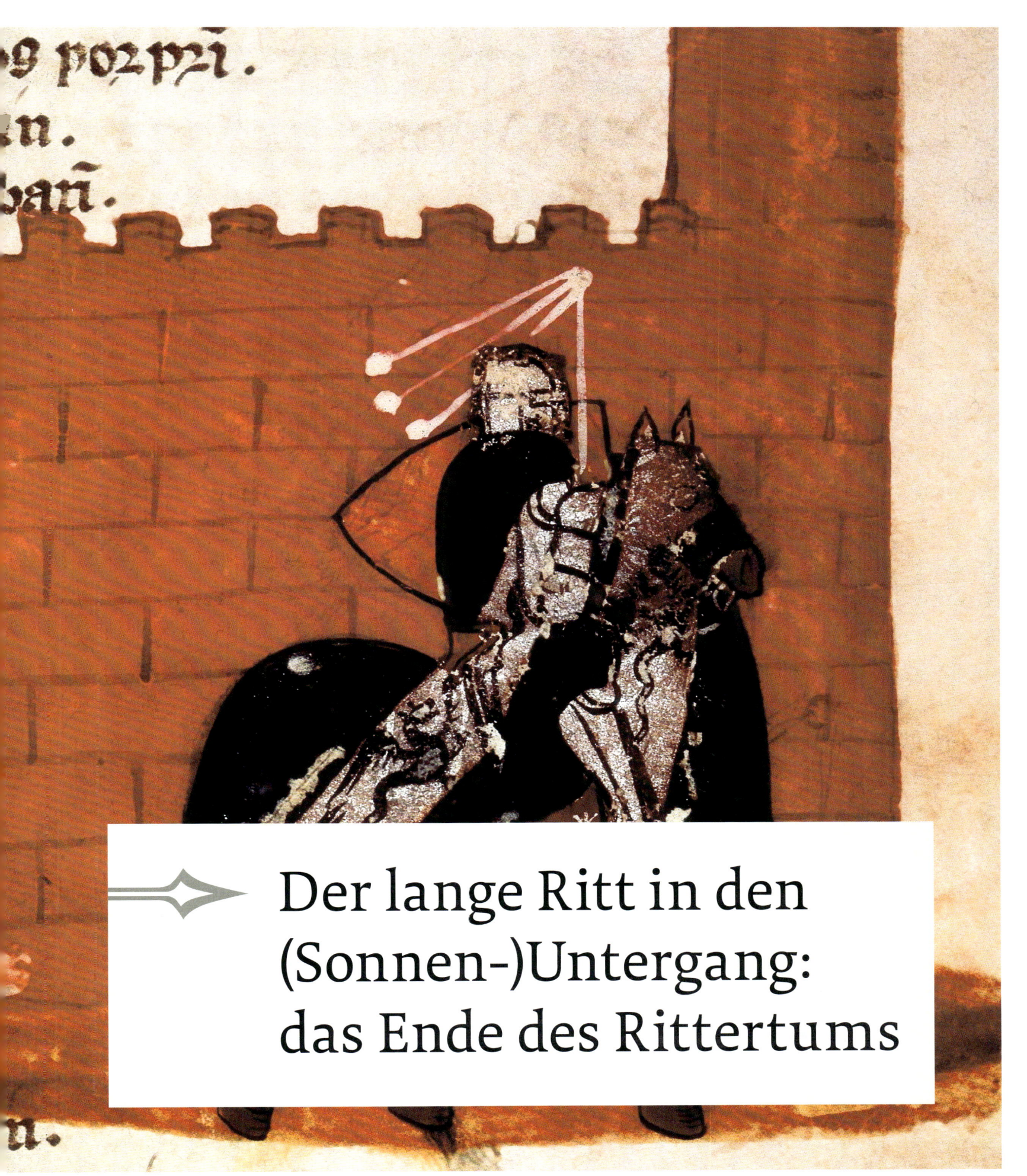

Der lange Ritt in den (Sonnen-)Untergang: das Ende des Rittertums

Es ist schön, dass Sie uns bis zum Schluss die *Stange gehalten* haben. Sie haben uns nicht *im Stich gelassen,* auch wenn einiges vielleicht aus dem *Stegreif* heraus nicht ganz *sattelfest* wirkte. Selbst wenn wir von Zeit zu Zeit ein wenig *vom hohen Ross* des Historikers herab geschrieben haben, ohne dass all unsere Aussagen *hieb- und stichfest* gewesen wären, haben Sie sich nicht *in Harnisch bringen* lassen. Sie haben uns nicht einmal *in die Schranken gewiesen,* wenn wir von Zeit zu Zeit für die Werte der Vergangenheit öffentlich *eine Lanze gebrochen* haben. Wir haben uns unsererseits wirklich *ins Zeug gelegt,* um uns unsere *Sporen zu verdienen.* Auf diese Weise haben wir *ein Auge riskiert,* um gemeinsam herauszufinden, was die Ritter des Mittelalters tatsächlich *im Schilde führten.*

Restposten des Rittertums

Es ist offensichtlich: Das Rittertum ist nicht aus der Welt verschwunden, ohne an vielen Stellen Spuren zu hinterlassen. Immerhin dreizehn Redewendungen aus dem Bereich ritterlicher Kriegs- und Turnierkunst haben wir in diese einleitenden Sätze hineingezwängt. Darunter erklären sich einige nun von selbst: Was man im Schilde führte, war das Wappen und damit ein Hinweis auf Herkunft und Parteizugehörigkeit. Eine Lanze brach man durch einen ehrenvollen Treffer im Turnier, und dort wurde man im späteren Mittelalter vom Herold vor Beginn des Einzeltjostes auch in die Schranken gewiesen. Ein Knappe hielt einem Lanze bzw. Stange. Er war auch dafür zuständig, dem aus dem Sattel gehobenen Ritter in Schlacht und Turnier wieder auf die Beine zu helfen, bevor der Gegner sein Pferd gewendet hatte und erneut angriff: ihn eben nicht im Stich zu lassen. Wer in der Hitze des Gefechts etwas sehen wollte, musste den Helm abnehmen oder zumindest das Visier hochklappen – dabei riskierte man sein Auge. Wer im Kampf bestehen wollte, musste sein Pferd mittels der Steigbügel – dem Steg-Reif – und dem fest angezogenen Zaum-Zeug zu lenken verstehen. Wer sich aber bewährte, der wurde im Ritual der Schwertleite mit neuen, goldenen Sporen bekleidet, die er sich wirklich redlich verdient hatte.

Die Fülle der Redewendungen mag nur einen kleinen Ausschnitt der sprachlichen Relikte aus dem Mittelalter darstellen. Insgesamt hat das Rittertum in unserem Wortschatz aber mit Abstand die markantesten Spuren hinterlassen. Und nicht nur dort: Die Redewendungen lassen sich in die Gruppe der abstrakten Quellen einordnen, die in der traditionellen Quellenkunde neben die Schrift- und Sachzeugnisse gestellt werden. Diese meist wenig beachtete Überlieferungsgruppe fasst alle Fragmente der Vergangenheit, die nicht konkret greifbar, sondern vor allem durch die gelebte Praxis erfahrbar sind. Dazu gehören zahlreiche bis heute transportierte Bräuche und Gewohnheiten, wie etwa der militärische Gruß durch Anlegen der rechten Hand an den Rand der Kopfbedeckung. Dies geht auf die Notwendigkeit mittelalterlicher Kämpfer zurück, sich dem Gegenüber bei der Begegnung durch Anheben des Visiers und durch das Zeigen des Gesichts zu identifizieren. Ein weiteres Relikt der Ritterzeit zeichnet das Jackett aus. Es ist am Rücken mit einem vertikalen Schlitz an der Gesäßpartie ausgestattet. Dieser Rückenschlitz etwa lässt sich mühelos von der adligen Reiterkleidung des Mittelalters ableiten.

Das Rittertum des Mittelalters besitzt ganz offenbar ein enormes Beharrungsvermögen. Und dies, obgleich es

➡ Ob der abgebildete Wachsmut von Künzingen geahnt hätte, dass wir die Spuren der Ritter bis heute verfolgen können? (Codex Manesse, ca. 1300–1340).

nur wenige Prozent der mittelalterlichen Bevölkerung persönlich berührte. Offenbar waren die Werte der ritterlichen Welt fest im Bewusstsein der damaligen Zeit verankert. Und auch als die Epoche des Rittertums sich dem Ende neigte, besaßen sie noch so viel an symbolischer Strahlkraft, dass sie sich weigerten, einfach so aus der Geschichte zu verschwinden. Bei genauerem Hinsehen handelt es sich auch nicht um ein Verschwinden, sondern eher um ein allmähliches Verblassen, das bestimmte Elemente der ritterlichen Kultur stärker betraf als andere.

Wann genau dieser Prozess des Verblassens einsetzte, ist schwer zu beurteilen. Könnte man die Zeitgenossen des Mittelalters befragen, so müsste man es bereits zu Beginn des 13. Jahrhunderts ansetzen. *»Wohin ich mich wende, niemand ist mehr vergnügt«*, so klagt am Ende seines Lebens Walther von der Vogelweide. *»Tanz und Gesang vergeht ganz in Sorge. Nie hat ein Christenmensch eine so klägliche Gesellschaft gesehen. Seht nur, wie die Damen ihren Kopfputz tragen! Die stolzen Ritter haben bäuerliche Kleider an!«*[221]

Das Lamento des Minnesängers fügt sich in eine um 1220 einsetzende Flut von Klagen über den Verfall der ritterlichen Werte und Tugenden, die bis zum Ende des Jahrhunderts stetig anzuschwellen scheint. Gerade die Fülle dieser Äußerungen zeigt jedoch, dass nach wie vor ein beträchtliches Interesse an einer Aufrechterhaltung und Weiterentwicklung der ritterlich-höfischen Kultur bestand. Sie erscheinen bei genauerem Hinsehen eher als Hinweise auf eine Blüte des ritterlichen Selbstverständnisses denn als Symptome seines Verfalls. Indem diese Einlassungen indes auf eine Wiederherstellung vermeintlich goldener Zeiten dringen, sind sie gleichwohl ebenso sehr Vorboten eines allmählichen Erstarrens der adligen Laienkultur. Diese blieb bis über das Ende des Mittelalters hinaus zweifellos lebendig, erhielt aber seit dem 14. Jahrhundert spürbar weniger neue Impulse und gedankliche Anregungen. Neue Heldenepen wurden kaum mehr ersonnen, vielmehr die alten nachgedichtet. Gleiches gilt für die vielfältigen Formen des ritterlichen Turniers, die zwar verfeinert, nicht aber grundlegend erneuert wurden.

Auf der Suche nach den Ursachen dieses Prozesses wollen wir erneut den Ritter als Kämpfer, als Gotteskrieger, als Höfling und Standesmitglied aufgreifen und in seiner spätmittelalterlichen Entwicklung weiterverfolgen.

Unritterliche Kriegsführung: der militärische Bedeutungsverlust

In der historischen Forschung landläufig ist der Vergleich des eisenstarrenden Ritters mit den Dinosauriern der Kreidezeit, die sich mit viel Panzer und wenig Hirn den neuen Anforderungen und Bedingungen ihrer Umwelt nicht mehr flexibel genug hätten anpassen vermocht und daher dem Untergang geweiht gewesen seien. In der Tat begann die einst allseits gefürchtete Effektivität der gepanzerten Ritterheere im Verlauf des 13. und 14. Jahrhunderts allmählich zu schwinden, sie mussten eine Reihe herber militärischer Demütigungen hinnehmen. Seit dem Verlust Jerusalems im Jahr

1187 hatten die westlichen Panzerreiter im Heiligen Land kaum mehr nachhaltige Erfolge erzielen können. 1291 fiel mit der Stadt Akkon die letzte Bastion auf dem Boden der einst blühenden Kreuzfahrerstaaten. Möchte man für dieses Debakel auch den nachlassenden Zuzug europäischer Ritter verantwortlich machen, so waren bereits die mit großem Aufwand betriebenen Ägyptenfeldzüge der Jahre 1217–21 und 1248–50 im Schlamm des Nils steckengeblieben. Von einer taktischen Überlegenheit der Rittertruppen kann hier kaum mehr die Rede sein. Es lässt sich an zahlreichen Dokumenten nachvollziehen, dass die muslimischen Heerführer Kampfesweise und Schwächen ihrer Gegner über lange Zeit aufmerksam studiert und dementsprechend taktische Gegenmaßnahmen entwickelt hatten. Ebenso entscheidend für die Niederlagen verantwortlich war jedoch die waffentechnische Entwicklung im Abendland. Die Panzerung der Ritter war unter dem maßgeblichen Einfluss des Turniers zunehmend daraufhin spezialisiert

→ Gegen die Schweizer, die aus dem Hinterhalt und mit bislang unbekannten Hellebarden angriffen, hatten die Habsburger Ritter am Morgarten 1315 keine Chance (Tschachtlanchronik, 1483).

worden, den massiven Lanzenstoß eines gleichartig bewaffneten Gegners abzufangen. In der Konsequenz waren Körper- und Kopfschutz immer massiver gestaltet, die Rüstung damit stetig schwerer geworden. Für den Einsatz unter der glühenden Sonne Palästinas im Kampf gegen flexibel manövrierende, sich rasch neu formierende leichte Reitertruppen war dieses Sportgerät wenig geeignet.

Die Schwäche der einseitigen Spezialisierung trat bald darauf auch in Europa deutlich zutage. Auffällig ist eine Reihe von Schlachten, in welcher nicht-ritterliche Infanteristen den adligen Panzerreitern gravierende Niederlagen beibrachten. Zu nennen ist etwa die Schlacht von Kortrijk 1302, wo ein französisches Ritterheer den Aufgeboten flandrischer Städte unterlag. Das Gefecht, in welchem die beträchtliche Zahl von 700 Rittern den Tod fand, wird wegen der großen Anzahl der auf dem Feld erbeuteten Rittersporen auch die »Schlacht der goldenen Sporen« genannt. Ähnliche Trophäen sollen die Schweizer erbeutet haben, als sie im Jahr 1386 ein österreichisches Ritterheer bei Sempach vernichtend schlugen: In diesem Fall waren es die eisernen Schuhschnäbel, welche die Ritter nach dem Vorbild der zeitgenössischen Mode an ihrem Beinzeug befestigt hatten, die ihnen den Kampf zu Fuß auf waldigem Terrain unmöglich machten. Bereits 1315 war es dem Aufgebot der Schweizer Urkantone

gelungen, ein Ritterheer der Habsburger bei der Schlacht am Morgarten größtenteils aufzureiben. Auch hier bestand das Schweizer Heer wenn nicht ausschließlich, so doch zu großen Teilen aus Fußtruppen, die ihren Gegner nicht in offener Feldschlacht, sondern aus dem Hinterhalt heraus attackierten. Waren die Ritter im bergigen Gelände taktisch im Nachteil, so sahen sie sich zugleich mit neuentwickelten Waffen konfrontiert, mit deren Hilfe die Fußgänger ihre Unterlegenheit gegenüber den schwer gepanzerten Rittern zu kompensieren vermochten. Der zeitgenössische Chronist Johannes von Winterthur berichtet: »*Es hatten auch die schwizer in den händen gewisse überaus furchtbare mordwaffen, die in jener volkssprache auch helnbarten genannt werden, mit denen sie die stärkst bewaffneten gegner wie mit einem schermesser zerteilten und in stücke hieben.*«[222]

Die Weiterentwicklung bekannter Waffenarten von tödlicher Wirkung war denn auch die Ursache weiterer verheerender Misserfolge gepanzerter Reiterformationen. Die gravierenden Verluste der Franzosen an Pferden und Reitern in den Schlachten von Crécy 1346, Poitiers 1356 und Azincourt

In eisernen Fußstapfen: Wege des Ritters

1415 gegen die Engländer stehen symptomatisch für den Einsatz einer neuen Truppengattung im Verlauf des Hundertjährigen Krieges: der Langbogenschützen. Hatten Schuss- und Schleuderwaffen zuvor aufgrund ihrer beschränkten Reichweite und Durchschlagskraft auf offenem Feld allenfalls eine Nebenrolle gespielt, so war gegen Ende des 13. Jahrhunderts eine neue Wunderwaffe zunächst auf den Kriegsschauplätzen im Norden und Westen Englands hervorgetreten.

Schon äußerlich betrachtet beeindruckt der englische Langbogen durch seine nahezu zwei Meter Länge. Als Basismaterial diente zumeist ein junger Stamm der europäischen Eibe. Ihr Kernholz verlieh der Waffe die erforderliche Härte, ihr Splintholz wiederum eine große Elastizität. Im archäologischen Fundmaterial erhaltene Exemplare weisen Zuggewichte von 40 bis 80 Kilogramm auf. Ihre Pfeile erreichten hierbei eine Geschwindigkeit von bis zu 160 km/h und entfalteten auf dieser Grundlage eine ungeheure Durchschlagskraft über große Distanzen hinweg. Insgesamt betrug die Reichweite eines Langbogens mehr als 200 Meter, wobei seine Pfeile die 1,5-Millimeter-Stahlringe eines Kettenhemdes noch auf mehr als 100 Meter Entfernung zu durchbohren vermochten. Seine tödliche Effektivität verdankte der Langbogen darüber hinaus aber der enormen Schussfrequenz, die in der Literatur häufig mit 12 Pfeilen pro Minute angegeben wird. Diese Zahl mag für einigermaßen gezielte Salven zu hoch angesetzt und die Hälfte davon wohl realistischer anzunehmen sein. Wenn aber der Chronist Jean Froissart als Augenzeuge der Schlacht von Crécy 1346 den Geschosshagel der 6000 feindlichen Schützen mit dicht fallenden Schneeflocken vergleicht, so trifft sich dies zweifellos mit den Berechnungen, wonach die Engländer innerhalb von vier Minuten fast 144.000 Pfeile abfeuern konnten. Das Ergebnis war jenseits aller Zahlen ein vernichtender Pfeilhagel, der auf die Reihen der Franzosen niederprasselte und Ross und Reiter gleichermaßen zu Boden streckte.

Freilich mussten gewisse Voraussetzungen gegeben sein, um den Langbogen effektiv einsetzen zu können. Zunächst war seine Handhabung keineswegs einfach, sondern bedurfte regelmäßigen und ausgiebigen Trainings: Davon zeugt eine Knochendeformation an der rechten Schulter, die sich an Skelettfunden englischer Langbogenschützen nachweisen lässt. Zudem waren sehr große Zahlen an Schützen erforderlich. 1363 versuchte König Edward III. daher, regelmäßige Schießübungen für die gesamte wehrfähige Bevölkerung gesetzlich durchzusetzen. Die in den Schlachten auf dem Kontinent aufgebotenen englischen Truppen stellten dementsprechend keine feudal organisierten Aufgebote von Vasallen oder wie in der Schweiz Bauernmilizen dar. Die Schützen waren vielmehr vertraglich mit genau festgelegten Geldsummen angeworben, also bereits echte Zeitsoldaten.

Langbogenschützen finden sich vor allem in den englischen Heeren des 14. bis 16. Jahrhunderts, in Frankreich spielten sie nur eine untergeordnete, im Reich gar keine Rolle. Hier bediente man sich eines alternativen Typus der Schusswaffe, der Armbrust, die zwar gravierende Nachteile, aber auch einige Vorzüge gegenüber dem Langbogen besaß. Diese bereits seit dem 10. Jahrhundert im Rahmen der mittelalterlichen Kriegsführung belegte Waffe bestand aus einem langen Holzschaft, auf den quer ein Bogen montiert war. Außerdem war dieser Schaft mit einem Haken versehen, an dem die gespannte Sehne des Bogens arretiert werden konnte. Der Bogen bestand seit dem 13. Jahrhundert zumeist aus Verbundstoffen und konnte die enorme Spannkraft von bis zu 150 Kilogramm aufnehmen. Damit erreichte die Armbrust ebenso wie der Langbogen eine effektive Schussdistanz von rund 200 Meter.

Die Zugkraft einer Armbrust betrug bis zu 150 Kilogramm. Unter anderem mittels einer Fußvorrichtung konnte sie gespannt werden (Luttrell Psalter, um 1330).

Um die Vorrichtung spannen zu können, musste jedoch der gesamte Körper eingesetzt werden. Zu diesem Zweck war unterhalb des Bogens eine Art Steigbügel angebracht, mit dessen Hilfe der Schütze die Waffe mit dem Fuß am Boden festhalten konnte, während er mittels eines Hakens die Sehne zu sich nach oben zog. Dieser Vorgang benötigte erheblich mehr Zeit als das Spannen des Langbogens, mehr als zwei Schüsse pro Minute waren kaum machbar. Immerhin ergaben sich gegenüber dem Bogen zwei maßgebliche Vorteile: Erstens war der Umgang mit der Armbrust weitaus leichter zu erlernen, sie war daher ideal auch für nicht-professionelle Krieger. Zweitens konnte die Armbrust dank ihrer Arretiervorrichtung längere Zeit gespannt gehalten werden, bis sich ihrem Schützen ein günstiges Ziel bot. Beides machte die Armbrust zum effektiven Werkzeug bürgerlicher Milizen, die ihre panzerbrechende Wirkung insbesondere bei der Verteidigung von Städten und Burgen mit Erfolg einzusetzen verstanden.

Distanzwaffen wie Langbogen und Armbrust stellten die traditionellen Normen der ritterlichen Kriegsführung infrage und machten die schweren Panzerreiter mit einem Mal verwundbar. Allerdings keineswegs entbehrlich! Schützenkontingente konnten auf dem Schlachtfeld nicht alleine agieren, sie bedurften zu ihrer Deckung weiterhin gut gepanzerter Reitertruppen. Diese vermochten sich durch eine verbesserte Panzerung zumindest teilweise zu schützen, zudem durch geschickte Flankenmanöver den Salven des Gegners zu entgehen. Ein jähes Ende des Reiterkriegers bedeutete die Einführung der neuen Waffen daher ebenso wenig wie das

Eine Armbrust besaß wie der Langbogen eine große Reichweite und enorme Durchschlagskraft zugleich.

etwa gleichzeitig belegte Aufkommen von zunächst noch reichlich primitiven Pulvergeschützen. Gerade im 14. Jahrhundert blühte in Frankreich und insbesondere südlich der Alpen ein florierender Söldnermarkt für schwere Panzerreiter, und man wird den italienischen Stadtherren der Frührenaissance kaum unterstellen wollen, militärisch oder technisch rückständig gedacht zu haben. Allerdings veränderte sich immer deutlicher die Zusammensetzung der aufgebotenen Heereseinheiten. Der Anteil der Fußkämpfer nahm gegenüber den berittenen Kriegern stetig zu. Innerhalb der Reitertruppen sank zugleich der Anteil des Adels, der sich dem Risiko des raschen Todes auf dem Schlachtfeld schon aus dynastischen Gründen ungern aussetzen mochte.

Gesellschaftlicher Bedeutungsverlust

Das adlige Rittertum verlor ganz offensichtlich seine militärische Vorrangstellung, sein altüberkommenes Alleinstellungsmerkmal. Damit aber war seine gesellschaftliche Position insgesamt empfindlich erschüttert: Hatte die exklusive Rolle des Ritters als *pugnator* (Kämpfer) im Rahmen des Drei-Stände-Schemas zur Begründung spezieller Vorrechte gedient, so war dieser Geltungsanspruch vor dem Hintergrund veränderter militärischer Erfordernisse nur mehr schwer aufrechtzuerhalten. Mit den Niederlagen der Rittertruppen im Heiligen Land wurde zugleich deren Legitimation als Vorkämpfer der Christenheit infrage gestellt.

Der ritterliche Adel blieb christlich – ganz ohne Zweifel. Aber er war in diesem Punkt allenfalls dem Anspruch nach den aufsteigenden Kräften des Bürgertums der spätmittelalterlichen Gesellschaft voraus. Sehr schön belegt dies ein Briefwechsel zwischen dem niederadligen Ritter Pilgrim von Reischach und Hans Beßrer, Bürger und Rat zu Überlingen am Bodensee. Im Hintergrund stand ein Konflikt, den der Adlige folgendermaßen resümiert: »*Hans Besserer, da du dich vor mich gesetzt, mich geduzt und nicht gehalten hast, wie es sich einem Bürger gegenüber einem Edelmann geziemt, so mahnte ich dich darum.*«[223] Er habe die Sache im Kreise des regionalen Adels diskutiert und fände nicht, dass er einem Kaufmann die Standesrechte des Adels näher begründen müsse. Der solchermaßen Gerügte aber war keineswegs bereit, sich für seinen Fehlgriff zu entschuldigen, er behielt in seinem Antwortschreiben das provokante »du« bei und führte dazu aus: »*Du sagst, mich über dich zu setzen, zieme mir nicht, das gebe ich wohl zu: Solch Hochmut ziemt weder mir noch auch dir, da keiner von uns über den anderen Herrschaft hat.*«[224] Er empfand es als unbillig, eine hierarchische Scheidelinie zwischen Rittern und Bürgern derart deutlich zu ziehen, und brachte dabei zum Ausdruck, »*dass ich, mein Namen und Stamm, solches von dir nicht gerne hinnehme*«.[225]

Die Skepsis des vornehmen Stadtbewohners war wohlbegründet, konnte doch auch sein Geschlecht aller Wahrscheinlichkeit nach auf ritterliche Wurzeln zurückblicken. Vielerorts waren im Verlauf des 12. und 13. Jahrhunderts Städte emporgewachsen. Lassen sich für das Jahr 1125 im Reich etwa 30 zumeist auf römische Siedlungen zurückgehende Orte mit mehr als 1000 Einwohnern nachweisen, schnellte deren Zahl bis zum Jahr 1320 auf annähernd 4000 in die Höhe. Gründer waren neben dem Kaiser zumeist regionale Territorial- und Landesherren, die sich dadurch Steuereinnahmen und sichere Stützpunkte versprachen. Zur herrschaftlichen Durchdringung, Verwaltung und Verteidigung der neu entstandenen Siedlungen bedienten sie sich – wie auf dem flachen Land auch – ritterlicher Ministerialen, welchen die Kontrolle über Einnahmen, Marktzölle und Befestigungen oblag. Diese Ministerialenfamilien bildeten die politische Spitze der Stadt, während Handwerker und Kaufleute für einen Aufschwung der Siedlungen sorgten. Unvermeidlich kam es zu einer Verschmelzung der wirtschaftlichen und der herrschaftlichen Eliten, sodass sich in vielen der Städte ein sogenanntes *Patriziat* herausbildete. Diese Führungsgruppe bewahrte teils die Erinnerung an ihre ritterliche Herkunft, teils suchte sie im 14. und 15. Jahrhundert eine adlige Abkunft bewusst zu konstruieren, um sich erkennbar von Aufsteigern auf den unteren Schichten der Kaufmannschaft und des Zunftbürgertums abzugrenzen.

Sozialer Aufstieg war für die bürgerlichen Akteure des Mittelalters offenbar nicht anders denkbar als durch die Adaption und Nachahmung ritterlich-adliger Lebensform. Ein alternatives Modell »großbürgerlicher« Lebenskultur existierte nicht – noch nicht jedenfalls. Die alten Ritterfamilien reagierten auf diese Entwicklung, indem sie enger zusammenrückten. Der regional verhaftete Niederadel versuchte den Zustrom der vermeintlichen Emporkömmlinge zu unterbinden, indem er sich in Turnier- und Rittergesellschaften zusammenschloss. All jenen blieb dabei der Zugang zu dieser letzten Bastion des alten Rittertums verwehrt, die ihren Wohnsitz in der Stadt hatten oder die in Handel und Gewerbe tätig waren. Doch während reiche Bürger sich den sozialen Aufstieg durch den Erwerb ländlicher Herrensitze zu sichern suchten, hoffte zur gleichen Zeit manch verarmter Adliger, in den städtischen Mauern zu Glück, Reichtum und gehobenem Lebensstandard zu gelangen: »*In den Städten könnt ihr nicht nur friedlich, sondern auch bequem leben, wenn ihr es euch vornehmt*«[226], so urteilte der berühmte Reichsritter Ulrich von Hutten in einem Brief an den Nürnberger Patrizier Willibald Pirckheimer.

Ulrich von Hutten hatte aber nicht allein für das Leben eines Landritters wenig übrig. In einem späteren Schreiben rechnet er mit einem weiteren traditionellen Feld ritterlicher Bewährung ab: »*Vielleicht möchtest Du gerne wissen, wie mir das Hofleben anschlägt*«, so fragt er seinen Briefpartner, um gleich darauf die Antwort zu geben: »*Noch nicht besonders, mein Bester! Im Übrigen ekelt es mich gewaltig vor jenem Hochmut der Höflinge, jenen prahlerischen Verheißungen, geckischen Komplimenten, hinterlistigen Plaudereien und leeren Windbeuteleien.*«[227] Als standesbewusster Adliger litt er besonders unter dem Verlust von Freiheit und Selbstständigkeit, die der Dienst für den Fürsten notwendig mit sich brachte. Nur wer sich den hofinternen Hierarchien mit ihren strengen Ritualen zu unterwerfen bereit sei, könne dort auf gnädige Belohnung hoffen. Derartige Klagen bestätigen bereits seit dem ausgehenden Hochmittelalter, wie sehr sich die Schere zwischen dem Ritterideal des heldenhaften Einzelkämpfers und dem Wertehorizont der höfischen Zivilgesellschaft immer weiter öffnete. Die Monopolisierung von Machtchancen und wirtschaftlichen Ressourcen an den landesherrlichen Höfen des Spätmittelalters verhalf dort zudem einem starken Konkurrenten des ritterlichen Gefolgsmannes zum Aufstieg: dem gelehrten Rat. Damit ist jene Gruppe von Absolventen der hohen Schulen und Universitäten gemeint, die einem Landesherrn in Verwaltungs-, Gerichts- und Regierungsangelegen-

→ Mit dem Leisten des Bürgereids begann auch für viele Ritter der Weg in die Städte (Holzschnitt, um 1500)

In eisernen Fußstapfen: Wege des Ritters

heiten mit ihrem spezialisierten Wissen zur Seite standen. Hier waren neben einigen Angehörigen niederadliger Geschlechter insbesondere Söhne des Bürgertums vertreten, die als neue Funktionselite die traditionell zum Rat berechtigten Vasallen allmählich ins politische Abseits zu drängen begannen. Wie die ritterbürtigen Höflinge konnte auch ein graduierter Jurist im 15. Jahrhundert erwarten, mit dem Titel *dominus*, Herr, angesprochen zu werden. Auch genoss er in den Kleiderordnungen des ausgehenden Mittelalters adelsgleiche Privilegien. Für die altüberkommenen Formen ritterlicher Bewährung hatten diese studierten Fachkräfte allerdings mitunter wenig übrig: »*Man liest nirgends, dass Caesar oder Scipio turniert hätten.*«[228]

Wirtschaftlicher Niedergang

Der Fürstendienst erwies sich trotz der empfindlichen Beschneidung der adligen Eigenständigkeit als eine letzte Bastion ritterlicher Aufstiegsambitionen. Als besoldeter Panzerreiter und Amtmann in der landesherrlichen Verwaltung ließ sich immerhin ein standesgemäßes Auskommen erzielen. In den heimischen Grundherrschaften hingegen fehlte es oft genug am Nötigsten. Zwar prosperierten nach dem Einbruch der großen Pest Mitte des 14. Jahrhunderts bald wieder Handel und Gewerbe in den Städten. Technische Neuerungen und die Ausweitung des internationalen Handelsnetzes führten zu einem ungeahnten wirtschaftlichen Aufschwung. Die traditionelle Abgabenwirtschaft der adligen Herren aber war von dieser Entwicklung weitgehend ausgeschlossen. Dies hatte mehrere Gründe: Zum einen schmälerte ganz allgemein die schleichende Geldverschlechterung die in festen Münzbeträgen vereinbarten Geldrenten der ritterlichen Grundherren. Zum anderen sank auch der Ertrag aus den Naturaleinkünften drastisch. Dieser Prozess wurde lange Zeit unter dem Stichwort der »spätmittelalterlichen Agrarkrise« in ein einfaches Modell gefasst: Demnach habe der Bevölkerungsverlust im Zuge der Pest vor allem die Städte betroffen und damit eine sinkende Nachfrage nach Getreideprodukten und in Verbindung mit einem steigenden Lohnniveau hervorgerufen. Zugleich habe sich die Landwirtschaft nach dem Seuchenzug auf die Böden von hoher Qualität konzentrieren können. Dies habe in erster Instanz zu einem Verfall der Agrarpreise geführt. In der Folge seien zahlreiche Bauern in die Städte mit ihren höheren Einkommenschancen übergesiedelt und hätten dadurch die Einkommensbasis der Grundherren weiter geschmälert.

Auch wenn inzwischen kritische Stimmen Einspruch gegen diese allzu schematische Modellbildung erhoben haben, so bleibt das Resultat der Entwicklung doch markant: Die Gewinne ihrer Grundherrschaft reichten für viele ritterliche Familien kaum aus, um aus dieser Quelle allein einen standesgemäßen Lebenswandel finanzieren zu können, die untere Schicht des Niederadels stand stets schuldengeplagt vor dem Ruin.

Mit einem solchen Zustand sah sich etwa der fränkische Ritter Wilwolt von Schauenburg konfrontiert, als er in den 1470er-Jahren vom burgundischen Kriegsschauplatz in seine Heimat zurückkehrte. In seiner Lebensbeschreibung heißt es hierzu: »*Er fand dort ein hohes Haus, unten leer und oben nicht*

viel darinnen. Denn sein Vater selig hatte sehr viele Kinder hinterlassen, etlichen musste geholfen werden, in den geistlichen Stand zu gelangen, den anderen, in der Welt vorwärts zu kommen, weshalb man sagt: Viele Teile machen schmales Eigentum.«[229] Wie viele seiner Standesgenossen fand sich Wilwolt daher am Hof eines Fürsten, des Markgrafen Albrecht Achilles, ein. Dort allerdings war es ihm zunächst offenbar vor allem an der Demonstration seines ritterlichen Ranges gelegen. Er habe *»Rennen getrieben, Stechen und allerlei Kurzweil, was über das Maß zu tun des Hofes Gewohnheit war, bis er nahezu sein ganzes gespartes Geld aufgebraucht hatte.«* Er ließ sich daher bei nächster Gelegenheit für einen Feldzug des Markgrafen anwerben. Dort suchte er sein Glück mit geringer Grundausstattung. Acht Gulden zählte seine Barschaft, *»was nit ain großer anfang in ainem frembden lant«*[230] ist. Doch Wilwolt behalf sich wie andere Zeitgenossen auch: Er ließ sich dicht am Feindesland postieren und fügte dem Gegner durch Plünderung und Überfälle solchen Schaden zu, dass er am Ende 150 klingende Münzen sein Eigen nennen konnte.

Was Wilwolt betrieb, war sicherlich keine saubere Art der Kriegsführung, kein Kampf Ritter gegen Ritter. Er hielt sich vielmehr an den Untertanen des Feindes seines aktuellen Dienstherren schadlos. In den Augen seiner Opfer wird Wilwolt vor allem als Räuber, als Raubritter erschienen sein.

»Raubritter« mit der eisernen Hand: Götz von Berlichingen

Schon früh hatte sich gezeigt, dass das jüngste von zehn Kindern des Kilian von Berlichingen auf Jagsthausen nicht zum Stillsitzen im Schulunterricht taugte, *»sondern nur zu Pferden und Reiterei viel Lust hatte«*[231]. So jedenfalls behauptet es der fränkische Reichsritter Götz von Berlichingen († 1562) selbst in seiner späteren Lebensbeschreibung. Nachdem er zunächst seinen Standesgenossen Hans Talacker in einer Fehde gegen die Stadt Heilbronn unterstützt und sich dabei einen ersten Harnisch erworben hatte, beschritt er einen ähnlichen Weg wie zuvor Wilwolt von Schauenburg. Er trat in die Dienste der Markgrafen von Brandenburg-Ansbach und unterstützte

diese in einem Feldzug – aus Loyalität, wie er später betonte. Allein das Lob, welches Götz aus dem Munde des Markgrafen und seiner Hauptleute zuteil wurde, hatte in seinen Augen den Feldzug zu einem lukrativen Unternehmen gemacht. Finanziell war diese ritterliche Gesinnung allerdings mehr als prekär, kehrte Götz doch nur mit einem seiner vier anfangs aufgebotenen Pferde aus dem Krieg nach Hause zurück. In einem weiteren Kriegszug an der Seite des Markgrafen büßte der Ritter 1504 dann gar noch seine körperliche Unversehrtheit ein: In einem Gefecht des bayerischen Erbfolgekriegs feuerte ein Pulvergeschütz in die eigenen Reihen. Götz von Berlichingen wurde dabei die rechte Hand zerschmettert. Seit diesem Jahr musste sich Götz mit einer Prothese, der berühmten eisernen Faust, behelfen.

Götz von Berlichingen agierte im System aus geschlossenen Territorialherrschaften und Bündniskräften als eine Art »freies Radikal« und beharrte explizit auf seiner herrschaftlichen Ungebundenheit. Um seinen Rechtsstandpunkt und damit seine ritterliche Statusposition gegenüber Konkurrenten unbeeinträchtigt zu wahren, bediente er sich immer wieder des Mittels der Fehde, nach eigener Rechnung in immerhin fünfzehn Fällen in eigener Sache. Mindestens ebenso häufig aber leistete er fremden Herren, *»Freunden und guten Gesellen«* tatkräftige Hilfe. Götz machte sich dabei nicht nur zum militärischen »Subunternehmer« mächtiger Fürsten, sondern nahm auch Aufträge von nicht-adligen Klienten an. In ihrem Namen griff er zum Schwert, um umstrittene Rechtspositionen mit den Mitteln ritterlicher Fehdegewalt durchzusetzen. Bald nach seiner Gesundung etwa nahm er sich durch Vermittlung seines Schwagers der Sache des Stuttgarter Schneiders Hanns Sindelfinger an, der auf einem Schützenfest zu Köln den Sieg davongetragen hatte, sich anschließend aber um den ihm zustehenden Geldpreis betrogen sah. In sei-

nem Namen nahm der Ritter mehrere Kölner Kaufleute gefangen. In einem anderen Fall war es der Erbstreit eines Viehhändlers aus Kitzingen, der es Götz ermöglichte, eine Fehde gegen die ihm verhassten Bürger von Nürnberg vom Zaun zu brechen. Der Kampf gegen die Reichsstadt, deren Kaufmannszüge der Reichsritter mehrfach erfolgreich überfiel, nahm aber politisch für Götz ungeahnte Dimensionen an. Denn die Nürnberger wandten sich erfolgreich an die Obrigkeit des Reichs, und der Ritter geriet mitsamt seinen Genossen in die Reichsacht. Mit einer Mischung aus Stolz und Frustration resümiert Götz in seiner Autobiographie: *»In summa summarum, das Reich verordnete vierhundert Pferde gegen mich, worunter Grafen und Herren, Ritter und Knechte waren und kam ich und mein Bruder in die Acht und Aberacht, und in etlichen Städten schossen die Pfaffen und Mönche auf der Kanzel mit Lichtern nach mir und erlaubten mich den Vögeln in den Lüften, die sollten mich fressen, und ward uns alles genommen, was wir hatten, so daß wir nicht einen Schuh breit mehr erhielten.«*[232] Auch wenn am Ende seine Freunde, darunter der Markgraf von Brandenburg, für Götz einen günstigen Vergleich erwirkten: Seine Fehden brachten dem Ritter doch insgesamt mehr Schaden als Gewinn.

Verlust ritterlicher Ungebundenheit

Der Begriff »Raubritter« ist in den letzten Jahren durchaus in die Kritik geraten, handelt es sich doch um eine Begriffsbildung des späten 18. Jahrhunderts. In den Quellen des Mittelalters findet der Terminus kein passendes Gegenstück. Auch müsste man mit Blick auf die führenden Kriegsherren der Epoche dann gleichermaßen von »Raubfürsten« und »Raubstädten« sprechen. Für den erwähnten Wilwolt und seine Zeitgenossen schien es nur logisch und konsequent, als kompetente Kriegshandwerker aus den zahlreichen Groß- und Kleinkonflikten der europäischen Fürsten einen Profit zu ziehen. Allerdings geschah die Beteiligung an Raub- und Verwüstungszügen keineswegs generell aus persönlicher Gier und Raublust heraus, sondern folgte in vielen Fällen auch traditionellen Motiven wie Loyalität durch Verwandtschaft oder Freundschaft. Dennoch: Das autonome Agieren eines Einzelkämpfers zwischen den Fronten der fürstlichen Landesherren konnte nicht mehr auf breite Akzeptanz hoffen. Die Auswüchse adligen Fehdewesens hatten bereits die Gottes- und Landfrieden des Hochmittelalters durch verbindlich festgelegte Regularien einzudämmen versucht. Einer als rechtmäßig anerkannten Fehde musste eine bestimmte Ankündigung, der *Fehdebrief*, vorangehen; speziell Geistliche, Frauen und andere Schutzbedürftige mussten geschont werden, aber auch Kirchen und Friedhöfe sollten frei von Kampfhandlungen bleiben. Schließlich

➤ Dreiundzwanzig Burgen ließ der Schwäbische Bund im Jahr 1523 als Raubnester brechen. Darunter auch die Anlage Altguttenberg (Bamberger Burgenbuch, 1523–27).

wurde im »Ewigen Landfrieden« 1495 das Recht des Adels auf bewaffnete Selbsthilfe insgesamt formal aufgehoben. Waren im 11. Jahrhundert nach den berühmten Worten Papst Urbans II. aus Räubern Ritter geworden, so wurden dieselben Ritter nunmehr als Räuber, als »Raubritter«, kriminalisiert.

Der Ritter als Zerrbild, Witzfigur und Utopie

Was blieb nach den militärischen, sozialen, ökonomischen und politischen Zersetzungsprozessen des späten Mittelalters nun übrig von der glanzvollen Welt des Rittertums? Lassen wir die Frage vom letzten der fahrenden Recken beantworten, dem tapferen Herrn Don Quixote de la Mancha, dem überaus edlen Ritter von der traurigen Gestalt.

Der zu Beginn des 17. Jahrhunderts verfasste Roman war ein Welterfolg, den sich selbst sein Autor Miguel de Cervantes, der Sohn einer verarmten spanischen Adelsfamilie, nicht wirklich erklären konnte. Bis heute streitet die Literaturwissenschaft um die genaue Aussage des Werkes. Ist der »Don Quixote« eine derbe Parodie auf Ritterromane oder reflektiert er auf zeitkritische Weise den Kontrast zwischen Ideal und grausamer Wirklichkeit? In jedem Fall unternimmt es der Autor in bewusst antiquierter Sprache, uns die Abenteuer eines heruntergekommenen Landedelmannes zu schildern, der sich auf seine alten Tage ein wenig zu viel in die alten Geschichten über die ritterlichen Helden der Vergangenheit vertieft hat. Don Quixote eifert diesem Vorbild einer literarisch idealisierten Ritterschaft nach, denn auch er möchte sich als Held epischer Darstellung erfahren. Schon bei seinem ersten Ausritt malt er sich aus, wie wohl diese Szene von seinem künftigen Chronisten beschrieben werden wird. Gleichzeitig ist sein Anliegen nichts anderes als der Traum eines Weltverbesserers. Wessen die Welt am meisten bedürfe, das seien die fahrenden Ritter, und in ihm werde diese hohe Lebensart, die um 1600 längst untergegangen war, wieder auferstehen: »*Zuletzt, da es mit seinem Verstand völlig zu Ende gegangen, verfiel er auf den seltsamsten Gedanken, auf den jemals in der Welt ein Narr verfallen; nämlich es deuchte ihm angemessen und notwendig, sowohl zur Mehrung seiner Ehre als auch zum Dienste des Gemeinwesens, sich zum fahrenden Ritter zu machen und durch die ganze Welt mit Ross und Waffen zu ziehen, um Abenteuer zu suchen und all das zu üben, was, wie er gelesen, die fahrenden Ritter übten, das heißt jegliche Art von Unbill wiedergutzumachen und sich in Gelegenheiten und Gefahren zu begeben, durch deren Überwindung er ewigen Namen und Ruhm gewinnen würde*«[233], so heißt es im Roman. Don Quixotes Handeln zielt demnach auf »Vermehrung der Ehre« sowie »Dienst am Gemeinwesen« ab – es umfasst also neben dem Streben nach Ruhm auch ein soziales Anliegen. Später begründet er seine Fahrt mit dem Wunsch, »*die Jungfrauen zu verteidigen, die Witwen zu schützen und den Waisen und Hilfsbedürftigen beizustehen*«.[234]

Gewiss bleibt der Held der Erzählung stets eine Witzfigur, die Realität und Wunschdenken nicht zu unterscheiden vermag. Vor seinem verwirrten Geist verschwimmen Sein und Schein. Gastwirte, Dirnen, Schenken und Windmühlen verwandelt Don Quixote in seiner überbordenden Phantasie in Burgvögte, edle Fräulein, Paläste und Riesen. Doch sein Kernanliegen bleibt es, die ritterlichen Tugenden in jedem seiner Atemzüge formvollendet zu verkörpern, auch wenn er dafür von Seiten seiner nüchtern denkenden Zeitgenossen wenig mehr als Hohn und Spott erntet. Vom idealen Ritter verlangt Don Quixote folgende Verhaltensweisen: »(...) *indem ich beiseite lasse, dass er mit sämtlichen religiösen und kardinalen Tugenden geziert sein muss (...), so muss er Gott und seiner Dame die Treue wahren, keusch sein in seinen Gedanken, sittsam in seinen Worten, hilfsbereit in seinen Werken, mutig in seinen Taten, geduldig in Drangsalen, barmherzig gegen Notleidende und schließlich ein Bewahrer der Wahrheit.*«[235] So sehr auch sein Handeln Anlass zum Schmunzeln gibt, hinter dieser Forderung wird zweifellos das Universalitätsideal der Renaissance sichtbar. Auch wenn Don Quixote in jedem Akt seines Ritterlebens ein verblendeter Narr ist, so wird aus ihm im zweiten Teil des Romans doch auch ein seltsam asketischer Weiser, der die Wahrheit der ungerechten Welt klar zu benennen vermag.

→ In Verteidigung von Freiheit, Ehre und Gerechtigkeit scheiterte er an Schafherden. Niemand hat Don Quixote so passend ins Bild gesetzt wie Pablo Picasso.

Wenn auch die Absichten Cervantes' im Dunkeln bleiben, so muss uns doch die enorme Rezeption seiner Rittergeschichte eine wichtige Lektion mit auf den Weg geben. Das Rittertum war offenbar auch am Beginn der frühen Neuzeit nicht als leere Hülle zurückgeblieben. Eher im Gegenteil: Nur die Hülle selbst hatte ihre Bedeutung verloren. Die stolze Rüstung war ein wehrtechnisch unnützes Relikt, die repräsentativen Burgen zu trostlosen Ruinen verfallen. Geblieben aber war der Kerngedanke ritterlicher Gesinnung, das Ideal einer im Sinne christlicher Werte und höfischer Umgänglichkeit verfeinerten Existenz. Geblieben ist die Idee, Leib, Leben und Kraft in den Dienst einer gemeinsamen Sache zu stellen, persönlichen Ruhm und religiöses Streben in Harmonie miteinander zu vereinbaren. Es ist ein schöner Gedanke, vielleicht zu schön, um wahr zu sein. Andererseits lohnt es sich auch für moderne Menschen vielleicht von Zeit zu Zeit, aus ritterlichen Motiven einmal gegen scheinbar unbezwingbare Windmühlen anzureiten.

Anmerkungen

Bei der Übersetzung der Zitate wurden verschiedene Ausgaben herangezogen und dankbar genutzt. Diese Ausgaben werden in den Anmerkungen genannt.

1 Ganshof, François Louis: Was ist das Rittertum?, in: Das Rittertum im Mittelalter, hg. von Arno Borst (Wege der Forschung, 349), Darmstadt 1976, S. 130–141, hier S. 130.

2 Borst, Arno: Einleitung, in: Das Rittertum im Mittelalter, hg. von Dems. (Wege der Forschung, 349), Darmstadt 1976, S. 1–26, hier S. 16.

3 Für die Übersetzung der Parzivaltexte von Wolfram von Eschenbach wurden u. a. folgende Ausgaben herangezogen: Parzival, Mittelhochdeutscher Text nach der Ausgabe von Karl Lachmann, Übersetzung und Nachwort von Wolfgang Spiewok (Reclams Universal-Bibliothek; Band 3681 und 3682), Stuttgart 1986, und Parzival. Studienausgabe, Mittelhochdeutscher Text nach der Ausgabe von Karl Lachmann, Übersetzung von Peter Knecht, Einführung von Bernd Schirok, Berlin, New York ²2003.

4 Ebd., v. 123, 21–124, 10

5 Fridankes Bescheidenheit, hg. von E. Bezzenberger, Halle 1872, v. 93, 6f.

6 Hartmann von Aue, Iwein, hg. von Georg Friedrich Benecke u. a., Berlin/New York ³1981, v. 529 f.

7 Notker Balbulus, Gesta Karoli Magni imperatoris, hg. von Hans F. Haefele, MGH SS. rer. Germ. N.S. 12, Hannover 1959, S. 83f.

8 Capitularia regum Francorum, Bd. 1, hg. von Alfred Boretius, MGH LL. II, 1, Hannover 1883, Nr. 73.

9 Adalbéron de Laon, Carmen ad Rotbertum regem, hg. von Claude Carozzi (Les classiques de l'histoire de France au Moyen Age, 73), Paris 1979, v. 295–297.

10 Ebd. (siehe Anm. 9), v. 282–284.

11 Ebd. (siehe Anm. 9), v. 286–290.

12 Ebd. (siehe Anm. 9), v. 298 f.

13 MGH Constitutiones et acta publica imperatorum et regum I, hg. von Ludwig Weiland, Hannover 1893, Nr. 140. Übersetzung in: Quellen zur Geschichte des deutschen Bauernstandes im Mittelalter, hg. von Günther Franz, Berlin 1967, Nr. 83, S. 223.

14 Deutsche Kaiserchronik eines Regensburger Geistlichen, hg. von Edward Schröder, MGH Deutsche Chroniken 1,1, Hannover 1892, v. 14805 ff., S. 349.

15 Wolfram von Eschenbach, Parzival (siehe Anm. 3), v. 126, 25–29.

16 Ebd. (siehe Anm. 3), v. 155, 22–26 und 157, 7–13.

17 Anna Komnena, Alexias, hg. von Dieter Roderich Reinsch, Berlin/New York ²2001, S. 453.

18 Wolfram von Eschenbach, Parzival (siehe Anm. 3), v. 158, 7–12.

19 Albertus Magnus, De animalibus libri XXVI, 2 Bde., hg. von Hermann Stadler, Münster 1916–1920, S. 1378.

20 La Antapódosis o Retribución de Liutprando de Cremona, hg. von Pablo A. Cavallero, Madrid 2007, lib. II, 31, S. 55.

21 Balderich, Gesta Alberonis archiepiscopi Treverensis, hg. von Georg Waitz/Hatto Kallfelz, in: Lebensbeschreibungen einiger Bischöfe des 10.–12. Jahrhundert (Ausgewählte Quellen zur deutschen Geschichte des Mittelalters, 22.), Darmstadt 1973, S. 543–617, hier S. 598 f.

22 Wolfram von Eschenbach, Parzival (siehe Anm. 3), v. 235, 21 f.

23 Ebd. (siehe Anm. 3), v. 255, 17–19, 25–27.

24 Adalbéron de Laon, Carmen ad Rotbertum regem (siehe Anm. 9), v. 295–297.

25 Gesta episcoporum Cameracensium, hg. von Ludwig Conrad Bethmann, MGH SS 7, Hannover 1846, S. 393–525, hier lib. III 27, S. 474.

26 Bonizo von Sutri, Liber de vita christiana, hg. von Ernst Perels (Texte zur Geschichte des römischen und kanonischen Rechts im Mittelalter, 1), Berlin 1930, c. VIII, 28.

27 Johannes von Salisbury, Policraticus sive de nugis curialium (1156–59), 2 Bde., hg. von Clement C. J. Webb, Oxford 1909, Bd. 1, VI, 8, S. 222 f. sowie Bd. 2, VI, 10, S. 24.

28 Bonizo von Sutri, Liber ad amicum, hg. von Ernst Dümmler, MGH Libelli de Lite I, Hannover 1891, S. 619.

29 Jean Flori, Chevalerie et liturgie. Remise des armes et vocabulaire ›chevaleresque‹ dans les sources liturgiques du IXe au XIVe siècle, in: Le moyen âge 84 (1978), S. 247–278 und S. 409–442, hier S. 437.

30 Fulcher von Chartres, Historia Hierosolymitana, hg. von Heinrich Hagenmeyer, Heidelberg 1913, S. 136.

31 Balderich von Dol, Historia de peregrinatione Jerosolimitana (Recueil des historiens des croisades. Historiens occidentaux, 4), Paris 1871, S. 1–111, hier S. 14.

32 Wilhelm von Tyrus, Chronicon, hg. von Robert B. C. Huygens (Corpus Christianorum. Continuatio Mediaevalis, 63), Turnholt 1986, I, 15, S. 134 f.

33 Offenbarung 19, 11–16.

34 Balderich von Dol, Historia (siehe Anm. 31), S. 15.

35 Ralph von Caen, Gesta Tancredi. A history of the Normans on the First Crusade, hg. von Bernard S. Bachrach/David S. Bachrach (Crusade Texts in Translation, 12), Aldershot 2010, c. 1, S. 22.

36 Bernhard von Clairvaux, An die Tempelritter. Lobrede auf das neue Rittertum (Ad milites templi. De laude novae militiae), in: Sämtliche Werke, hg. von Gerhard B. Winkler, Bd. 1, Innsbruck 1990, S. 268–326, hier IV, 7.

37 Ebd., II, 4.

38 Wolfram von Eschenbach, Parzival (siehe Anm. 3), v. 171, 14–16.

39 Ebd. (siehe Anm. 3), v. 170, 15–20.

40 Walter Map, De nugis curialibus, hg. und übers. von Montague Rhodes James (Oxford Medieval Texts), Oxford 1983, S. 2.

41 Ebd.

42 MGH Constitutiones et acta publica imperatorum et regum II, hg. von Ludwig Weiland, Hannover 1896, Nr. 106, S. 134.

43 Peter von Blois, Epistolae, Migne Patrologia Latinorum 20, Br. 14, Sp. 49.

44 Walter Map, De nugis curialibus (siehe Anm. 40), S. 2.

45 Aegidius Romanus, De regimine principum libri III, hg. von Hieronymus Samaritanius, Rom 1607 (Neudruck Aalen 1967), I, 4, S. 206.

46 Ebd.

47 Saxo Grammaticus, Gesta Danorum, 2 Bde, hg. von Jørgen Olrik/Hans Ræder, Kopenhagen 1931–57, X, xviii, 1, S. 293.

48 Ebd.

49 Ebd.

50 Gottfried von Straßburg: Tristan, Bd. I.: Text, Berlin ⁵2004, v. 5043.

51 Hugo von Trimberg, Der Renner, hg. von Gustav Ehrismann, 4 Bde., Tübingen 1908–11, Bd 1, v. 1105ff.

52 Thomasin von Zerclaere, Der Welsche Gast, hg. von Friedrich Wilhelm von Kries, Bd. 1: Einleitung, Überlieferung, Text, die Varianten des Prosavorworts (Göppinger Arbeiten zur Germanistik, 425/I), Göppingen 1984, v. 725–730. Übersetzung nach Horst Wenzel, Tisch und Bett. Zur Verfeinerung der Affekte am mittelalterlichen Hof, in: Doris Ruhe/Karl-Heinz Spieß (Hgg.), Prozesse der Normbildung und Normveränderung im mittelalterlichen Europa, Stuttgart 2000, S. 314–332, S. 329.

53 Thomasin von Zerclaere, Der Welsche Gast (siehe Anm. 52), v. 471 ff.

54 Petrus Alphonus, Disciplina Clericalis, zitiert nach Thornton, Thomas Perry (Hg.): Höfische Tischzuchten (Texte des späten Mittelalters, 4), Berlin 1957, S. 13.

55 Beide Stellen aus: Disch-zucht gemehrt und gebessert, zitiert nach Thornton (Hg.), Höfische Tischzuchten (siehe Anm. 54), S. 55 und 57.

56 Konrad von Haslau, Der Jüngling, zitiert nach Thornton (Hg.), Höfische Tischzuchten (siehe Anm. 54), S. 63.

57 Petrus Alphonsus, Disciplina Clericalis, XXVI, zitiert nach Thornton (Hg.), Höfische Tischzuchten (siehe Anm. 54).

58 Disch-zucht gemehrt und gebessert, zitiert nach Thornton (Hg.), Höfische Tischzuchten (siehe Anm. 54), S. 58.

59 Heinrich von Meissen, Des Frauenlobs Leich, Sprüche, Streitgedichte und Lieder, hg. von Ludwig Ettmüller (Bibliothek der gesamten deutschen Nationalliteratur, 16), Bd. 1, Quedlinburg/Leipzig 1943, Leiche 244.6ff.

60 Herbord, Vita Ottonis episcopi Babenbergensis, ed. Rudolf Köpke, MGH SS 20, Hannover 1868, II 16, S. 76.

61 Vita Alberti episcopi Leodiensis, hg. von Johannes Heller, MGH SS 25, Hannover 1880, S. 135–168, S. 154.

62 Carmina Burana. Die Lieder der Benediktbeurer Handschrift, hg. von Alfons Hilka, München ⁶1995, v. 92,41.

63 Strickers Frauenehre, hg. von Klaus Hofmann, Marburg 1976, v. 569–574.

64 Ebd., v. 642f.

65 Wolfram von Eschenbach, Parzival (siehe Anm. 3), v. 172, 1–6.

66 Wolfram von Eschenbach, Willehalm. Mittelhochdeutsch – Neuhochdeutsch, hg. von Werner Schröder/Dieter Kartschoke, Berlin/New York ³2003, v. 247, 30 und 248, 1 f.

67 Strickers Frauenehre (siehe Anm. 63), v. 1366–1371.

68 Hartmann von Aue, Iwein (siehe Anm. 6), v. 6574–6582.

69 Hartmann von Aue, Erec, hg. von Albert Leitzmann (Altdeutsche Textbibliothek 39), Tübingen ⁷2006, v. 5056.

70 Gottfried von Straßburg, Tristan (siehe Anm. 50), v. 10954–10956.

71 Ebd., v. 10935-10944.

72 Johannes von Salisbury, Policraticus (siehe Anm. 27), Bd. 1, I, 6, S. 33.

73 Nigellus de Longchamp dit Wireker, Band 1: Tractatus contra curiales, hg. von André Boutemy, Paris 1959, S. 13.

74 Saxo Grammaticus (siehe Anm. 47), VI, viii, 7, S. 167.

75 Peter von Blois, Epistolae (siehe Anm. 43), Nr. 94, Sp. 296.

76 Bernhard von Clairvaux, An die Tempelritter (siehe Anm. 36), S. 274.

77 Wilhelm von Tyrus, Chronicon (siehe Anm. 32) 21, 15 und 24, S. 982.

78 Walther von der Vogelweide, Leich, Lieder, Sangsprüche, hg. von Christoph Cormeau, Berlin/New York ¹⁴1996, Nr. 53 (L 80,19).

79 Wolfram von Eschenbach, Parzival (siehe Anm. 3), v. 123, 6–11.

80 Capitularia regum Francorum, Bd. 1 (siehe Anm. 8), Nr. 58.

81 Isidor von Sevilla, Ethymologiae sive origines, hg. von Wallace Martin Lindsay, Oxford 1911, X, S. 184.

82 Thegan, Gesta Hlodowici imperatoris, hg. von Ernst Tremp, MGH SS. rer. Germ. 64, Hannover 1995, c. 44, S. 233.

83 Felix Fabri, Tractatus de civitate Ulmensi, hg. von Gustav Veesenmeyer (Bibliothek des Litterarischen Vereins in Stuttgart, 186), Stuttgart 1889, S. 73.

84 Wolfram von Eschenbach, Parzival (siehe Anm. 3), v. 144, 13–16.

85 Chronicon Ebersheimense, hg. von Ludwig Weiland, MGH SS 23, Hannover 1874, S. 427–453, hier S. 433.

86 Die Zwiefaltner Chroniken Ortliebs und Bertholds, hg. von Luitpold Wallach/Karl O. Müller (Schwäbische Chroniken der Stauferzeit, 2), Stuttgart ²1978, S. 154 ff.

87 Vita Heinrici IV. imperatoris, hg. von Wilhelm Eberhard, MGH SS rer. Germ. 58, Hannover ³1899, c. 8, S. 29.

88 Zimmerische Chronik, Bd. 3, hg. von Karl August Barack, Tübingen 1869, S. 146, 18.

89 Petrus von Ebulo, Liber ad honorem Augusti sive de rebus Siculis. Codex 120 II der Burgerbibliothek Bern. Eine Bilderchronik der Stauferzeit, hg. von Theo Kölzer/Marlis Stähli, Sigmaringen 1994, v. 1673 f. Vgl. nächste Seite: fol. 147r.

90 Burchard von Ursberg, Chronicon, hg. von Oswald Holder-Egger/Bernhard von Simson, MGH SS rer. Germ. 16, Hannover 1923, S. 72.

91 Register Innocenz' III, hg. von Ottmar Hageneder u. a., Graz u. a. 1964–2010, hier Bd. 2, Nr. 212, S. 413 und Nr. 226, S. 422.

92 Die Urkunden Friedrichs I., Bd. 4: 1186–1190, hg. von Heinrich Appelt, MGH Diplomata regum et imperatorum Germaniae X, 4, Hannover 1990, hier Nr. 988, S. 277.

93 MGH Constitutiones et acta publica imperatorum et regum, Bd. 2, Suppl., Hannover 1996, III 60, S. 430 f.

94 Ebd.

95 Leon Battista Alberti, I libri della famiglia, in: ders., Opere volgari, hg. von Cecile Grayson, Bari 1960, S. 46.

96 Gottfried von Straßburg, Tristan (siehe Anm. 50), v. 2041–2053.

97 Aussage der Beatrice de Planissolles, zitiert nach Emmanuel LeRoy Ladurie, Montaillou – Ein Dorf vor dem Inquisitor. 1294 bis 1324, Berlin 2000, S. 260

98 Acta Sanctorum Aprilis, II, Sp. 177.

99 Gottfried von Straßburg, Tristan (siehe Anm. 50), v. 2054–2065.

100 Hartmann von Aue, Der arme Heinrich, hg. von Hermann Paul, neu bearb. von Kurt Gärtner, Tübingen ¹⁷2011, v. 1–3.

101 Wolfram von Eschenbach, Parzival (siehe Anm. 3), v. 115, 27.

102 Albrechts von Scharfenberg Jüngerer Titurel, II/1 (Strophe 1958–3236). Nach den ältesten und besten Handschriften kritisch hg. von Werner Wolf/Kurt Nyholm (Deutsche Texte des Mittelalters, 55), Berlin 1964, v. 2958, 1–3.

103 Thomasin von Zerclaere, Der Welsche Gast (siehe Anm. 52), v. 1041–1055.

104 Hugo von Trimberg, Der Renner (siehe Anm. 51), Bd. 1, v. 1226 sowie 21657–21659.

105 Gaufredus Malaterra, De rebus gestis Rogerii, hg. von Ernesto Pontieri (Rerum Italicarum Scriptores N.F. 5,1), Bologna 1925–1928, hier I, 4, S. 9.

106 Gottfried von Straßburg, Tristan (siehe Anm. 50), v. 2101–2144.

107 Historia Welforum, hg., übers. u. erläut. von Erich König (Schwäbische Chroniken der Stauferzeit, 1), Sigmaringen ²1987, c. 14.

108 Mainzer Krönungsordo der Zeit um 960, in: Le pontifical romano-germanique du dixième siècle, Bd. 1, hg. von Cyrille Vogel/Reinhard Elze (Studi e testi, 226), Città del Vaticano 1963, S. 246–259.

109 Le pontifical romano-germanique du dixième siècle, Bd. 1, hg. von Cyrille Vogel/Reinhard Elze (Studi e testi, 226), Città del Vaticano 1963, S. 379.

110 Johannes von Salisbury, Policraticus (siehe Anm. 27), S. 25.

111 Lambert von Ardres, Historia comitum Ghisnensium, hg. von Josef Heller, MGH SS 24, Hannover 1879, S. 550–642, hier S. 602.

112 Von hertzog Albrechts Ritterschaft, in: Peter Suchenwirt, Werke, hg. von Alois Primisser, Wien 1827, IV, 268–273.

113 Der Stricker, Die beiden Knechte, in: Kleinere mittelhochdeutsche Erzählungen, Fabeln und Lehrgedichte, Bd. 3: Die Heidelberger Handschrift cod. pal. germ. 341, hg. von Gustav Rosenhagen (Deutsche Texte des Mittelalters, 17), Berlin 1909, v. 18f. und 27–41.

188

114 Gottfried von Straßburg, Tristan (siehe Anm. 50), v. 2129–2135.

115 Ordericus Vitalis, Historia ecclesiastica, hg. von Marjorie Chibnall (Oxford Medieval Texts), Bd. 2, Oxford 1969, hier XII, 18, S. 98.

116 Ulrich von Liechtenstein, Frauendienst., hg. von Franz Victor Spechtler (Göppinger Arbeiten zur Germanistik, 485), Göppingen 1987, 488,1–489,3.

117 Ebd., 479 (Brief B), 1–25.

118 Die Riesenrübe (Rapularius), in: Waltharius. Ruodlieb. Märchenepen, hg. v. Karl Langosch, Darmstadt 1967, S. 313.

119 Ebd., S. 309.

120 Ulrich von Hutten an den Nürnberger Patrizier Willibald Pirckheimer am 25. Oktober 1518, in: Ulrichs von Hutten Schriften, hg. von Eduard Böcking, Bd. 1, Leipzig 1859, Brief Nr. 90, S. 201–203.

121 Oswald von Wolkenstein, Durch Barbarei, Arabia, in: Die Lieder Oswalds von Wolkenstein, hg. von Karl Kurt Klein u.a. (Altdeutsche Textbibliothek, 55), Tübingen ³1987, Nr. 44, II, 13–18.

122 Codex Falkensteinensis. Die Rechtsaufzeichnungen der Grafen von Falkenstein, hg. von Elisabeth Noichl (Quellen und Erörterungen zur bayerischen Geschichte, N.F. 29), München 1978.

123 Rösener, Werner, Bauern im Mittelalter. 4. Aufl. München 1991, S. 155.

124 Berthold von Regensburg. Vollständige Ausgabe seiner Predigten, hg. von Franz Pfeiffer/Joseph Strobl, 2 Bde., Wien 1862–1880, hier Bd. 1, S. 58.

125 De rebus Alsaticis ineuntis saeculi XIII, hg. von Philipp Jaffé, MGH SS 17, Hannover 1861, S. 232–237, hier c. 11, S. 236.

126 Der Schwabenspiegel oder schwäbisches Land- und Lehen-Rechtbuch nach einer Handschrift vom Jahr 1287, hg. von Friedrich Leonhard Anton Freiherr von Laßberg, Tübingen 1840, S. 133.

127 Ramón Llull, The Book of the Ordre of Chyualry, hg. von Alfred T. P. Byles, London 1926, S. 32, zitiert nach Gadi Algazi, Herrengewalt und Gewalt der Herren im späten Mittelalter. Herrschaft, Gegenseitigkeit und Sprachgebrauch (Historische Studien, 17), Frankfurt a.M./New York 1996, S. 198.

128 Recueil des Histoirens des Gaules et de la France. Les enquêtes administratives du règne de Saint Louis et la chronique de l'anonyme de Béthune, hg. von M. Léopold Delisle, Bd. 24,2, Paris 1904, S. 433.

129 Ruodlieb, in: Waltharius. Ruodlieb. Märchenepen, hg. von Karl Langosch, Darmstadt 1967, S. 141.

130 Annales Mattseenses, hg. von Wilhelm Wattenbach, MGH SS 9, Hannover 1851, S. 823–837, hier S. 833.

131 Thomasin von Zerclaere, Der Welsche Gast (siehe Anm. 52), v. 2639–2642.

132 Ekkehard IV., St. Galler Klostergeschichten, hg. von Hans F. Haefele (Ausgewählte Quellen zur deutschen Geschichte des Mittelalters, 10), Darmstadt 1980, S. 109.

133 Neidhart von Reuental, Winterlied 4, in: Die Lieder Neidharts, hg. von Edmund Wießner, Tübingen ⁴1986, S. 68.

134 Bayerischer Landfriede von 1244, Art. 71, MGH Constitutiones et acta publica imperatorum et regum, II, hg. von Ludwig Weiland, Hannover 1896, Nr. 427.

135 Seifried Helbling, hg. von Josef Seemüller, Halle 1886, VIII, 217–227 sowie 368–371.

136 Wernher der Gärtner, Helmbrecht. Mittelhochdeutsch und neuhochdeutsch, hg., übers. u. erläut. von Fritz Tschirch, Stuttgart 1974, v. 54–56.

137 Ebd., v. 303–307.

138 Ebd., v. 1028 f.

139 Ebd., v. 1239–1252.

140 Ebd., v. 1877–1879.

141 Widukind von Corvey, Res gestae Saxonum, hg. von Paul Hirsch/Hans-Eberhard Lohmann, MGH SS rer. Germ. 60, Hannover 1935, I, 35, S. 48 f.

142 Brunos Buch vom Sachsenkrieg, hg. von Hans-Eberhard Lohmann, MGH Deutsches Mittelalter 2, Stuttgart 1937, c. 16, S. 22.

143 Züricher Predigten, in: Altdeutsche Predigten und Gebete aus Handschriften, hg. von Wilhelm Wackernagel, Basel 1876, S. 21.

144 Brunos Buch vom Sachsenkrieg (siehe Anm. 142), c. 16, S. 23.

145 Barz, Dieter, Das »Schlössel« bei Klingenmünster – Erkenntnisse zum Alltag auf einer salierzeitlichen Burg, in: Burg und Stadt, hg. von der Wartburg-Gesellschaft zur Erforschung von Burgen und Schlössern (Forschungen zu Burgen und Schlössern, 11), München 2008, S. 217–226 sowie zahlreiche weitere Arbeiten des Autors.

146 Ulrich von Hutten an den Nürnberger Patrizier Willibald Pirckheimer (siehe Anm. 120), S. 201–203.

147 Ebd.

148 Walther von der Vogelweide, Leich, Lieder, Sangsprüche, hg. von Christoph Cormeau, Berlin/New York ¹⁴1996, S. 67, Nr. 12, XV (L 35,7).

149 Wolfram von Eschenbach, Parzival (siehe Anm. 3), v. 167, 27 f.

150 Bartholomaeus Anglicus, De proprietatibus rerum, Frankfurt am Main 1601 (Neudruck 1964), hier lib. VI, c. XXII f., S. 264 ff.

151 Ebd.

152 Ebd.

153 Ebd.

154 Hugo von Trimberg, Der Renner (siehe Anm. 51), v. 5473 f.

155 Bartholomaeus Anglicus, De proprietatibus rerum (siehe Anm. 150).

156 Hildegard von Bingen, Physica. Liber subtilitatum diversarum naturarum creaturarum. Textkritische Ausgabe, hg. von Rainer Hildebrandt/Thomas Gloning, Berlin/New York 2010, hier VII-30, S. 356.

157 Die Schweizer Minnesänger, Bd. 1, hg. von Max Schiendorfer, Tübingen 1990, Steinmar 1, IV, S. 281.

158 Über den Lebenswandel der seligen Elisabeth, in: Elisabeth von Thüringen, hg. von Walter Nigg (Heilige der ungeteilten Christenheit dargestellt von den Zeugen ihres Lebens, 4), Düsseldorf 1963, S. 74.

159 Ebd., S. 77.

160 Gottfried von Straßburg, Tristan (siehe Anm. 50), v. 11102–11105, 10856–10858 sowie 10958–10960.

161 Gaufredus Vosiensis Chronicon, hg. von D. Martin Bouquet, Recueil des Historiens des Gaules et de la France nouv. éd. 12/1, Paris 1877, S. 450.

162 Caesarius von Heisterbach, Dialogus miraculorum, hg. von Joseph Strange, Köln 1851, Bd. 1, V 7, S. 287.

163 Konrad von Würzburg, Engelhard, hg. von Paul Gereke. 3. neubearb. Aufl. von Ingo Reiffenstein, Tübingen 1982, v. 3034–3041.

164 Ebd., v. 5321.

165 Wolfram von Eschenbach, Parzival (siehe Anm. 3), v. 409,30–410, 4.

166 Wolfram von Eschenbach, Willehalm (siehe Anm. 166), v. 249, 12–15.

167 Gottfried von Straßburg, Tristan (siehe Anm. 50), v. 707 f.

168 Die Gedichte Reinmars von Zweter, hg. von Gustav Roethe, Amsterdam 1967, II,109, v. 1f., S. 466.

169 Libellus de dictis quatuor ancillarum s. Elisabeth confectus, hg. von Albert Huyskens, Kempten/München 1911, S. 13.

170 Das Rolandslied des Pfaffen Konrad. Mittelhochdeutsch/Neuhochdeutsch., hg., übers. u. komment. von Dieter Kartschoke, Stuttgart 1993, v. 683–687.

171 Walther von der Vogelweide. Leich, Lieder, Sangsprüche (siehe Anm. 148), S. 50, Nr. 11, III (L 26,33).

172 Der tugendhafte Schreiber: Gedichte. In: Minnesinger (HMS), hg. von Friedrich Heinrich von der Hagen, München 1838, Bd. 2, Nr. 102, S. 148–153. XII, 2, 13–14.

173 Walther von der Vogelweide, Leich, Lieder, Sangsprüche (siehe Anm. 148), Nr. 55 (L 83, 7).

174 Reinmar der Alte, Lieder, in: Minnesangs Frühling, hg. von Hugo Moser/Helmut Tervooren, Stuttgart 361977, Nr. 21, S. 385–403, 184, 31–33.

175 Die Heidin, hg. von Erich Henschel/Ulrich Pretzel (Altdeutsche Quellen, Heft 4), Leipzig 1957, v. 158–162.

176 Heinrich von Veldeke, Eneit, hg. von Ludwig Ettmüller, Leipzig 1852, v. 352,36.

177 Ebd., v. 353, 7–10.

178 Sachsenspiegel, fol. 48 r. www.sachsenspiegel-online.de (aufgerufen am 03.10.2012)

179 L'histoire de Guillaume le Maréchal, Comte de Striguil et de Pembroke, Régent d'Angleterre de 1216 à 1219, 3 Bde., hg. von Paul Meyer, Paris 1891–1901, v. 4801–4806.

180 Ebd., v. 4801–4806.

181 Ebd., v. 4781–4796.

182 Bumke, Joachim, Höfische Kultur. Literatur und Gesellschaft im hohen Mittelalter. Bd. I, München 1986, S. 348.

183 Nithardi historiarum libri III, hg. von Ernst Müller, MGH SS rer. Germ. 44, Hannover ³1907, hier lib. III, c. 6, S. 38.

184 Otto von Freising und Rahewin, Gesta Frederici seu Cronica, hg. von Franz-Josef Schmale (Ausgewählte Quellen zur deutschen Geschichte des Mittelalters, 17), Darmstadt 1974, lib. I, XVIII.

185 Wilhelm von Newburgh, Historia rerum Anglicarum, hg. von Richard Howlett, Rerum Britannicarum medii aevi scriptores 82,1–2, London 1884–1885, hier Bd. II, S. 423.

186 L'histoire de Guillaume le Maréchal (siehe Anm. 179), v. 4947 f.

187 Matthaeus Parisiensis, Chronica maiora, hg. von Henry R. Luard, Rerum Britannicarum medii aevi scriptores 57, London 1872–1883. Übers. in Auszügen aus der größeren Chronik des Matthäus von Paris, übers. von Georg Grandaur/ Wilhelm Wattenbach, Geschichtsschreiber der deutschen Vorzeit 73, 1890, Bd. II, S. 615.

188 Nach Crouch, David, Tournament. A Chilvalric Way of Life, London 2005, S. 172 ff.

189 Ebd.

190 Rudolf von Ems, Wilhelm von Orlens, hg. von Victor Junk, Berlin 1905, v. 6538–6541.

191 L'histoire de Guillaume le Maréchal (siehe Anm. 179), v. 3588 ff.

192 Ebd., v. 3042 f.

193 Ebd., v. 1368-1372.

194 Ulrich von Liechtenstein, Frauendienst (siehe Anm. 116), v. 262, 3.

195 Ebd., v. 303, 1.

196 Ebd., c. 16.

197 Ulrich von Zatzikhoven, Lanzelet, hg. von Wolfgang Spiewok, Greifswald 1997, v. 3288 f.

198 Duby, Georges, Guillaume le Maréchal oder der beste aller Ritter, Frankfurt a. M. 1986, S. 145f., 114, 198.

199 Ebd, S. 114.

200 Heinrich von Laon, zitiert nach David Crouch, Tournament. A Chilvalric Way of Life, London 2005, S. 190.

201 Matthaeus Parisiensis, Chronica maiora (siehe Anm. 187), Bd. 4, S. 135 f.

202 Sacrorum conciliorum nova et amplissima collectio, hg. von Giovanni Domenico Mansi, Bd. 21, Graz 1961, sp. 439.

203 Reinmar von Zweter, Sprüche. Hg. von Gustav Roethe, Leipzig 1887, v. 106,1–7.

204 Nach Crouch, David, Tournament. A Chilvalric Way of Life, London 2005.

205 Johann Reuchlin, Krönung Maximilians I. im Jahre 1486, hg. von Eugen Schneider, in: Zeitschrift für die Geschichte des Oberrheins N.F. 13 (1898), hier S. 558.

206 Zitiert nach: Hiereth, Sebastian, Die Hochzeit zu Landshut 1475, Landshut 1975, S. 83.

207 Der Winsbecke, Ritterlehre, in: Mittelalter. Texte und Zeugnisse, hg. von Helmut de Boor, Bd. 1, München 1965, S. 812.

208 Der sogenannte Heinrich von Melk. hg. von Richard Kienast, Heidelberg 1946, v. 370–372, S. 39.

209 Historia Welforum (siehe Anm. 107), c. 30.

210 Ebd.

211 Ebd.

212 Ebd.

213 Ordericus Vitalis, Historia ecclesiastica (siehe Anm. 115), Bd. 6. Oxford 1978, XII, 18, S. 240 f.

214 Lamperti monachi Hersfeldensis Opera, hg. von Wilhelm Wattenbach, Hannover 1894, a. 1075, S. 221.

215 Otto von Freising und Rahewin, Gesta Frederici (siehe Anm. 184), lib. III, 36, S. 470.

216 Ebd., S. 472.

217 Ebd., S. 470; Vinzenz von Prag, Annales, hg. von Wilhelm Wattenbach, MGH SS 17, Hannover 1861, S. 654–684, a. 1158, S. 671.

218 Otto von Freising und Rahewin, Gesta Frederici (siehe Anm. 184), lib. II, 14, S. 308.

219 Vinzenz von Prag, Annales (siehe Anm. 217), a. 1158, S. 677.

220 Otto von Freising und Rahewin, Gesta Frederici (siehe Anm. 184), lib. IV, 57, S. 616.

221 Walther von der Vogelweide, Leich, Lieder, Sangsprüche (siehe Anm. 148), Nr. 97 (L 124,1).

222 Die Chronik Johanns von Winterthur, hg. von Friedrich Baethgen, MGH SS rer. Germ. N.S.3, Berlin 1924, S. 79 f.

223 Bilgrin von Reischach an Hans Beßrer, in: Deutsche Privatbriefe des Mittelalters, Bd. 1, hg. von Georg Steinhausen, Berlin 1899, S. 373, Nr. 553.

224 Hans Beßrer an Bilgrin von Reischach, in: Deutsche Privatbriefe (siehe Anm. 223), S. 372, Nr. 552.

225 Hans Beßrer an Bilgrin von Reischach, in: Deutsche Privatbriefe (siehe Anm. 223), S. 371, Nr. 551.

226 Ulrich von Hutten an den Nürnberger Patrizier Willibald Pirckheimer (siehe Anm. 120), S. 201.

227 Ulrich von Hutten, Zueignung an Konrad Peutinger, Patricier zu Augsburg, in: Des teutschen Ritters Ulrich von Hutten auserlesene Werke, hg. von Ernst Münch, Bd. 3, Leipzig 1823, S. 234.

228 Francesco Petrarca, Epistolae seniles, Nr. XI, 13.

229 Ludwig von Eyb, Die Geschichten und Taten Wilwolts von Schaumburg, hg. von Adalbert von Keller (Bibliothek des Literarischen Vereins in Stuttgart 50), Stuttgart 1859, S. 330 f.

230 Ebd.

231 Des Ritters Götz von Berlichingen mit der eisernen Hand eigene Lebensbeschreibung, hg. von Johann Gustav Büsching/ Friedrich Heinrich von der Hagen, Breslau ³1813, S. 4.

232 Ebd., S. 79 f.

233 Miguel de Cervantes Saavedra, Don Quixote von la Mancha, Zürich 1987, S. 27.

234 Ebd., S. 83.

235 Ebd., S. 616.

Personenregister

Literatur in Auswahl

Althoff, Gerd, Nunc fiant Christi milites, qui dudum extiterunt raptores. Zur Entstehung von Rittertum und Ritterethos,
     in: Saeculum 32 (1981), S. 317–333.
Althoff, Gerd, Spielregeln der Politik im Mittelalter. Kommunikation in Friede und Fehde, Darmstadt 1997.
Arnold, Benjamin, German Knighthood, 1050–1300, Oxford 1985.
Biller, Thomas, Die Adelsburg in Deutschland. Entstehung, Bedeutung und Form, München ²1998.
Bumke, Joachim, Höfische Kultur. Literatur und Gesellschaft im hohen Mittelalter, 2 Bde., München ¹²2008.
Burg. Katalog zur Ausstellung des Germanischen Nationalmuseums Nürnberg und des Deutschen Historischen Museums Berlin,
     3 Bde., Berlin – Nürnberg – Dresden 2010.
Clauss, Martin, Ritter und Raufbolde. Vom Krieg im Mittelalter (Geschichte erzählt 20), Darmstadt 2009.
Ehlers, Joachim, Die Ritter. Geschichte und Kultur (C. H. Beck Wissen 2392), München ²2009.
Erkens, Franz-Reiner, Militia und Ritterschaft. Reflexionen über die Entstehung des Rittertums, in: Historische Zeitschrift 258 (1994), S. 623–659.
Fleckenstein, Josef, Rittertum und ritterliche Welt. Unter Mitwirkung von Thomas Zotz, Berlin 2002.
Göttert, Karl-Heinz, Die Ritter, Stuttgart 2011.
Hechberger, Werner, Adel, Ministerialität und Rittertum im Mittelalter (Enzyklopädie deutscher Geschichte 72), München 2004.
Jaeger, Charles Stephen, Die Entstehung der höfischen Kultur. Vom höfischen Bischof zum höfischen Ritter. Aus dem Amerikanischen
     übers. von Sabine Hellwig-Wagnitz, Berlin 2001.
Keen, Maurice H., Das Rittertum, München – Zürich 1987.
Prestwich, Michael, Ritter. Der ultimative Karriereführer, Darmstadt 2011.
Prietzel, Malte, Krieg im Mittelalter, Darmstadt 2006.
Spieß, Karl-Heinz, Fürsten und Höfe im Mittelalter, Darmstadt 2008.